臺灣歷史與文化研究輯刊

九　編

第17冊

臺南士紳王開運社會活動與文學作品研究（上）

林建廷　著

花木蘭文化出版社

國家圖書館出版品預行編目資料

臺南士紳王開運社會活動與文學作品研究（上）／林建廷 著
— 初版 — 新北市：花木蘭文化出版社，2016〔民 105〕
目 4+178 面；19×26 公分
（臺灣歷史與文化研究輯刊 九編；第 17 冊）
ISBN 978-986-404-485-6（精裝）
1. 王開運 2. 社會運動 3. 臺灣文學 4. 文學評論
733.08 105001817

ISBN-978-986-404-485-6

臺灣歷史與文化研究輯刊
九 編 第十七冊 ISBN：978-986-404-485-6

臺南士紳王開運社會活動與文學作品研究（上）

作 者 林建廷
總 編 輯 杜潔祥
副總編輯 楊嘉樂
編 輯 許郁翎
出 版 花木蘭文化出版社
社 長 高小娟
聯絡地址 235 新北市中和區中安街七二號十三樓
電話：02-2923-1455／傳真：02-2923-1452
網 址 http://www.huamulan.tw 信箱 hml 810518@gmail.com
印 刷 普羅文化出版廣告事業
初 版 2016 年 3 月
全書字數 422844 字
定 價 九編 24 冊（精裝）台幣 50,000 元

臺南士紳王開運社會活動與文學作品研究（上）

林建廷 著

作者簡介

林建廷，新竹人，成功大學台灣文學研究所碩士，現任中央研究院臺灣史研究所口述歷史室助理，曾參與編著、記錄有《王開運全集》、《獄外之囚：白色恐怖受難者女性家屬訪問紀錄》、《奔流：林瑞明教授訪問紀錄》。

提　要

王開運（1889 ～ 1969）為臺灣近代史上一名重要士紳、知識份子，也是府城文人；其生命經歷清領、日治、戰後 3 個時代，活動空間包括了臺灣、日本、中國、滿洲國、朝鮮等地，尤其與臺南市的關係最為密切。

自 1920 年代起，王開運便在臺南嶄露頭角，擔任臺南商工業協會會長。當時臺灣處於殖民地時空之下，但王氏領導有方，使得臺南商協屢有秀異表現，並成為地方上官民之間的溝通橋樑；另一方面，王氏從商務出發，進而涉足宗親會、政治、民族運動、文化、社會事業等領域，儼然是地方要人。1944 年，王開運受薦赴海南島擔任瓊崖銀行總經理，戰後則戮力協助留瓊臺灣人返鄉；同時，也因為過去在地方上相當活躍，當國民黨政府派軍鎮壓 1947 年二二八事件，遂被視為社會秩序的亂源之一而遭逮捕入獄。雖然受事件的陰霾影響，但王開運仍拋開挫折，加入官方主導的「臺灣省地方自治研究會」，為戰後地方自治的奠基工程盡一份心力；又參選首屆臨時省議員，不無監督地方自治落實情況的用意，且問政風格熱切犀利。至 1950 年代中期，始專心致志於金融界、商界，其他活動漸次縮減。要之，王開運的學識來自家庭教育、師範教育，營生本業乃是商人，卻幾乎以「通才」的身份在社會上奔波，展現了知識份子經世濟民的抱負與士紳的社會功能，實是臺灣文史裡頭不可輕忽的研究對象。

然而，由於過去乏人問津、資料散逸，知之者或許只知王開運望重一方，卻未必知道為何重要，又是活躍在哪些領域；或者只知王氏乃日治時期漢文雜誌《三六九小報》的成員，卻未必知道具體的文學活動與創作的情形；直到《王開運全集》出版，才較為全面地掌握了王氏作品，但尚有補正空間。至於王開運生平，依舊停留在梗概階段，甚至部份資料的記載也有舛誤。因此，有必要為王開運生平進行歷時性的考察研究，藉此了解其於局勢變化下的肆應情形，而「社會活動」與「文學作品」乃本論文的主要切入點。

本論文為「人物研究」，乃廣泛蒐集並閱讀報章雜誌、文書檔案、個人日記、作品集等資料，輔以口述訪談、田野調查，期能讓王開運的生平經歷更加完備。正文共分 8 章，扣除第一章緒論與第八章結論之外，第二章考述生平，包括王家早期在臺發展過程、王開運及其父親王棟的生平，和王開運的求學、就職經歷。第三、四、五章考述王開運在戰前戰後的諸多社會活動，連帶也補充了臺灣文史研究中尚少觸及的部份議題。第六、七章考述文學作品，包含王氏的文學活動參與情形、學養來源、文藝觀點、文學交遊，以及作品的主題內容。此外，本論文另有王開運生平簡表，以及文獻資料圖錄、王家後人訪談、作品補遺目錄、藏書清單、戰後問政紀錄目錄、考訂《王開運全集・詩詞卷》之成果等附錄，既是本論文撰寫的基礎，也一定程度地整合、補足了相關資料的闕誤，再配合正文所述，將呈現出王開運更明確的形象。

本論文獲得
2012 年財團法人鄭福田文教基金會
學位論文獎助金

2013 年國立臺灣圖書館
臺灣學碩博士論文研究獎助

謹此特致謝忱

誌　謝

終究，論文與碩士生的身份告一段落，委實有些感慨。撰文過程中，很高興能夠逐步地知悉一位府城人物、一些地方往事，並結識不少師長、前輩；然而，畢竟花了別人的兩三倍時間才結束這份研究，感覺字裡行間所承載、見證的，尚有幾年來自己的徬徨、掙扎、成長、怨懟、尊嚴、研究能力、孤獨、挫折，不禁茫然若失。也許，這就是所謂的學術與人生之結合。

本論文功在考證，論述猶弱。得以完成，除了不甘心與執著以外，更要感謝家人接納浪子回頭、師長予以指導和肯定、王家慷慨提供資料，以及學長、學姐、朋友、同學等，不時地加以鼓勵、建議、訓勉、刺激、關慰。不單是論文方面，就連健康、生命態度、情感、未來規劃、經濟、娛樂、性格、人際關係等項，都因之受到影響。是以，本論文謬誤之處，當屬筆者文責，但若有些許可圈可點、值得驕傲之處，則榮耀自然要獻給對筆者不離不棄的大家。

2012 年 7 月完成論文，已歷 3 年餘，幸獲花木蘭文化出版社青睞得以付梓，亦一併致謝。

林建廷 Lîm Kiàn-têng

2016.01.16 於土城

目次

中　冊

第一章　緒　論

第一節　研究動機與目的

一、研究動機

基於筆者在臺南求學數年所產生的地緣情感，以及考量到對於臺灣文史的研究，可以採取何種角度探索？遂形成了本論文將臺南地區設為研究範疇的初步動機。

以地域範圍來說，臺灣文史研究分為相對的「全體」與「區域」，前者如各家各派撰就的「臺灣文學史」、「臺灣美術史」等，這一類成果格局廣大，在「認識臺灣」的知識建構上提供了一致的理解與定位，卻容易忽略了內部各區域的差異，以及其所展現的不同意義。而投注於「區域」研究，則能夠補此不足，一來可以細膩發掘鮮為人知的面向，使研究者、讀者有更加豐富且精詳的認識，二來則得以和「全體」研究產生對話、協調，以免在認知臺灣的過程裡淪入理論、架構固定化，左右了此門研究的開闊性。再者，憑著是以人抑或事物做為研究對象的不同側重，加上時代、地域的限定，臺灣文史研究更有了不同組合，可粗分為點、線、面 3 種類型，後兩種類型分別指特定時代下的某些主題，以及某些主題的長時間流變情況，例如日治時期臺灣人的博覽會經驗、臺灣教育發展史等。至於「點」者，則可限定為特定時代、地域下的個人或個別事物，性質較單一，且透過「點」的角度完成論文內容，勢必要精闢入裡，而此類研究往往也是後續的或較大範圍論述的重要基礎，有補充、修正、開創（讓未知者出土）的功效。職是之故，幾經考量研究方向與角度，筆者決定挑選「點」的研究；亦即從日治時期臺南地區的單一事物或人物入手，同時，藉著研究過程來加深認識臺灣文史。本論文將「臺南士紳王開運」列爲具體研究對象，正是思索之後的抉擇與實踐。

王開運，何許人也？茲依據各方相關資料，加以比對、剪裁，做爲如下簡要介紹——

> 王開運（1889～1969），字笑岩，號杏庵。出生於清代鳳山縣一甲莊，乃例授明經進士王楝之四子，自幼受到漢學陶養，且該家族在清代也是一方大姓。屆適學之齡，就讀大湖公學校，繼而入臺灣總督府國語學校師範部乙科，畢業後歸鄉擔任母校訓導。1917 年轉向臺南發展，歷任臺南廳西區役場書記、臺灣銀行臺南支店書記、大東信託臺南支店代理，接著自行投資、創業。此外，1927 年起，開始在臺南市嶄露頭角，例如擔任「臺南商工業協會」會長，爲地方商業增添繁榮，並推動創立「臺南愛護會」收容乞丐，且身兼副會長，以及聯同官民爭取修築安平港。又例如膺任市協議會會員、市會議員，直至 1944 年赴海南島擔任瓊崖銀行總經理爲止，共達十餘年；其間一度兼任路竹庄長。再如文藝與民族運動，也有其活動紀錄，特別在《三六九小報》裡，爲理事兼編輯，且畢生作品數量之比例，亦於日治時期爲多。
>
> 戰後，因運補短缺，王開運羈留海南島，任「旅瓊臺灣同鄉會」會長，協助臺灣人返鄉；回臺後繼續經營事業版圖，其中進入第一銀行高層是最爲重要的事業成就。然而，1947 年 228 事件發生，其因「擾亂治安」罪名被捕，直至同年 3 月底才保釋出獄；此遭遇在心中留下陰影，社會活動也漸漸減少。1949 年，參加「臺灣省地方自治研究會」，爲地方自治的奠基工程進一份心力；約 1950 年，漸將生活重心移出臺南；1951 年當選臺灣省臨時省議會首屆議員，期滿後不再參選。戰後詩文創作量稍減，但仍與本地詩人保持交遊，且新結交了中國來臺文士，舊雨新知時相唱和；1955 年擔任《臺灣詩壇》雜誌社副社長。1960 年代初期，協助黃朝琴籌辦國賓飯店。1969 年逝世，享年 81。

透過介紹首先可以確定，王開運乃地方上活躍而傑出的人物，其學識來自家庭教育、師範教育，營生本業是商人，卻幾乎以「通才」的身份在政治、商業、文化、民族運動、社會事業等領域奔波，並多居領導地位，展現了知識份子經世濟民的抱負，留下不少貢獻。其活動精華則集中在日治時期的臺南市，佔了畢生三分之一的歲月；而日治時期的人物志書上，王氏也被歸類爲臺南市重要人士。到了戰後，不論王開運的事業版圖、社會活動或文學活動，多與日治時期雷同，惟程度上不那麼頻繁，可視做日治時期的延續。

再者，若綜合觀察王開運生平、同時代的臺灣與東亞要事（見本論文「王開運生平簡表」），以及王氏在日本、中國、滿洲國、朝鮮的活動足跡（見本論文表 7-1-2），則更加能夠看出其生存年代的特殊性，突顯其時代位置。王開運幼年成長於清、日在臺政權遞嬗之際，並在臺灣邁向 1970 年代，政治、文化即將產生另一波重大變遷之前逝世〔註 1〕，生命長度跨越清領、日治與戰後；此間，臺灣正値於局勢動盪、統治高壓的時期，政權改易頻繁、原殖民地脫胎爲反共復興基地、社會從殖民現代化趨向美式文化，語言則由獨尊華語取代了過去日語、臺語並用狀態。對此，王開運的諸多活動與局勢的關係頗爲緊密，回應時代，也反映出時代變化，不但成爲歷史見證人，其生平經歷亦可視做臺灣近代史的一頁縮影，委實是不可輕忽的研究對象。

不過，王開運在日治時期屢屢被報導，戰後卻甚少被提及。例如《台南市志》（1971 年爲修志斷限），其中「文教志」、「學藝志」、「人物志」，都找不到王開運的相關資料〔註 2〕；之後再推出的《續修台南市志》，更無「人物志」篇幅，表示續修者未計畫將之前不收或漏收的人物加以補充。而 1985 年出版的《路竹鄉志》，將王開運生平列入「外志篇」，資料考述卻有失誤（詳後）；後來的《臺灣歷史辭典》（2003）、《二二八事件辭典》（2008）皆有「王開運」一詞條，因是參考《路竹鄉志》所撰寫，誤差仍存。凡此種種，一者說明了修志者難免帶有主觀意念，對於傳主是否出身於本地、傳主是否在地方上具重要意義，以及當時環境氛圍（例如敏感的人物就不方便立傳）……等等的考量，在入選者名單上起了很大的過濾作用，容易發生遺珠之憾。二者說明

〔註 1〕1970 年代臺灣的重大變遷之一，即是出現了「回歸現實世代」。當時知識份子因外交挫敗而覺醒，轉而關注日治時期臺灣民族運動、文學等面向，帶動新一波的歷史觀點與國族認同，並要求政治革新，重視現實與鄉土，對之後的臺灣社會有深遠影響。相關論述參見蕭阿勤《回歸現實：臺灣 1970 年代的戰後世代與文化政治變遷》（臺北：中央研究院社會學研究所，2008）。

〔註 2〕在《台南市志》出現之前，另有 1958 年的《台南市志稿》，惟方志常有「不爲生人立傳」的原則，時王開運尚在世，故未收錄。

了資料的掌握能力，是人物立傳時相當關鍵的基礎，若掌握失當，將減少參考價值。王開運正是這樣的典型案例，或是無人撰述，或是撰而無當，遑論更完整的相關研究；是以，本論文既能填補文史資料之不足，也期望透過研究，來了解王開運在時代轉動下的歷史定位。

二、研究目的

本論文以王開運爲研究對象，主要目的在於透過歷時性考察，說明王氏與時代環境的互動情況、生平發展、個人事跡，及文學作品的精神面貌，以呈現一位士紳、一位領導階層人物的精神歷程與歷史定位。而爲了能夠達成研究目的，下面再分列 3 項次要目標，使本論文撰寫時能有具體依歸。

（一）考述領導階層人物王開運的生平資料與社會活動

關於日治時期臺灣領導階層的觀察，有吳文星的《日治時期臺灣的社會領導階層》、趙祐志的《日據時期臺灣商工會的發展（1895～1937）》，皆以整體觀察的角度，對臺灣領導階層進行探討，這些成果有助於本論文的進行。然而，個人的發展軌跡與整體的共性仍不盡相同，既然是研究特定人物，則個人的發展轉折與實際情況將是筆者更加留意之處。

是以，對於王開運的生平資料、社會活動，就有必要細膩而詳盡地考述，藉此理解王氏如何進入社會領導階層，以及其與時代的互動情況。在考述過程中，筆者也思考數項具體問題，例如王開運離開家族聚居的故鄉，來到臺南發展事業並紮根於此，其原因何在？王氏得以進入領導階層，乃具備哪些條件？其跨足多種領域的軌跡，可能會是什麼樣貌？各領域的實際活動狀況與程度會是怎麼樣的？又，是否有被忽略或未發現的的某些面貌？而王開運的發展歷程，除了可能訴諸於個人努力與志向之外，能否與當時的歷史背景相聯結？如果有，又分別是哪些面向影響著王氏？……等等，這些問題都將同時納入觀察。

再者，筆者發現王開運參與的各般活動，有不少是臺灣文史裡頭時能聞知的歷史事件，若欲細說來龍去脈，不是史料零碎闕如，未得到進一步考述，否則便是敘述有誤漏，又頻頻因襲前說，像美臺團、臺南愛護會、安平築港運動、臺南墓地事件等等，皆是如此，實爲可惜。是以，本論文將「由人及事」，較深入地考述這些歷史事件，一來補充文史資料，二來佐助對王開運的社會活動之觀察，冀求王氏的形象更加立體周延。

（二）探究王開運的文學活動及其作品內容的精神面貌

王開運存世作品頗多，主要是傳統漢詩文，因此「文化人」的角色，就成了王氏諸多身份裡頗引人注視者。例如日治時期的人物志書指出，王氏「又發行《三六九小報》做爲其興趣事業，被認爲是地方上的知識份子、作家，……（中略）……閒暇時耽好於漢詩、麻將、書畫的樂趣之中〔註 3〕」，將之視爲知識份子、作家；黃洪炎則將王開運數首詩作編入《瀛海詩集》，說明「漢學漢詩之造詣頗深，興到筆隨，其所吟詠每爲人傳誦焉〔註 4〕」，對其相當推崇。值得注意的是，王開運和文藝團體頗「合而不同」，也就是說，雖然是文學愛好者、創作者，但除了戰前《三六九小報》、戰後《臺灣詩壇》，是其投入過心力的文學園地之外，王氏幾乎未曾加入其他文學團體，就連徵詩、擊缽吟會，也甚少參與。

是故，筆者嘗試觀察以下數個問題，例如王開運的漢學學養從何累積？文藝觀點如何？在少數加入過的文學團體裡，具體活動會是怎麼樣的？與文友的往來情況如何？其作品包含了哪些主題？又反映了哪些情緒或現實？是否能夠藉由作品來進一步認知其內心世界？……等等，都是關注文學層面之時，必須解決者。

正由於王開運兼帶作家身份，畢生作品數量不少，而《三六九小報》是日治時期重要的漢文刊物，也是其雜文作品的主要刊載園地，王氏更是該刊物重要同人，在在說明文學是王開運生平裡頭不可或缺的區塊，故有必要將其文學作品與社會活動分開探究；惟兩者有所關聯，社會活動能佐助作品的解讀，而作品裡頭的精神面貌將俾補社會活動考述之不足。

（三）從「肆應」的視角來觀察王開運的發展歷程，並嘗試予以定位

「肆應」一詞出自《淮南子・原道訓》，「是故響不肆應，而景不一設，呼叫仿佛，默然自得」，乃「各方響應」之意，亦即標的雖然相同，回應卻各異。吳文星在《日治時期臺灣的社會領導階層》裡頭，透過此概念來考察臺籍領導階層對殖民統治如何進行回應、調適，指出在日治初期，領導階層即有抵抗、歸隱、順應 3 種姿態，又因人因勢的不同，領導階層的社會功能及

〔註 3〕太田肥洲編《新臺灣を支配する人物と產業史》（臺北：臺灣評論社，1940）。原文爲日文，由筆者採中文意譯。

〔註 4〕黃洪炎編《瀛海詩集》（臺北：龍文出版社，2006），頁 317。

其內部流動也有變異，並且接受殖民現實的同時，有識之士更持續追求臺灣的現代化與自主性。〔註5〕如此觀點，提供較為中性、開放的視角，進一步看見個人或特定群體在時代變動下的多元特質、個別定位，還突破了一般人所習慣的「抵抗」或「順應」殖民者的二元史觀，而後者往往連結到對國家、執政者忠誠度的問題，反倒容易僵化偏頗。

本論文亦採取「肆應」視角來觀察王開運的發展歷程。時代轉動下，王氏以何種姿態來面對世事變化？如何留存生命力、元氣，與時代保持互動關係？在接連經歷日治、戰後兩個高壓統治時期，王氏又如何一面承受（或設法避開）現實困境，一面發揮知識份子經世濟民的抱負與士紳的社會功能？這些問題，都須配合社會活動與文學作品的考察成果來解決。而綜合研究成果，本論文也將嘗試予以王開運一個可能而客觀的歷史定位。

最後，要說明本論文的標題。「士紳」在清代原指持有科舉功名者，日治時期遂廣泛指涉社會領導階層，凡具學識聲望者、富戶、地主、實業家等，皆可如此稱呼〔註6〕，本論文乃據後者定義；而誠如上述，王開運在臺南居留最久、活動最為頻繁，故允可稱呼王氏為「臺南士紳」。其次，王氏的相關資料以日治時期為多，且戰後活動是日治時期的延續，因此本論文儘管以日治時期活動為考察重心，但為了能夠較完整地呈現其形象與歷史意義，研究範圍仍會延展到戰後。至於「社會活動」與「文學作品」，正是本論文的主要切入點。

第二節　文獻回顧

凡筆者能見到的王開運相關資料，都是有助於本論文進行研究的基石，此處所回顧者，以較為集中而完整的資料為主。至於前行研究，除了施懿琳、陳曉怡二位論者的〈日治時期府城士紳王開運的憂世情懷及其化解之道〉之外，並無直接相關的論述，惟擴大來看，例如領導階層、商工會、臺南人士、殖民地學校、臺灣人旅外經驗、地方文史、民族運動……等議題，已有不少

〔註5〕吳文星《日治時期臺灣的社會領導階層》（臺北：五南圖書出版社，2008），頁311～318。按，此書為吳氏博士論文，原出版時題為《日據時期臺灣社會領導階層之研究》（臺北：正中書局，1995），2008年修訂出版改題現名。本論文主要引用修訂版。

〔註6〕吳文星《日治時期臺灣的社會領導階層》，頁70～71。

研究成果，而部份可做爲本論文的歷史背景，或有助於觸類旁通的論述，即是筆者撰文時必須閱讀的，這些前行研究都在此處一併說明。

一、各版作品集

（一）「雜詠錄」

此爲手稿，題名「雜詠錄」，署「幸盦主人初稿」，共 20 面，收錄詩作 38 題，乃使用 10 張 22 直行白底紅線的信紙，對摺累疊而成。據王家後人言，此手稿爲王開運生前抄錄者，數量雖少，仍爲後來編著《杏庵詩集》的基礎之一。現已收錄於《王開運全集》。

（二）《杏庵詩集》及其底稿

1976 年，王開運長子神嶽將王氏詩作編成，經許丙丁校閱；1988 年，逢王開運百歲冥誕，王家自費出版，題爲《杏庵詩集》，由王紹齋與高本榕校訂，林永樑題字，收錄詩作三百餘題、照片 24 張、書法 4 幅，事略 2 篇、序言與後記各一篇，以及家譜世系表等。2009 年，龍文出版社重新印行《杏庵詩集》，列入「臺灣先賢詩文集彙刊」系列。此詩集的來源是由王氏的「雜詠錄」，加上其他手稿、剪報編集而成，未標上日期，也和「雜詠錄」一樣未依先後順序，且部份詩作遺失題名，乃冠以「無題」來處理，並誤收少數他人作品。這說明了王開運生前似乎是隨意留存作品，而遷就當時人力、資源限制，整理者也只能盡量呈顯現有資料，難以逐一追蹤考證；不過，已可看出王氏詩作的部份風貌。

另外，此書有值得商榷之處，例如〈事略〉裡頭稱民國 6 年（1917）王開運畢業於國語學校，時 19 歲（實是 1910 年畢業，22 歲）；民國 17 年（1928）任台南商工協會副會長（實是 1927 年，爲會長）；民國 20 年（1931）出任台南市議員、台南商工會議所議員（實是 1928 年即爲市議員，商工會議所成立於 1938 年）；民國 25 年（1936）發行《三六九小報》（實是 1930 年）；民國 32 年（1943）赴海南島任瓊崖銀行董事長（實是 1944 年，任總經理）；民國 36 年（1647）回臺（實是 1946 年）；民國 37 年（1948）出任第一銀行監察人（實是 1947 年）；民國 44 年（1955）任省議員（實是 1951 年）；民國 50 年（1961）任中華民國詩會副會長（按，筆者未能查得此文藝團體，應該是指《臺灣詩壇》）。〈序言〉則稱王開運任省議員之後（1951），旋被黃朝琴延攬入第一銀行（實是 1947 年即入）。此書還收錄了黃景南收藏的王開運手跡一

幅（原刊於自立晚報），介紹也有誤，仍稱王氏於民國 25 年發行《三六九小報》，實是 1930 年。〔註 7〕

至於《杏庵詩集》的底稿，即是抄錄「雜詠錄」等詩作，以及集合王開運詩作手稿、剪報而成，由王氏家屬提供。雖與詩集內容相同，但從寫作用紙來看，有助於推斷詩作年代，且有數首詩作未出現在詩集中，此檢視成果可見本論文「附錄三」、「附錄七」。

（三）《王開運全集》

此全集於 2008 年由國立台灣文學館委託施懿琳、陳曉怡編纂，助理吳青霞與筆者等協力蒐集、校對，隔年出版。全集共分 3 卷，其一「詩詞卷」以《杏庵詩集》爲基礎，額外又尋得其他詩詞作品，包含王氏雜文「花叢小記」裡的附錄詩作，皆析出收入書中，共得四百餘首。部份詩作的時間加以考訂，並考量到詩題不詳者逕名「無題」，易和傳統漢詩既有的特殊含意相混淆，遂將「無題」改爲「失題」。

其二「雜文卷」，收錄王開運在《三六九小報》和其他書籍、報刊上的作品，包含隨筆、小說、議論、贈序、連載日記、花叢小記等文章，多是文言文體裁；由於有發表來源，故考訂與順序排列較無問題。此卷最大的意義在於，之前王氏多被視爲詩人，現則說明其亦能創作散文，並對王氏創作活動的解讀上有進一步幫助。

其三「文獻資料卷」，乃基於王開運在臺灣戰前與戰後的社會、政治、經濟等方面具有影響及貢獻，故收錄大量相關文獻圖錄；來源或是家屬提供，或是向文學館商借掃描，或是引自書報，同樣是盡量依年代排序，呈現王開運從少到老的各般境況。此卷尚有王氏擔任臺灣省臨時省議會第一屆議員的問政紀錄、生平及作品年表，以及王氏四子駿嶽〔註 8〕撰寫的〈簡介王開運生平事蹟〉。總的來說，《王開運全集》很大程度上補足並還原了王氏的形象與角色定位，且是本論文撰寫時的主要參考資料。

必須說明的是，此全集「詩詞卷」裡部份作品的寫作時間未能確定，爲便於本論文析探王開運詩作，筆者也持續考訂若干詩作的寫作時間；目前確知年代者已達四分之三，詳細情況將製成表格，列爲本論文「附錄七」。

〔註 7〕《杏庵詩集》（臺北：龍文出版社，2009），頁（1）～（7）、155～156。

〔註 8〕筆者按，王開運有六子，先後是神嶽、鐘嶽、崧嶽、維嶽、駿嶽、德嶽（德予），因鐘嶽夭折，故王家將兄弟排行提前，今從之。

二、相關資料

（一）報紙、人物志書與方志

日治時期關於王開運的介紹，計有《臺灣人物評》（1929）、《臺灣官紳年鑑》（1932）、《臺灣實業名鑑》（1934）、《臺灣人士鑑》（1934）、《現代臺灣史》（1934）、《臺灣紳士名鑑》（1937）、《新臺灣を支配する人物と產業史》（1940）、《臺灣の中心人物》、〈眠れる獅子　甘得中君　新進の王開運、楊振福君〉〔註 9〕、〈岡山郡大觀〉〔註 10〕……等；戰後則有《自由中國工業要覽》（1955）、《臺灣省地方自治誌要》（1965）、《路竹鄉志》（1985）、〈本省金融界聞人　王開運病逝〉〔註 11〕……等。這些介紹詳略皆有，主要指出王氏各領域的經歷，是本論文基本資料之一。

然而，失誤之多恐怕以《路竹鄉志》為甚。例如此書稱王開運生於民前 23 年（1878，實是 1889，換算有誤）；享壽 82（實是 81）；排行老三（實是第四）；8 歲入國語學校就讀，繼入該校高等科（實先入大湖公學校，後再入國語學校，不曾入高等科）；民前 6 年（1906），18 歲時任職於大社國小（實 1910 年任職，時 22 歲）；遷居臺南之初即在臺南市政府任職，嗣以 30 餘歲之齡兼為路竹庄長（實遷居之初只在西區役場，層級有差，且 1931 年才當庄長，時 43 歲）；光復後入大東信託、成立南郡運送公司（實 1928 年即入職大東，南郡也在日治時期已有）；1949 年參選臺南市參議員，為步入政壇之始（實參選的是 1951 年臨時省議員，且日治時期便已是官選議員）；卸下省議員，擔任第一銀行常務董事兼協理（實 1947 年即進入一銀）〔註 12〕……等等，皆有誤差，之後他書引用此鄉志者，亦難避免訛誤。

（二）黃昆池〈駑駘雜記——懷念本行故常務董事王開運先生〉

此文由王開運家屬提供，據云為第一銀行內部刊物。其寫作緣起是因為王駿嶽欲為父親在二二八事件中受到牽連一事平反，而商請親戚黃昆池當見證人，黃氏有感寫下此文。內容主要是王開運的生平簡述，同樣有所失誤，例如稱王氏於民國 17 年（1928）任臺南市商工協會會長（實是 1927 年）；民國 19 年（1930）後，歷任數屆臺南市官選議員（實是 1928 年即開始）；民國

〔註 9〕《臺灣日日新報》，1930 年 7 月 9 日，6 版。
〔註 10〕《臺灣新民報》，1933 年 11 月 13 日，4 版。
〔註 11〕《自立晚報》，1969 年 3 月 2 日。
〔註 12〕林文廣主修《路竹鄉志》（高雄：路竹鄉公所，1985），頁 559～561。

20年（1931）兼路竹庄長（實是1930年）；民國25年（1936）發行《三六九小報》（實是1930年）；民國32年（1943）任瓊崖銀行總經理（實是1944年）……等等。惟論及二二八之處，篇幅雖短，但既能爲見證人，則此文仍有參考價值。

（三）王駿嶽〈簡介王開運生平事蹟〉

此文撰寫於2006年，起緣於國家臺灣文學館向王家徵集文獻，王駿嶽進而執筆爲文，可做爲文獻的引導說明，現已收入《王開運全集》。文章首先交代王家和文學館的往來情形，以及王家自行蒐集王開運資料的艱辛過程，這是《王開運全集》得以實行編集的背景之一。接著，王駿嶽相當詳細地說明王開運生平和各方面的成就，最後從《杏庵詩集》裡挑選詩作數首，供讀者賞味。全文字裡行間透露出王駿嶽對父親的孺慕之情，細節說明上不但是他人少有，也相當生動地描繪出王開運的身影，故不論是藉以向外人介紹乃父的重要性，還是對於本論文，皆有很大的助益。

此文仍略有差誤，例如指王開運於1932年擔任臺南市議員、州評議員（實是1928年，也未當過州議員）；民國37年（1948）後進入第一銀行（實是1947年）；戰後仍與黃可軒（洪炎）往來（黃氏已於1943年逝世）；將黃洪炎與黃景南誤認爲同一人，故言黃洪炎編集了《心聲》、《興南詩苑》、《自立晚報》（實是前兩者由黃洪炎編，後者由黃景南編）；且「心聲」、「興南詩苑」也不是書籍，分別是《臺灣新民報》、《興南新聞》裡的漢詩欄名稱。解詩方面，〈跨海〉並非寫於王開運協助留瓊（海南島）臺灣人返鄉之時，而是其赴海南島之前；〈次陳逢源君即事韻〉並非寫於《臺灣詩壇》二週年紀念之時，而是戰前之作。

（四）吳淑美「美世紀」網站（http://www.meicentury.com/）&吳淑美《美世紀》

「美世紀」網站記錄了吳淑美的大半生經歷，由本人口述，家人整理稿件並建站。吳氏是王開運次子崧嶽之妻，而王開運在臺南時期是以大家庭形式與家人聚居，晚年其子孫分居，則多與王崧嶽居住；因此，該網站內容儘管以吳淑美自己一生事跡爲主，仍有不少地方提及王開運，且對王氏生活情況有深刻記述，甚至有些部份不與王駿嶽文章重覆，也是筆者的重要參考資料。

2011 年，吳女士逝世，由孫女杜文苓等人將「美世紀」網站內容出版，題爲《美世紀》，兩份資料大致相同，惟網站特闢〈關於王開運〉一文，書籍則未收。本論文將同時參考網站與書籍。

三、相關論述

（一）施懿琳、陳曉怡〈日治時期府城士紳王開運的憂世情懷及其化解之道〉〔註 13〕

此文爲首篇關於王開運的研究論文，其寫作緣起，乃是在《王開運全集》編集過程中，施懿琳、陳曉怡發現王氏儘管身處地方領導階層，參與眾多活動，並具經濟能力，時能遠遊日本、中國，或是與藝旦談笑對飲，在詩文作品裡卻存在著極爲反差的濃厚愁緒，因而欲一探究竟。二氏認爲，王開運的家人逝世、自身病痛，以及殖民時空下的不堪境遇、故國情懷、漢文頹喪、倫理失序、人心風氣敗壞……等等，是王氏愁緒的來源；是以，名勝古蹟或外地的忘情遨遊、投入《三六九小報》以維繫漢文、與文友同好時相吟詩對飲，甚至徘徊於溫柔鄉，便成爲化解愁緒的方法，也使得「憂」與「遊」一同反映於詩文之上，進退之間透露了未被發現的生命情調與文學成就，委實見解獨到。

不過，或許囿於篇幅之故，此論文只能大刀闊斧地用「憂」與「解憂」來貫串王開運作品，側重其文藝表現；加上王開運作品的年代分布並不平均（雜文多集中在 1930 年代，漢詩則終生創作），故探討範圍暫時只能及於日治時期，無法全面觀察。另外，經筆者考述王開運生平與作品繫年之後，發現有值得商榷或不足之處，例如逕以〈春日遊開元寺〉來說明王開運愁緒之濃厚，但是此詩乃是連用同韻的 3 首詩作，很可能是意猶未盡，或是爲了逞炫詩藝才會再三賦寫，未必 3 首詩的末句韻腳都用了「愁」字，便足以說明其憂愁特質。再如〈東游日記〉是一趟長期旅行，或有澆愁功效，且刊登於《三六九小報》，可視做文學作品，但其原型是臺南商工業協會的工商考察報告，此項實際用途應予以提點。又如王開運曾參與探討臺語用字，似乎關聯到 1930 年代鄉土文學與臺灣話文運動，日後亦可進一步觀察其態度。

〔註 13〕施懿琳、陳曉怡〈日治時期府城士紳王開運的憂世情懷及其化解之道〉，《台灣學誌》2（臺北：臺灣師範大學台灣文化及語言文學研究所），2010 年 10 月。

無論如何，這篇論文提供了筆者一個析探王開運作品的可行角度，但仍要綜合多方資料，才能知人論世，完整地說明個人形象、立場、思想。

（二）其他做為本論文重要參考的前行研究（依出版時間順序）

作者/篇名/資料	內容大要以及該研究與本論文之關係
鄭牧心《台灣議會政治40 年》（自立晚報，1987）	以臺灣議會爲中心，將日治時期的臺灣自治運動視做源流，並述及戰後省參議會、省議會、立法院的活動與發展，又兼顧臺灣歷史、法統遷徙、黨外運動等問題。其中戰後初期的議會發展過程，可做爲本論文考述王開運參與「臺灣省地方自治研究會」、擔任臨時省議員等事的背景。
吳文星《日治時期臺灣的社會領導階層》	探討日治時期臺灣人領導階層遞變產生的過程，以及該領導階層與殖民社會的互動情形，指出整體共有的發展軌跡，可做爲王開運生平考述的背景。
趙祐志《日據時期臺灣商工會的發展（1895～1937）》（稻鄉，1998）	探究全臺商工會的成立背景、組織結構、功能與活動、對社會的影響等，並以吳文星關注的臺灣人領導階層的研究對象做爲對照組，觀察到獨屬於「臺籍商工類領導階層」此一群體的特性。而王開運一直爲商界中人，故此書一來可做爲王氏商界活動的背景，二來也提供了筆者觀察王氏的管道。
盧嘉興《臺灣古典文學作家論集》（呂興昌編校，南市藝術中心，2000）	此書輯錄了盧嘉興《台灣研究彙集》裡頭的文學性質文章，其中與臺南相關的作家相當多。盧氏爲民間文史工作者，其文章雖非嚴謹的學術論文，較少深入分析，卻能詳盡說明各個作家的家世、生平，並大量抄錄作品；此中恰有謝國文家族、黃拱五的部份，可做爲本論文考述王開運交遊的參考資料。
謝國興《亦儒亦商亦風流：陳逢源（1892～1982）》（允晨，2002）	爲陳逢源傳記，詳考陳氏的思想、性格，以及在經濟界、報界、民族運動、漢詩的各般表現，旁及陳氏經歷的歷史事件。其中部份境遇是王開運和陳氏共同面臨的，可爲本論文的背景，而此書「由人及事」的敘述方式，亦是本論文的借鏡。
王昭文〈殖民體制下的社會改革理想實踐——以日治時代的愛愛寮爲例〉（《輔仁歷史學報》，2003.06）	突顯出施乾的人道主義，並指出日本殖民體制下，民間社會事業不易生存，須仰賴官方支援；官方則透過「恩侍福利體制」，藉由資源分配來控制社福團體，降低社會改革運動的激進化。另外，也透過數據比較，說明愛愛寮在乞丐收容工作上的貢獻。 而王開運曾推動組織「臺南愛護會」，是繼愛愛寮之後的另一個民間社會事業，一定程度受施乾影響。因此，此文一者可做爲本論文考述愛護會的背景，二者可藉此文相互比較愛護會與愛愛寮。

湯熙勇〈脫離困境：戰後初期海南島之臺灣人的返臺〉(《臺灣史研究》，2005.12)	指出戰後滯留於海南島的臺灣人，經由哪些途逕返鄉，過程中遇到產生哪些問題，以及當時官方、民間對返鄉一事的處理態度，可做爲考述王開運協助旅瓊臺灣人返鄉一事的背景。
謝明如〈日治時期台灣總督府國語學校之研究（1896～1919）〉(師大歷史系碩論，2007)	考述了國語學校的組織沿革、校務發展、師資、教學訓育及畢業生表現，呈顯該校在日治時期臺灣社會、教育、統治行政和殖民地日語教育中的角色、地位，這大致也是王開運所經歷的，故可做爲王氏學校生活考述的背景。
高小蓬〈台灣省參議會推動地方自治之研究（1946～1951）〉(師大政治所博論，2008)	以省參議會中心，探討戰後初期地方自治的發展，也顧及戰後臺灣的歷史環境、政治氛圍、民眾訴求等。此論文撰寫上過於龐雜瑣碎，使得架構內容略爲模糊，但仍可做爲本論文考述王開運參與地方自治推動一事的背景。
張富美〈海南島、臺灣及其他地方——從寄寓海南的臺籍詩人莊玉坡談起〉(《臺灣文學評論》，2009.01)	從海南島當地雜誌《瓊海潮音》上的漢詩，來談莊玉坡與文友的互動情況。莊氏爲臺南人，常年寓日經商，習佛好詩，也相當親日，1939 年赴海南島，遂透過《瓊海潮音》與臺灣詩人如林獻堂等隔海唱和。惟此文較簡略，乃作者藉著數冊《瓊海潮音》發表其觀點。不過，1944 年王開運前往海南島，相關資料甚少，故仍可藉由此文做爲起點，配合其他資料，推敲王氏當時可能的生活情況。

第三節　進行方式與章節架構說明

一、進行方式

本論文乃是較全面而周延地考述王開運的生平歷程。在此之前，除了施懿琳、陳曉怡〈日治時期府城士紳王開運的憂世情懷及其化解之道〉一文之外，並無較爲完整或深入的研究成果，因此，本論文相當著重考述建構的工程。

進行方式上，筆者以文獻資料爲主，田野調查爲輔，兩者交錯進行。文獻資料方面，舉凡日治時期的《臺灣日日新報》、《臺南新報》、《臺灣民報》、《臺灣新民報》等，戰後的《民報》、《自立晚報》、《中華日報》等，加上他人的詩文集、日記、各種期刊雜誌、官方文書檔案，以及前述王開運的各版作品集、相關資料……等等，只要存在著與王開運相關的一絲可能性，皆屬筆者蒐羅範圍。田野調查方面，則發揮了兩種作用，一是補充文獻之不足，二是幫助筆者篩選材料。待文獻蒐集有了一定份量，田調也告一段落，乃將這些成果建置爲基礎資料，做爲個人資料庫，而部份成果也整理爲本論文各附錄。

以下，再進一步報告田野調查所訪談的人士與情況，以及基礎資料的建置狀況。

（一）田野調查

1. 王開運四子王駿嶽

王駿嶽爲王開運四子，首次訪談由施懿琳、陳曉怡二位研究者帶領筆者進行，此行適値《王開運全集》編纂期間，故得到不少資料，使全集內容更形完備。第二次由筆者單獨前往。兩度訪談內容雷同，且以首次所得最豐，因此將兩次的訪談內容一併收錄於本論文「附錄二：王開運四子駿嶽先生訪談」。又，訪談內容可與王駿嶽自撰的〈簡介王開運生平事蹟〉（見《王開運全集》）一文相互參照補充。

2. 王開運長孫王泮宮、孫女王玉嬰等人

二位分別是王開運長子神嶽之子、四子駿嶽之女，對於王開運的記憶不多，共同印象是王開運對內家教甚嚴，晚輩不易親近；對外則時常邀友讌飲，相當具有鄉里眾望，二人皆感到與有榮焉。整體來說，訪談內容並未超出王駿嶽所述，故筆者不另行編整。

然而，王開運生前的藏書，除了一部份捐贈國立台灣文學館之外，其他仍收藏在王小姐家中，讓筆者能夠整理出比較完整的藏書清單，此成果可見本論文「附錄五」。另有王芳郁女士（王潤松之女），並非王開運家族的直系成員，但手邊有《王氏族譜》，其云是族譜修成後，部份旁系也有索取，因此筆者得以商借複印族譜，爲另一收穫。

3. 王開運次媳吳淑美、外曾孫杜文苓

吳女士爲王開運的兒媳婦，杜老師則爲吳女士外孫女（亦即王開運的外曾孫），任職於政大公行系。先是筆者無意中發現「美世紀」網站，去信說明欲向吳氏訪談，並由杜老師引領筆者前往吳女士家中；訪談時吳氏已年老體弱，說話不容易，對於提問，多是微笑頷首，似是同意筆者的理解，故沒有具體訪談。但吳女士先前所完成的網站口述內容，仍有助於了解王家部份歷史。

此番連繫之後，筆者也有幸爲該網站的部份內容進行考訂修潤，主要

是用字遣詞方面。吳女士以臺語陳述往事，加上年事已高，表達不完整，使得記錄者未必能精確地轉述吳氏原意，也就有文句不通順、時間與事件混淆等問題；筆者乃提供修改意見，以求語意通暢，並保留吳女士的臺語語氣。

此外，筆者也提供吳女士之父吳應清，以及吳先生任職過的集義公司的相關資料給對方。目前「美世紀」網站與《美世紀》所呈現者，皆是稍加修改後的內容，筆者忝列審閱人之一；惟誤差難免，本論文撰寫時將會再審慎參考。

（二）建置基礎資料

前面提及的《王開運全集》，對筆者彙集資料有很大的幫助，不過編纂時間有限，以及該書性質偏向文學作品集，致使部份資料不得不割愛，且《王開運全集》若干處亦尚須考訂。是以，正式撰寫本論文之前，筆者乃加強資料的蒐集與整理，將資料再行一番梳理，製作成諸附錄，以下分別敘述。

1. 「附錄一：文獻資料圖錄」

基於《杏庵詩集》與《王開運全集》先後問世，二書已收錄的照片，本論文附錄盡量不重覆。圖錄內容包含與王開運相關的書籍、人物、建築、手稿、報紙等方面的照片，來源或是家屬提供，或是筆者自行拍攝，俾使本論文圖文並茂，佐助對王氏的認知。

2. 「附錄三：王開運作品補遺目錄」

據《三六九小報》的「著者索引」，王開運的筆名計有棄人王、棄人大王、幸盦、杏庵、幸庵、悻庵、花仙、花外仙、花哥哥、花探偵、花曼倩、花散仙、花道人、花債生、變態偉人、笑岩……等等；而筆者在檢閱資料的過程中，除了找到《王開運全集》漏收的作品之外，更發現了其他筆名，如「走卒」、「隻眼生」、「小丑」、「少丑」、「杏狂」等，使得補遺數量明顯增多，既補強《王開運全集》作品收錄之不足，也有助於進一步掌握王氏的創作情形。

3. 「附錄四：他人致贈王開運之作品目錄」

本論文對於王開運文學交遊的考述，只選擇數人來討論（見第五章），而「附錄四」可呈顯王開運與文友較全面的往來情況，且有助於考訂王氏作品，故加以收錄。

4. 「附錄五：王開運藏書單」

此附錄依據國立台灣文學館的「文學文物典藏系統」(http://xdcm.nmtl.gov.tw:8080/NmtlFront/welcome.htm)，以及筆者前往王玉嬰小姐家中抄錄書目而成，經整理爲表格後，有助於探究王開運的讀書傾向、學養來源，以及其發表於《三六九小報》的多則隨筆，與藏書之間有怎麼樣的關連。

5. 「附錄六：臺灣省臨時省議會第一屆期間（1951～1954）王開運問政紀錄目錄」

此附錄乃依據「臺灣省議會史料總庫」網站（http://ndap.tpa.gov.tw/drtpa_now/main.php）整理而成，包含戰後王開運在議員任內的提案、質詢、連署等，收錄範圍較《王開運全集・文獻資料卷》裡的「問政資料」完整，有助於瞭解其問政情況。

6. 「附錄六：《王開運全集・詩詞卷》補充與修訂」

此附錄一來有利於本論文撰寫時，避免流於郢書燕說，二來也使《王開運全集》的內容更加完備。主要進行兩項考訂工作，首先是彌補詩作繫年，並解決詩題闕如的情況；除了依從報章雜誌來還原詩作年代或詩題，詩作繫年尚可根據王開運生平事跡、詩作內容所透露的訊息來考訂，或者是藉著「唱和詩」的互動特色來判斷。所謂「唱和詩」，是某人先賦詩（唱），其友人再賦詩回應（和）的一種互動創作；此文學傳統出現甚早，本來主在和「意」，即交流心聲，至唐代元稹、白居易開始，還多了和「韻」的條件，亦即詩句長短、韻腳用字與順序，唱者、和者都要相同，而臺灣漢詩也有這般唱和風氣，且「唱」與「和」的時間相近。因此，只要參考其他詩人與王氏之間或唱或和的相關詩作——當然資料要詳盡些——，將可考訂作品創作時間的可能範圍。

第二項考訂工作是筆名的問題，一旦誤植作者，會遺漏作品或錯把他人創作囊括己用。王開運諸筆名中，較有疑義者是「笑岩」以及「棄人」；同樣以「笑岩」爲筆名者，有日治時期臺北的林笑岩（戰後仍有活動），屬天籟吟社成員，其作品不少部份僅署「笑岩」，活動範圍多在北部，作品時常與所屬吟社有關；因此，就連臺南本地傳統詩社也甚少有參加紀錄的王開運，若特地到北上共襄文運，實不太合理。簡言之，署名「笑岩」且資料顯示是北部活動的作品，基本上不會是王氏作品。

筆名也用「棄人」者，則有日治時期臺南的王席珍（戰後仍有活動），一名王傳池，其爲漢文教師，詩作頗多。〔註14〕由於王席珍和王開運同住一地，而王開運本身也和漢詩人時相往來，有可能只是單純參加詩會活動（但沒有成爲社員），因此更不易判定署名「棄人」的作品，究竟是誰的創作。對於這些模稜兩可的詩作，筆者原則上列爲「暫置不論」。

二、章節架構說明

繼文獻資料蒐集、田野調查，以及建置基礎資料（各附錄）之後，筆者接著閱讀王開運作品，並參考關於日治時期與戰後的時代背景的書報雜誌與研究成果，最後則是正式撰文。爲求簡明，本論文基本上區分爲「家世生平」、「社會活動」、「文學活動」3部份來撰寫；細部的章節架構勾勒如下，其中「緒論」與各附錄均已在本章提及，參考書目僅羅列資料，皆存目即可，不另行說明。

第一章　緒論
第一節　研究動機與目的
　一、研究動機
　二、研究目的
第二節　文獻回顧
　一、各版作品集
　二、相關資料
　三、相關論述
第三節　進行方式與章節架構說明
　一、進行方式
　（一）田野調查
　（二）建置基礎資料
　二、章節架構說明

第二章　王開運的家世背景及生平歷程

〔註14〕施懿琳〈臺南府城古典文學的發展、研究與展望〉，中正大學臺灣文學史料編纂研討會（嘉義，2000年10月）。王傳池詩作可檢索「台灣好！台灣文學網」（http://140.125.168.74/literaturetaiwan/）中的「台灣漢詩資料庫」。

第一節　王氏家族的發展

一、家族發展軌跡概述

二、父親王棟的生平

第二節　青年王開運的求學時代

第三節　就職與創業

一、大社公學校訓導

二、臺南市役所西區役場書記

三、任職臺灣銀行臺南支店

四、大東信託臺南支店代理

五、轉向多元發展

六、以第一銀行爲主的戰後事業

小結

本章在述及王開運本身之前，另行追索王氏的祖先在臺發展過程，以及其父王棟的生平。之所以追索其先祖，是因爲翻閱王家族譜與《路竹鄉志》之時，發現零星的王氏先祖的資料，透露了王開運家族發展軌跡，說明王姓在路竹區得以長年爲大姓的緣故；且家族的茁壯，多多少少會影響後代子孫的發展，故有必要述及。此外，其家族發展本身即是臺灣開發史的一項議題，有後續研究之價值，可先在本論文裡疏理奠基。至於王棟是家族發展下進而取得功名的一代，成年時又歷經清、日在臺政權的變換，在漢學、教育理念、生涯走向等層面，當是家中子弟的範式，其對王開運具有如何的影響力，是可以考察的。

接著，進入王開運本身求學、謀職、創業等經驗的考述；而此考述過程中，實已呈現出王氏能夠成爲臺南士紳的所需條件，以及使其活躍於商、政、文化等領域，擁有多元角色的時代背景。

第三章　邁向地方士紳之途（上）——臺南商工業協會的活動

第一節　促進商業繁榮

一、臺南商工業協會的成立

二、「廉賣會」與「臺灣文化三百年記念會」

第二節　改善經商環境

第三節　啓發商工智能

一、商工考察活動

二、成立「共榮貯金會」

小結

本章旨在考述日治時期王開運於商界裡頭的各般活動。由於這些活動往往是透過王氏領導的「臺南商工業協會」來運作，且王氏自始至終都是會長，加上臺南商協是當時臺南市的重要商工團體，故王開運與臺南商協可說是一體兩面，而在考述王氏商界活動的同時，筆者亦一併說明臺南商協的始末。

誠如本章架構顯示，王開運與臺南商工業協會的活動、貢獻，主要在於改善商況、經商環境，和啓發商工智能，其中特別是「臺灣文化三百年記念會」、「安平築港運動」，不僅臺南商協積極參與，更是當時臺南市的重大事件；然而，目前臺灣文史研究裡頭，甚少提及這兩項活動的來龍去脈，是以，筆者一併考述之，也唯有如此，才能呈顯王開運在其中的角色、地位與重要性。

第四章 邁向地方士紳之途（下）——由商務向外延伸至其他地方活動

第一節 加入臺南王姓宗親會與協調南門墓地事件

一、臺南王姓宗親會

二、南門墓地事件

第二節 接觸民族運動

一、美臺團

二、臺灣地方自治聯盟

第三節 擔任市協議會議員、路竹庄長與市會議員

一、市協議會議員、市會議員

二、兼任路竹庄長

第四節 推動民間社會事業「臺南愛護會」

一、成立背景與籌備過程

二、營運狀況

小結

本章考述王開運於商界之外的其他社會活動。經過廣泛蒐集資料，發現王氏與臺南地方的互動程度相當緊密而深刻，故與商界活動、文學活動分開談論。

就筆者所見資料而言，王開運在宗親、土地權益、民族運動、政治、社

會事業等方面的活動，大致是由商界向外延及；也就是說，王氏先成爲地方商界的領導人物，再漸次參與其他活動。可見王開運的確是一位活躍的士紳，並受人重視。其中，王姓宗親會、臺南愛護會，是當時地方上的重要團體，南門墓地事件是地方大事，美臺團與臺灣地方自治聯盟更是重要的民族運動陣營，王開運與之都有接觸；正因爲如此，王氏同時也受殖民當局籠絡，長期連任地方議員，尚且一度兼任路竹庄長。本章除了呈顯王開運在各領域的活動情況之外，同樣對這些事件、團體進行考述，一方面補足地方文史，一方面修正文史記述的謬誤，例如葉榮鐘將美臺團與文化協會的「活動寫眞部」相混淆，長久下來遂使得研究者延續錯誤。

第五章　海南島經歷與戰後際遇

第一節　海南島經歷

一、前往海南島

二、爲返家鄉的奔走

三、離瓊後持續參與救援

第二節　戰後際遇

一、捲入二二八事件

二、加入「臺灣省地方自治研究會」

三、擔任臺灣省臨時省議會第一屆議員

（一）地方發展

（二）交通

（三）公營事業

小結

爲求考述周延，特闢本章來說明王開運從 1944 年至 1969 年之間的社會活動，以王氏遠赴海南島爲起點，中經協助留瓊臺灣人返鄉、受二二八事件牽連、參與臺灣地方自治規劃，最後以參選臨時省議會議員爲終。這些事件不但是王開運重要的生平經歷，也扣連著臺灣的時代脈動，且從中可以知曉，王氏之所以戰後活動不如日治時期活躍的背景與原因。

第六章　文學活動的外部考述

第一節　漢學素養的來源與應用

第二節　文學活動與社團的參與

一、吟詠於詩社之外

二、擔任《三六九小報》編輯

三、擔任《臺灣詩壇》副社長

第三節　文學交遊

一、黃拱五

二、王亞南

三、陳逢源

四、王鵬程

五、蔡朝聘

小結

除卻商、政、地方權益等層面的事跡，王開運的文學活動同樣值得注意，也有待仔細發掘。本章著重文學的外部考述，包含王氏的學養來源；而由於王氏留下一批藏書，透過藏書的整理，尚可從學養延伸至其閱讀情況，以及閱讀與創作的關聯。接著，考述王開運參與文學社團的情形，其中《三六九小報》、《臺灣詩壇》分別是王氏戰前戰後所加入的文藝團體，參與姿態卻頗有差別，前者是念茲在茲，後者則比較像是敬陪末座。此外，王開運是詩人，但在日治時期詩社林立之下，既不隸屬任何詩社，也少參加詩社活動，戰後仍是如此，故其文學活動的實際情況如何？何以有不同的參與態度？以及是否關係到個人文藝觀？箇中原因皆宜注意。進而述及王開運的文學交遊，在爲數眾多的友人中，挑選數位與王氏互動較頻繁者，以做爲觀察對象，透過相關資料與往來詩文的解讀，理解彼此情意所趨。

第七章　王開運詩文作品析探

第一節　漢詩作品的主題

一、詩作概況

二、對於功成名就的繫懷

三、對於時局、生命的憂思

（一）日治時期

（二）戰後

四、島外旅途所感：以中國經歷爲例

五、用世與歸隱的選擇

第二節　雜文作品的主題

一、雜文作品概述

二、對於傳統漢學的擔憂與振興

三、對於社會風氣的批評

四、自我性格、處世觀

小結

本章嘗試析探王開運的詩文作品，由於其漢詩與雜文的內容、特性差異頗大，並為了行文簡便，盡量將此二種文體分開處理。漢詩部份，從「愁緒」特質來通論其詩歌，指出此一特質的歷時性變異，進而探究其他可能被忽略的主題。雜文部份，提點出文字裡頭的各種關懷面向，以及王氏的性格、思想。要之，藉由析探作品，既見王開運個人文學生命的特殊風貌，也俾補本論文對王開運的生平、社會活動考述之不足。

第八章　結論

總結第二章至第七章對王開運各個層面的研究成果，並歸納出在社會、文學活動裡，王氏具有什麼地位、成就，其如何肆應於時代變遷，活動足跡呈顯出什麼樣的意義，而其文學作品裡，又展現出什麼樣的精神面貌；最後為王開運綜理出一個可能而客觀的定位。

王開運生平簡表

本表乃依據《王開運全集》和本論文研究成果製成，並列同時期的臺灣、東亞要事，一者提供大致輪廓，使讀者對於王開運生平一目瞭然，再者能夠看出王氏生存年代的特殊性，突顯其時代位置；王開運諸多活動既有著與局勢頗為緊密的關係，回應著時代變化。

參考書目

附錄一：文獻資料圖錄

附錄二：王開運四子駿嶽先生訪談

附錄三：王開運作品補遺目錄

附錄四：他人致贈王開運之作品目錄

附錄五：王開運藏書單
附錄六：臺灣省臨時省議會第一屆期間（1951～1954）王開運問政紀錄目錄
附錄七：《王開運全集・詩詞卷》補充與修訂

第二章　王開運的家世背景及生平歷程

論者林慧姃在研究吳新榮之時，開頭便認爲，吳氏本身之所以成爲一位醫生，甚至在文學、政治、文獻等領域都有重要貢獻，家世及受教育過程是不可輕忽的，因爲唯有家族早期先產生某些強人，讓宗族在地方上掘起並紮根，身爲後代的吳新榮才能站在巨人肩膀上，繼續向外發展、實踐自我理想。〔註 1〕這般家族發展的分工觀點，對於王開運也適用。其開基祖先來臺的時間始於明鄭，至清代已是一方大姓；到了王開運的父親王棟這一代，更出現科舉成員，且過渡到日治時期，王棟亦致力於爭取地方教育資源、維護環境衛生，協助統治者掌理地方政務，頗得日方讚譽。那麼，此家族如何在地方扎根？又如何影響到王開運？實有必要考述。

本章第一節從王開運的先祖來臺發展過程爲起始，再論及王棟的生平；而這也兼顧到此家族的發展本身即是臺灣開發史的一項議題，有後續研究之價值，可先在本論文裡疏理奠基。

第二、三節考述王開運的成長過程與畢生的就職經歷及事業，乃從 1889 年出生，到 1969 年逝世爲止。王氏初受漢學薰陶，後畢業於臺灣總督府國語學校，是新一代知識份子，其職業多在金融、商業領域，工作上需要和形形色色的人士互動，不僅具備商人身份，更漸次擁有廣大人脈，得以在商、政、文教、社會事業等領域留下活動成果。日治時期的人物志書如此記載：

〔註 1〕林慧姃《吳新榮研究——一個台灣知識份子的精神歷程》(臺南：臺南縣政府，2005)，頁 20～24。

> 臺南市會議員　王開運　臺南州
>
> 爲大家都稱許的南部實業界領導。此君明治四十三年畢業於臺北國語學校，遂於路竹公學校當教員，因成績良好而名聲大噪，成爲杏壇重望者。後決定離開教壇，進入臺銀臺南支店，十年如一日相當勤勉，努力獻身於該行，連重役也大爲贊賞。後轉職至大東信託，爲支店長代理，勤於職事；三年下來，此君在實業界的活動有目共睹，於是先前被推舉爲臺南商工業協會會長，現在尚任職中，繼續以八面六臂的精力爲南部商工努力。另一方面，此君也是臺南市會議員、臺南愛護會副會長、合資會社南部運輸組的代表，處於樞要地位，爲地方開發盡力，慈善事業上爲經營愛護寮；又發行《三六九小報》做爲興趣事業，被認爲是地方上的知識份子、作家，一般對此君的印象是個人格者。閒暇更耽好於漢詩、麻將、書畫的樂趣之中。〔註2〕

所謂「人生歸有道，衣食固其端」（晉・陶淵明〈庚戌歲九月中於西田獲早稻〉），不論是爲了實踐理想，有所建業，抑或汲營名利，安固生計必定是基礎，有時甚至是得以向外發展的橋樑，對王開運而言，正是如此。那麼，王氏是如何選擇其職業？工作表現又是如何？其間起伏變化是何種樣貌？這些都有待追索。爲免行文冗長混亂，筆者特將王開運縱向的生平歷程與橫向的「社會活動」分開探究，本章著眼於前者，後者留待第三、四、五章續說。

第一節　王氏家族的發展

一、家族發展軌跡概述

《王氏族譜》〔註3〕記載，王家的來臺開基祖先爲王文醫（王蔭），祖籍

〔註2〕《新臺灣を支配する人物と產業史》，漢珍「台灣人物誌」資料庫（http://news8080.ncl.edu.tw/whos2app/servlet/whois?simplegenso）。原文爲日文，由筆者採中文意譯。

〔註3〕《王氏族譜》現存有二版，一爲王家後人所藏，1996年出版，一爲國家圖書館縮影資料室藏，名「王氏世系圖」，1985年出版，兩者內容雷同，據王家後人說明，全爲王開運著錄。本論文兩者皆有參考。另，筆者將族譜簡化，置於附錄一以資參考。

地爲「福建省泉州府同安縣積善里白崑陽堡白礁鄉上巷祠堂邊人民二十都」，縣級以下的次序，依憑現代習慣的地址記述方式，可調整爲「同安縣白礁鄉二十都積善里白崑陽堡上巷祠堂邊人民」。〔註4〕其中，「上巷」是王姓宗親較早期的聚居地，後有一部份族人遷入「下巷」，兩者皆在白礁鄉範圍內。「祠堂」指的應該是王氏宗祠「世饗堂」，建於明代。白礁鄉本身爲沿海聚落，一端是九龍江出海口，另一端有金、廈二島屏列於海上，其交通位置具有航海優勢；對照今日中國的行政區域，白礁已從「鄉」改爲「村」，屬福建省龍海市（爲縣級市，由漳州地級市代管）的角美鎮轄區。〔註5〕

王文醫來臺時間，記載於路竹一甲觀音亭的〈沿革〉。觀音亭肇基位置原本在高雄市路竹區環球路（今路竹果菜市場位置），1919年一度擴建，參與擴建事務者有王文醫第9代子孫王道宗（即王開運長兄）；1976年，由王珠慶（第11代子孫，王金平之兄）和王朝立獻地，遷廟至今址（路竹區大智路），並撰〈沿革〉。〔註6〕文中提到：

> 本亭主神觀音菩薩，……（中略）……據明永曆十五年，民族英雄鄭成功舟師克服台灣前夕，其部屬王文伊到古剎南海普陀山，祈香火護身出航，是年四月廿九日舟由鹿耳門乘霧登陸，……（中略）……至清康熙廿二年，施琅興師征台，鄭氏扶明滅清基地失守，部屬均以忠貞志節散住於槺榔藍（一甲）（筆者按，即槺榔林）、新園、陷後、窯仔甲、山崙仔、獺爪、營前、營後、舊廍、石仔瀨、前寮、大應公、三甲等十三庄頭營生。
>
> 因神祐降福，陸穀豐收，人丁興旺，眾仰其恩光，遂起公議，請王文伊供奉香火，擇地於槺榔藍結茅焚香奉祠……（下略）

〔註4〕明代基層行政區域的劃分，可參見何朝暉《明代縣政研究》（北京：北京大學出版社，2006），頁61～65。

〔註5〕王文醫來臺的第11代子孫王金平（現任立法院長），曾與兄弟姐妹追尋原鄉宗族，於2004年得知原鄉的現址，參見〈跨越海峽的親情鏈接——龍海市白礁村首次披露與台灣王金平家族的兩岸情緣〉，《福建日報》（電子版，2007.04.06，http://www.66163.com/Fujian_w/news/fjrb/gb/content/2007-04/06/content_1091110.htm），以及「漳州白礁王姓宗祠」網站（http://www.zongci.com.cn/net/main/index.aspx?Menu=0&userid=61&AspxAutoDetectCookieSupport=1 ）。2010年7月1日瀏覽。

〔註6〕此〈沿革〉碑文鑲於一甲觀音亭正殿內左壁，《路竹鄉志》亦引鈔此文，但文句多處迥異，本論文從廟中〈沿革〉碑文。又，〈沿革〉碑文照片可見附錄一。

「醫」和「伊」兩者同音，「王文伊」指的就是王文醫。於此，不但可以得知王氏何時來臺，也明白王文醫身份乃鄭成功部將，「恢復明室」這樣的政治認同便成爲其來臺的動機之一；且王文醫更是整個明鄭時期的見證人。此外，雖然〈沿革〉僅交代王文醫與夥伴在清領之後的墾殖據點，但是明鄭政權以臺灣爲復興基地，曾置營屯田，故王文醫的拓墾時間點可能更早。

若注意到王文醫的原鄉在明清時期的狀況，則能推論出來臺的另一個可能動機，亦即擺脫原鄉困苦生活的考量。首先是南明抗清之際，泉州府正處於雙方攻佔消長的狀態，因兵燹紛擾而遷居避亂乃勢所難免。〔註7〕其次則中國向來以農立國，相當倚重土地的生產力，但《泉州府志》記載，泉地民多田少，且「地斥鹵而磽确，資食於海外，資衣於吳越，資器用於交廣，物力所出蓋甚微矣〔註8〕」，面對糧食產量無法自足，又要繳納田賦，也屢屢造成田賦混亂與治安問題，故人民爲求生存，不得不向外謀生，以致有「濱海三百餘里，魚鹽之利，民倚爲生，而舟航流通，百貨雲集，尤藉海以運〔註9〕」的景象，表現出重視貿易的經濟性格。加上福建省距離臺灣並不算遠，當 17 世紀荷蘭、明鄭政權相繼經營臺灣，需要招徠大量農民拓墾土地，等於是在貿易之外，向泉州人民提供一條農耕的新出路，自中國向臺灣移墾的現象於焉產生。因此，兵燹、生活困苦和政治認同，讓王文醫離開原鄉，而爲求改善生活，則讓王文醫於明鄭滅亡之後，仍留在臺灣從事開拓。

王文醫在臺的墾殖地，除了〈沿革〉裡「槺榔藍」等 13 莊之外，《王氏族譜》另有「槺榔林／開基祖王文醫／檨仔頭公、營仔公／勤勞、堅忍、／節儉、樸實、／以訓子孫」等文字，或可推論主要墾殖地就在槺榔林、檨仔頭、營仔。其中，槺榔林入清之後，因被劃分入長治里第一甲，後來逕以「一甲」取代原名。而〈沿革〉與《王氏族譜》兩筆資料合計有 15 處開墾地，分別位於今日高雄市路竹區的甲南、甲北二里（槺榔林【一甲】、獺爪、營前、營後、舊廍、石仔瀨、前窩、大應公、三甲、檨仔頭、營仔）和竹園里（新園、陷後、窯仔甲、山崙仔）〔註10〕，都集中於路竹區的北

〔註7〕司徒琳（Lynn Struve）《南明史：1644～1662》（李榮慶等譯，上海：上海書店出版社，2007）。

〔註8〕《泉州府誌・物產》（臺南：賴金源，1964）。

〔註9〕《泉州府誌・海防》。

〔註10〕林文廣主修《路竹鄉志》，頁 22～36。《路竹鄉藝文資源調查：古地名》（高雄：路竹地方文化館，2005）。

端。由於此聚落群相互連紕，位於臺灣島西南邊，靠近海岸，又屬嘉南平原南端，以及古代航行的動力主要借重風力，需要遷就信風、洋流與海岸地形等自然環境，便決定了外來者多從嘉南平原登陸，並由此擴展開來。故此地區本身就很難避免「首當其衝」的命運，遂成爲臺灣史上外來者最早的拓墾地區之一。

歷經明、清政權，這些地方大致都還保持小莊林立的狀態，屬鳳山縣（明鄭則稱「萬年縣」，旋又改縣爲州）轄下的長治、維新二里。日治時期，始以「一甲」之名涵蓋槺榔林及其外的聚落；1920 年代，臺灣進入州廳制度，州下置郡及市，郡下有街、庄，遂把原維新里內的「半路竹庄」之名用來取代「一甲」舊名，並刪去「半」字，是爲「路竹庄」，路竹鄉的轄境雛型於此出現。而原本的槺榔林等聚落，在戰後或是易名，或是整合，成爲「甲南」、「甲北」、「竹園」等村里。〔註 11〕

整個清領時期，《王氏族譜》尚有幾次置產拓墾的紀錄，如第二代王租家（科公）於「建置樣仔頭公田數餘甲」、第三代王聘（王使）「建置營仔公田十五、六甲」、第五代子孫「建置埤尾祖公田一甲餘」，以及第七代子孫「買收營仔公田」，在今甲南、甲北二里範圍者佔其三，不難確定王家正是以槺榔林（一甲）等 13 莊爲生活與拓展的中心。與此同時，王姓宗族也開始於當地繁盛起來。對內，王文醫一脈的初期記載尚是 3 代單傳，自第三代王聘時已育有 7 房，之後各房又多所生育，至第八代王棟——即王開運的父親——，單是同代間的親族已達 60 人左右，足見王家成員之眾。對外，則基於同姓即同宗的情感，其他來自漳、泉二府的 3 支王姓，遲至乾隆年間便已相繼來臺，與王文醫家族聚居一地，更加壯大王氏宗族在地方上的勢力。

至此，路竹王姓依開基祖的不同而分別稱爲田頭王、鬼仔王、豆腐王與白礁王（王文醫系）。日後，地方上還流傳著這麼一句諺語「大社蘇，一甲王，湖街林，竹滬蔡，下甲廟仔無厝蓋」，正是指出今日大高雄市的湖內、路竹二區交會處，在歷史上曾經有過的聚落大姓分布盛況。「湖街」在湖內區大湖里，其餘皆屬路竹區的社東、社中、社西 3 里（以上原爲大社），甲南、甲北二里（以上原爲一甲），竹滬、頂寮二里（以上原爲竹滬），以及新達里（原下甲，即興達港所在地）。這些地方大姓的開基祖都是在清代中葉之前來臺。至於「下甲廟仔無厝蓋」，則據說是因爲蟯港於清代壅塞，致使下甲地方沒落，連帶廟

〔註 11〕林文廣主修《路竹鄉志》，頁 11～14。

宇也無錢修護。〔註 12〕這恰可印證此諺語之起源、其中所述的盛衰情況，定當不會晚於 1895 年臺灣改隸之際。

簡言之，王文醫一脈在清代已是一方大族，當王家爲自己的家族撰寫譜諜之時，封面與內文便分別印有「路竹・一甲」和「一甲白礁王族譜」等字樣。後者的用意是要與其他 3 支王姓區別開來，前者則反映日治以來的地方區域劃分，也不無強調「一甲」爲在臺郡望之意，畢竟該氏世系源遠流長，同宗族者人數亦多。直至 1980 年代編纂《路竹鄉志》，顯示王姓爲當地大姓，上述諺語中的大姓分布狀態也依然存在。

二、父親王棟的生平

隨著王文醫一脈漸次壯大，若要維持家族存續，鞏固家族勢力，甚至邁入地方領導階層，那麼門下子弟必定有持續拓墾、累積財富、參與地方事務或考取科舉功名等過程。可惜文獻無徵，而清代臺灣方志大多只記錄貢生以上的功名〔註 13〕，若族人僅是生員，未能「出貢」，則方志幾乎不會提及，故王家前七代的實際情形難以詳知。所幸日治時期的人物志書之中，有第八代的王棟、王城（斗垣）與第九代的王道宗等 3 人資料，指其皆具秀才功名〔註 14〕；又王棟另有幾筆紀錄，再配合相關研究，仍可窺見王家在清末以至日治初期，於地方上活動的可能情況。

王棟，又名王文禎（貞），號飛浦，是王文醫世系第八代子孫，屬第三代王聘生育的頭長房王挺系統（見附錄一）；在族譜上排爲「文」字輩，但多以「王棟」一名行世。父親爲王當（第七代），生 5 子，恰巧依照傳統五行觀念

〔註 12〕林文廣主修《路竹鄉志》，頁 15～16、89～94、135～136。清・盧德嘉《鳳山縣采訪冊》（臺北：臺灣銀行經濟研究室，1960），頁 133。「田野調查報告——地名諺語篇」（http://www.kssh.khc.edu.tw/resource/icsu/1/index.htm），岡山高級中學網站，2010 年 7 月 1 日瀏覽。「各里介紹」，高雄市湖內區公所網站（http://www.hunei.gov.tw/index2.asp），2011 年 3 月 11 日瀏覽。

〔註 13〕如《恒春縣志・學校》曰：「各處志例，科甲以下不載。恆邑地僻番山，草昧初開，不能不寬以待之。俾廩附各生，同得書名之寵，藉爲咕嗶海澨者勸。」又，經筆者查閱，方志所載幾乎都是貢生以上的功名，也就是說，基本上生員（即秀才）要「出貢」，成爲貢生，才會被記錄。

〔註 14〕《南部臺灣紳士錄》皆記載 3 人資料，《臺灣列紳傳》亦有王棟資料，參見漢珍「台灣人物誌」資料庫。又，誠如上述，方志大多「科甲以下不載」，而筆者也未見清代方志或《重修臺灣省通志》載有 3 人功名，故除了王棟已知是「廩生」、未出貢之外，王城、王道宗應該也是未出貢的生員。

爲子命名——長子王燧、次子王鏞、三子王棟、四子王城及五子王鴻，名字裡頭皆是火、水、木、金、土爲部首。王棟生於 1853 年，逝世於 1914 年，享年 62 歲（獻，頁 246）〔註 15〕，正是跨越清、日兩政權的遺民。以下有兩則介紹：

> 臺南廳下一甲區區長王棟，於去五日逝世，其遺缺當道愼重選擇，尚未補授。王本前清鳳邑庠生，一門鼎盛，爲人寬柔溫厚，有長者風。改隸之初，當道即辟任該區區長，雖官制屢次更改，王長該區如故，歷任近二十年，事上接下，竭盡其誠，人民無閒言，於地方公益，亦無不盡力。者番二豎爲災，寢疾數日而卒，享受六十有二。長子淵源亦前清茂才，能世其學；次子開運，現任公學校訓導；餘尚在學校肄業中，兒孫滿眼，可謂生榮死哀矣。或謂王前任務，其長子淵源贊襄良多，事務嫻熟，人民均望襲其後任，然當局自有衡量，非所能測也。〔註 16〕

> 王棟　臺南廳長治一圖里一甲庄四百九十七番地
>
> 王棟，臺南長治一圖里人。其家出于泉州，累世以儒著，廩生，光緒壬辰（按：即 1892）登第也，垂帷教授。明治三十一（按：即 1898）年拜命大湖辨務署雇員，是歲更擢鳳山縣一甲總理，未幾而拜命一甲庄長，三十二年一月授佩紳章，四十三年又改區長。其在職忠誠悃篤，治績最彩。資產約七萬圓。仁慈殊厚，凡邑中儀範，措斯人而不可他求云。大正三年六月遂以病卒，享年五十五。〔註 17〕

王棟 40 歲始登第，似乎有點延遲；不過，若是了解清代科舉的繁複與艱難，即便是「廩生」此一功名，也是相當得來不易。原先只是「童生」的王棟，其住所附近有鳳崗書院以及社學數間〔註 18〕，能提供啓蒙教育；在讀書歲月

〔註 15〕王棟生卒年爲王家提供，雖與報端資料有出入，仍以王家提供者爲依據；再者，本論文之人物年歲，主要依傳統算法，出生時即爲一歲。又，爲簡明起見，本論文資料引自《王開運全集》者，僅交代題名、體裁、年代、頁次，「詩」或「詞」指「詩詞卷」，「文」指「雜文卷」，「獻」指「文獻資料卷」；不在《王開運全集》之內者，始註明來源。

〔註 16〕〈區長開缺〉，《臺灣日日新報》，1914 年 6 月 8 日，4 版。筆者按，王開運的排行有誤，實爲第四子。

〔註 17〕《臺灣列紳傳》，參見漢珍「台灣人物誌」資料庫。

〔註 18〕清・盧德嘉《鳳山縣采訪冊》，頁 159～160、162～164。

裡，王棟嫻熟四書五經，或許青年時期仕途不順，沒有及早登第，但清廷於 1885 年宣布臺灣建省之後，終究通過了縣試（鳳山縣）、府試（臺南府）、院試（省級考試，在臺南府）等層層考試，始擁有「生員」身份，即俗稱「秀才」。〔註 19〕

考中生員之後，王棟進入鳳山縣儒學（孔廟）繼續學習，故報端稱之爲「鳳邑庠生」。在儒學裡，一方面必須接受月課、季考，另一方面還得定期參與「歲試」，以確認生員的學識程度；因此，可知王棟是由最初的「童生」漸次成爲「廩生」，惟出貢不易，未及升爲貢生。相對來說，生員亦有特殊待遇，王棟成爲「廩生」，原則上可領受國家銀兩，免徭役丁稅、提高社會地位；若通過「科考」，即具備前往福州應考鄉試（考舉人）的資格。〔註 20〕但顯然地，王棟的仕途僅止於「廩生」，其以開班授徒做爲生計，也很可能另外從事生意，商號爲「王慶貞記」，並擁有若干田地。〔註 21〕附帶說明的是，王棟留下一張遺照，上面題有「前清例授明經進士」字樣（獻，頁 2），此爲生員雅稱，並非眞的是進士。總之，上述乃說明了科舉之路不易，在教育未普及的時代，能夠成爲生員，已是人中龍鳳。

家族人數眾多，墾有田地，加上王棟、王城兄弟，以及王棟長子王道宗皆有基本功名，則王家無疑是地方領導階層的成員。大致說來，在過去國家

〔註 19〕按，臺灣在清代建省之前，省級的院試不至福建考，而是在臺灣府（臺南）；建省之後，巡撫劉銘傳在奏議上言：「竊臣兼管臺灣學政，本年舉行歲試，……（中略）……旋抵臺南府開考。二十二日考竣，二十三日馳還臺北……（中略）……三十日開考臺北各屬，五月二十一日考竣」，而生員赴考的歲科、試，與童生赴考的院試，往往是一併舉行的，故王棟參加院試，應仍在臺南，未必遠至臺灣府（臺中，名義上的省會）或臺北府（實質上的省會）赴考。參見《重修臺灣省通志・卷六・文教志・學校教育篇》（南投：臺灣省文獻委員會，1993），頁 151～156；《劉壯肅公奏議》（臺北：臺灣銀行經濟研究室，1948），頁 300～301。

〔註 20〕《重修臺灣省通志・卷六・文教志・學校教育篇》，頁 162～167、170～172、175～178、184～186。

〔註 21〕《南部臺灣紳士錄》顯示是「一甲區庄長、紳章配有者、稟生、秀才、王慶貞記、長治一圖里一甲庄庄四九七番地」，其中「王慶貞記」應是店號之名，惟不詳實際業務爲何，參見漢珍「台灣人物誌」資料庫。又，曾有臺南董某將田地典與王棟，迨王棟逝世，董某後人欲贖回，卻與王道宗有所糾紛，加上上述王家先祖的開拓紀錄，故筆者認爲，王棟是擁有田地的。參見《臺灣日日新報》：〈一牛兩皮〉，1915 年 2 月 14 日，6 版、〈一牛兩皮〉，1915 年 11 月 22 日，4 版、〈一牛兩皮〉，1916 年 3 月 3 日，5 版。

勢力（中央政府）僅止於縣級的時代，地方領導階層尤爲重要，因爲該階層是官府與人民之間的中介力量，其功能在於助官理民、爲民請命，以維持社會秩序，並促進地方上各方面的建設；同時也培植勢力，故與官府有著「分離但合作」的特殊關係。〔註22〕可是，王棟在登第3年後，便面臨乙未割臺，而後人王駿嶽認爲，其祖父王棟不曾抵抗，因爲知道打不過日軍（見附錄二）。這恐怕也是當時大多數臺灣人的無奈心情，論者吳文星即指出，面對日軍節節進逼，上層士紳鮮少正面武力抵抗，反而考慮到身家財產的安全，採取離臺、隱退或代民眾出爲求和，甚至迎日軍入城以恢復秩序。此外，也因爲領導階層裡有不少上層者規避戰亂，使得下層者接觸新統治者、參與地方事務的機會增多，出現了領導階層內部下層者向上流動的空間。〔註23〕乙未戰役末期，日軍欲底定「臺南府城」這個臺灣民主國的最後根基，於是兵分三路，從北方的彰化、布袋與南部的枋寮登陸，一面沿途接收，一面逼近臺南；王家長久落腳於路竹，接近臺南邊境，且日軍的前進路線確實經過二層行溪、大爺莊、半路竹莊等地，處於夾擊範圍之中〔註24〕，在形勢比人強的情況下，王棟未選擇抗日是可以理解的。

1898年，王棟出任大湖辨務署雇員，自此屢屢被殖民當局任命協理地方事務，直至逝世於任內，共16年。其間，王棟雖然幾度易改職位，但事務其實是大同小異，範圍包含了法令告知、人民向行政官廳請願進言事宜、民情報告、戶籍掌控、徵收租稅及諸收入、滯納處分、聽候廳長命令，以及公共費用、官有財產保管出納等等。〔註25〕而防治鼠疫、遷設公學校，是王棟在地方事務上的具體事跡，可做爲「事上接下，竭盡其誠，人民無間言，於地方公益，亦無不盡力」、「其在職忠誠悃篤，治績最彰」等評語的註腳。

從日治初期即困擾當局不已，甚至花費二十餘年始撲滅的「鼠疫」

〔註22〕蘇碩斌《看不見與看得見的臺北》（臺北：群學出版有限公司，2010），頁67～84、128～131。

〔註23〕吳文星《日治時期臺灣的社會領導階層》，頁13、46。

〔註24〕臺灣總督府警務局編《台灣抗日運動史》（張北等譯，臺北：海峽學術出版社，2000），頁169～170、220～221。黃昭堂《台灣民主國之研究》（廖爲智譯，臺北：現代學術研究基金會，1993），頁86～88。

〔註25〕臺灣總督府《府報》：〈臺灣總督府辨務署取扱事項〉（府令第26號），第105號，1897年6月23日，頁37、〈街庄社長職務〉（府令第40號），第1162號，1902年5月30日，頁61、〈區長職務規程〉（府令第68號），第2805號，1909年10月5日，頁12。

（Plague），相信對王楝也是極大的挑戰。鼠疫在日治時期又稱爲「百斯篤」（ペスト），是由鼠疫桿菌所引發的烈性傳染病，因人畜共通，凡被帶有鼠疫桿菌的跳蚤叮咬、碰觸受鼠疫桿菌感染的動物，以及接觸到患者的傷口膿液、痰與飛沫，即容易受到感染，致死率高達九成。〔註 26〕1896 年，此疫情在首先於廈門、安平之間往來貿易的帆船中被檢查出來，隨即蔓延全臺；鼠疫如此猖狂感染，與早期臺灣的衛生環境，以及臺、中兩地互通口岸的人貨流動，不無關係。〔註 27〕王楝掌理下的一甲庄和鄰近的大社庄等地，一度是嚴重區域；是以，在防疫上王楝聯同警部、巡查、巡查補、保正、甲長等，率領地方壯丁，反覆地毯式搜尋，逐家逐戶捕捉鼠類，同時消毒、灑石灰、鏟除竹林（以防鼠類藉此竄攀至屋頂），由於成效良好，一度被標舉爲「新方法」。〔註 28〕然而，疫情時高時低，之後仍有失控情形，甚至大社庄還因而關閉管制。〔註 29〕

在教育上，王楝參與了大社公學校的遷置。日本殖民臺灣，目的之一乃是將臺灣人逐步同化爲日本人，其中重要的同化政策，便是施行以日語爲核心的新教育（相對於傳統漢學），故初期即設立芝山巖學堂、國語學校、國語傳習所等教育機關。當時，這些機關的數量雖然算不得普及，但由於經費多爲官方支付，對於當時財政未有餘裕，極需日本本國補助金的總督府來說，無疑是很大的財政負擔；加上學生人數增加，以及部份臺人漸知新教育的重要，主動要求增設學校的聲音漸次出現，使得總督府在 1898 年頒布了「臺灣公學校令」，讓教育經費的重擔改由地方人士承擔。也就是說，舉凡學校創設與維持的經費（不含教職員薪資）、學生學費，還有入學人數和地方民眾的負擔意願，都要掌握，才能由街、庄、社長向上級請願設校；另外，機關名稱則改爲「公學校」，取代國語傳習所，修業年限改訂爲 6 年。〔註 30〕

大社公學校的遷置，正是在「臺灣公學校令」頒布之後，由地方人士與官員所協議催生。大社公學校的前身是「大湖公學校」，1900 年創校於大湖庄

〔註 26〕參見維基百科（http://zh.wikipedia.org/zh-tw/Wikipedia:%E9%A6%96%E9%A1%B5）的「鼠疫」條目，2011 年 2 月 23 日閱。

〔註 27〕小田俊郎《台灣醫學 50 年》（洪有錫譯，臺北：前衛出版社，1995），頁 17～28。

〔註 28〕〈捕鼠の新方法〉，《臺灣日日新報》，1906 年 6 月 16 日，2 版。

〔註 29〕〈鯤南瑣事 屆期開放〉，《漢文臺灣日日新報》，1908 年 12 月 9 日，4 版。

〔註 30〕李園會《日據時期臺灣教育史》（臺北：國立編譯館，2005），頁 85～88、97。許佩賢《殖民地臺灣的近代學校》（臺北：遠流出版社，2005），頁 62～64。

（今高雄市湖內區），先暫借該地廟宇充當校舍，學區範圍約於現今高雄市路竹、湖內、茄萣、阿蓮等地的學生。〔註 31〕當時大湖庄屬臺南廳阿公店支廳的維新里，而遠在清代，此地就已是交通要道之一；到了日治時期，又有「大湖街停車場」（即火車站）〔註32〕，故在此設校，具地利之便。同年，全臺公學校（含分校）數量，則由「臺灣公學校令」頒布之初的 74 所，增加到 117 所，可見縱使教育經費的重擔落在地方之上，仍然壓抑不下臺人欲接受新教育的期待。〔註33〕

1909 年左右，地方上出現了遷移「大湖公學校」的聲音，其理由是大湖一地「邇來日益蕭條，商業居民遷移他處者，實繁有徒。該地學校生徒，因而減少，且該校管區，如一甲、呵嗹兩區，就學者亦遙遠不便」〔註 34〕，故欲將學校遷置大社；另外，臨近大社的半路竹庄也在 1902 年增設車站（今路竹車站），以及鼠疫造成外庄人口向一甲、大社、半路竹等地湧進，皆使大社頗得繁榮景況，自然有設校優勢。〔註 35〕於是，遂由大湖區庄長林彩澤、圍仔內區庄長葉宜和、一甲區庄長王棟、阿嗹區庄長林富，以及學務委員王道宗等，聯名向鳳山廳長橫山虎次與臺灣總督佐久間左馬太請願，建議將大湖公學校遷置於大社，做爲新學區中心。學區範圍如故，並在大湖地區設立分校，以解決通學問題；而新學校的花費，則由位於大社範圍內的一甲區內負擔泰半。〔註 36〕不久請願通過，乃先借大社東安宮（今高雄市路竹區社東里東安路）做爲臨時校舍，1912 年完成校舍興建。〔註 37〕至此，在大社的新設

〔註 31〕〈台南通信〉，《臺灣日日新報》，1899 年 9 月 16 日，2 版。《高雄縣路竹鄉大社國民小學創校百週年特刊》（高雄：大社國小，2001），頁 2。

〔註 32〕〈打狗臺南間停車場の位置〉，《臺灣日日新報》，1900 年 4 月 12 日，2 版。

〔註 33〕李園會《日據時期臺灣教育史》，頁 92。

〔註 34〕〈南部通信　新築學校〉，《漢文臺灣日日新報》，1909 年 12 月 11 日，4 版。

〔註 35〕林文廣主修《路竹鄉志》，頁 23～26。陳致中〈1945 年以前半路竹聚落空間之構成〉（臺北：臺北藝術大學建築與古蹟保存研究所碩士論文，2007），頁 34～36。

〔註 36〕國史館臺灣文獻館「臺灣總督府檔案」（http://ds2.th.gov.tw/ds3/app000/）：〈臺南廳告示第二十五號大湖公學校移轉改稱等ノ件〉（典藏號 00001640041）、〈大湖公學校設立認可ノ件（大湖區長外二名）〉（典藏號 00001804019）、〈太湖公學校移轉及大社公學校大湖分校設立認可ノ件（林彩澤）〉（典藏號 00005208025）、〈大社公學校校地選定認可〉（典藏號 00005394008）。

〔註 37〕《漢文臺灣日日新報》：〈移轉學校〉，1909 年 10 月 6 日，4 版、〈南部通信　新築學校〉，1909 年 12 月 11 日，4 版、〈赤崁春帆　開校日期〉，1910 年 2 月 27 日，6 版、〈學界施設紀要（續昨）〉，1910 年 10 月 2 日，2 版。〈大社公校落

學校正式稱爲「大社公學校」(今大社國小),原大湖公學校則成爲分校(今大湖國小)。〔註 38〕

儘管王棟的資料較爲瑣碎,但經過梳理後,並配合時代背景、相關研究,仍有值得觀察之處。總的來說,持有前清基本功名的王棟,卻在日治初期受到殖民者任用,且久任不替,這固然是殖民者利用舊領導階層來遂行統治的便利手法,同時也是王棟的肆應姿態;面對政權改隸,並經過兩年任由臺灣人返渡清國的期限,王棟最後選擇了接受現實,接受殖民者的任用,使得自身發生了吳文星所說的領導階層內部之流動。

推想可知,王家與殖民者的關係是和緩少衝突的,但在個人與時勢的互動下,王棟仍有一定的發揮空間,既改善鄉里環境衛生、爭取學校設施,也讓家族聲望續存。例如王棟在任內,由長子道宗、三子開泰擔任書記,逝世後由開泰暫代其職,更一度風聞其職位將由王棟子弟接班〔註 39〕;而王道宗亦是地方上的學務委員〔註 40〕,在 1917 年擔任一甲區長(見附錄一),四子王開運則於 1931 年任路竹庄長(見第四章),皆是官方選派來治理自己的家鄉。要之,從清末以至日治,王家在地方上的聲望未見衰落,反而益加顯著,持續扮演著「地方領導階級」的角色。至於王棟對其子王開運的具體影響,大致有教育、遷居臺南、漢學素養等 3 個面向,將分別在本章第二、三節及第六章裡頭述及。

第二節　青年王開運的求學時代

王開運生於 1889 年,字笑岩,號杏庵,創作漢詩乃採用此名號,甚至起居空間亦命名爲「杏庵」,自許爲文人的心意流露無遺,並爲其忙於生計與地方事務的生活添增了幾分風雅。而文人自有雅趣,王氏的花叢小記、綺豔詩或隨筆等作品,則使用更多筆名,如變態偉人、花道人、花仙、花哥哥、花探偵、走卒、隻眼生、杏狂、小丑等等。王開運在家排行老么,父母爲王棟

成〉,《漢文臺灣日日新報》,1912 年 4 月 6 日,5 版。《高雄縣路竹鄉大社國民小學創校百週年特刊》,頁 2。

〔註 38〕國史館臺灣文獻館「臺灣總督府檔案」:〈臺南廳告示第二十六號大社公學校大湖分校設置開校ノ件〉(典藏號 00001640042)。

〔註 39〕〈運動補缺〉,《臺灣日日新報》,1914 年 6 月 17 日,6 版。《南部臺灣紳士錄》,漢珍「台灣人物誌」資料庫。

〔註 40〕〈南部通信 新築學校〉,《漢文臺灣日日新報》,1909 年 12 月 11 日,4 版。

與黃菜〔註41〕，前有3位兄長，依次是開先（道宗、淵源）、開元、開泰，兄弟 4 人都出生於清代的一甲；其中開元在族譜上未載子嗣，加上家族成員眾多、年代久遠，故不論當時的報章雜誌、文獻資料，抑或是王家後人追述，對王開運的排行次序都容易誤記，稱之為次子、三子。

從王開運生平、日治時期的教育情況與後人的回憶來看，應當是 12 歲才入大湖公學校，亦即 1900 年；那時尚未遷校，校址仍在大湖庄。晚遲接觸新教育，在日治時期雖然不是太稀罕的事，筆者認為，就中也不無王棟的「觀望」心態。首先，王駿嶽提到，就讀國語學校之前，王棟很早就在字體、詩賦方面對王開運要求甚嚴，並考慮讓其參與科舉（見附錄二），可見王棟原本的規劃，正是要讓幼子向具有秀才功名的長子學習，跟著走上科舉之路，只是因改隸而不得不終止（時王開運 7 歲）。不過，在日治初期，傳統漢學還是具有優勢的語文，不論實用性，或民族文化的認同問題上，都是當時臺灣人的優先選擇，一時之間書房數量也比國語傳習所或之後的公學校密集〔註42〕，此便容易造成王棟觀望不前。因此，當王開運達到適學年齡（指七、八歲左右）時，縱使發生清、日在臺政權轉移，王棟還是可能先讓子弟接受漢學教育，未必因為新政權帶來新教育，便馬上選擇後者。易言之，若王開運先是有著父親庭訓或進書房的經驗，再接觸新教育，那並不令人意外，甚至入公學校的同時，也持續接觸漢學，都很有可能。

再者，改隸之初，做為基礎教育機關的國語傳習所雖然已有 50 所（1897 年數量，含分教場），設置地點卻只選擇要地，相對於全臺幅員，仍算不上普遍，像路竹地區就沒有傳習所〔註 43〕；筆者認為，求學不便利是王棟之所以觀望的另一因素。最後，或許要等到王棟接觸地方事務，身負勸學任務，有機會進一步了解何謂新教育，以及臺灣公學校令頒布後，臺灣人更踴躍地主

〔註41〕黃菜亦出身書香世家，其父為臺南黃宇吉（子吉），本身是廩生，她的兄弟們——即王棟的妻舅——得立、得宜（緯五）、得眾（拱五）也皆有文名。參見盧嘉興〈臺灣日據末期著刊「拾零集」的黃拱五〉，《臺灣古典文學作家論集》（呂興昌編校，臺南：南市藝術中心，2000），頁 704～706。

〔註42〕吳文星《日治時期臺灣的社會領導階層》，頁 267～271。

〔註43〕李園會《日據時期臺灣教育史》，頁 58、70～71、73。按，查閱《路竹鄉志》，載有 7 處「國語講習所」，2 處「簡易國語講習所」，並說是日治初期成立的：這是誤載，成立於日治初期者，是「國語傳習所」，至於「國語講習所」，是 1900 年代以後，為強化日語普及而出現的民間團體之一。參見吳文星《日治時期臺灣的社會領導階層》，頁 267～271。

動申請學校設立，學校普及率提高，新教育的重要性益加彰顯，王棟決定給子弟接受新教育的契機才會成熟，這是觀望的第三個原因。

職是之故，1900 年大湖公學校創校，王開運便成爲年紀稍大，卻還是最先入學的第一屆學生；當時首任校長爲我孫子藤太，而經過 6 年學習，畢業時（1906 年）則改由次任校長辻求太郎送學生出校門〔註 44〕，辻求氏並且向王家建議，該子弟應當繼續北上至臺灣總督府國語學校求學（見附錄二）。

對於北上求學一事，王駿嶽回憶道：「因爲要離家北上，所以家人十分不捨，只是鑒於日本人熱心推薦，就去了，當然初始對於新學校各種學問、活動不是很適應，但之後就很好了，以第一名成績畢業。」（見附錄二）世間父母無不擔憂小孩獨自外出能否保重身體，且當時鼠疫問題方興未艾，國語學校離大稻埕並不算太遠，後者正是鼠疫巢窟〔註 45〕，這對本身即致力於撲滅疫情的王棟來說，這些都是不捨與煩惱的原因。無論如何，王開運還是得以在 1906 年入學國語學校師範部乙科，這也是王棟在教育上對王開運的影響，亦即雖有觀望，最終依舊讓其接受新教育，開啓不同的視野，將來王開運成爲地方上新一輩的領導階層之起點，可推原於此時。

國語學校的嶄新生活，不同於以往公學校上課待在學校，下課就回家。遠道而來的王開運，必須與其他學生集體住在學校宿舍，一天裡從起床到就寢，體操、三餐、上課、自習、自由活動、盥洗等活動佔去大半時間，也要將時間運用得相當精準；過程中亦有師長引導管制，宛如營隊生活。〔註 46〕在學習內容上，該校國語部和師範部乙科大致雷同，且除了修身、國語、漢文、數學、習字、唱歌與體操等科目，是王開運在公學校有所接觸之外，教育、史地、理科、畫圖、農業、商業與手工等則是陌生的科目〔註 47〕；無怪乎王駿嶽會說其父親一時之間不易適應。這些科目裡，「教育」是師範部乙科的專業科目，理論與實務並重，有心理學、教育學、管理法、教授法、臺灣教育法規等範疇，並有實習；「商業」則有簿記、商業算術等專門知識。〔註 48〕此二者成爲王開

〔註 44〕《高雄縣路竹鄉大社國民小學創校百週年特刊》，頁 49。

〔註 45〕小田俊郎《台灣醫學五十年》，頁 17～28。

〔註 46〕謝明如〈日治時期臺灣總督府國語學校之研究（1896～1919）〉，（臺北：臺灣師範大學歷史學系碩士論文，2007），頁 216～217。

〔註 47〕公學校與國語學校師範部乙科之課表，參見李園會《日據時期臺灣初等教育制度》（臺北：國立編譯館，2005），頁 65～66、謝明如〈日治時期臺灣總督府國語學校之研究（1896～1919）〉，頁 179。

〔註 48〕謝明如〈日治時期臺灣總督府國語學校之研究（1896～1919）〉，頁 196～197、

運在日後從事教職、商業的基本能力，可謂是學有所用者。

王開運也有其他校園活動，其一是校友會在假日舉辦的郊外遠足，以及天數較長的修學旅行，後者例如參與北部（瑞芳，1908 年）、南部（鹽水港、臺南、鳳山，1908 年）的兩次旅程；但因爲前往日本內地的修學旅行並不固定舉辦，王氏似乎尚未有機會放洋開拓眼界。〔註 49〕另一項校園活動，則是擔任校友會的幹部。

校友會全名是「臺灣總督府國語學校校友會」，發起於 1897 年 5 月。〔註 50〕根據該會會則記載〔註 51〕，其宗旨爲修德、健體與交流智識；會址設於校內，實際活動是由會內學藝部和運動部執行。前者負責舉辦音樂演奏、朗讀、暗誦、演說、談話（座談）等學藝活動；採購新聞類的報章雜誌；編輯、發行機關雜誌《臺灣總督府國語學校校友會雜誌》，以提供會員、客員刊載作品的園地；並有學術消息、學校記事、地方通信、校友會報告等。後者負責開辦庭球、野球、擊劍、柔道等常態活動，各個學生至少得參加一項，而遠足、各種競技大會、運動會，學生須全體參加。〔註 52〕共同事務則有畢業生和教職員的送別會。可以說，當時的校友會，還相當於現代校園內的學生社團、學生會、新聞中心和體育單位的合體，且帶有強制性的互動，讓此團體在學校生活裡佔有不小的份量，並非是可有可無的後援團體，在校生的生活因此變得更加緊湊充實。

校友會的成員方面，主要有正會員（在校生）、特別會員（教職員）與客員（畢業生）。前兩者指的是，凡在校者即是會員，且在校生每個月需繳交 15 錢爲會費，而後者則採申辦方式。另有終身特別會員。校友會「會長」例由校長擔任，舉凡職員擔任理事、主計、部長、主任，學生爲幹事、委員、地方委員，皆須由會長認可；雖有「役員會」（會員擔任職務者所組成）與「部會」負責議定事項，亦需會長裁決，故會長的權力相當大。1908 年，三年級的王開運擔任幹事，另外 4 名幹事爲木村正喜（師甲四）、張式穀（師乙四）、許聰明（國四）、林慶（國三），由於理事和主計分別負責輔佐會長、監督會

211～212。

〔註 49〕謝明如〈日治時期臺灣總督府國語學校之研究（1896～1919）〉，頁 226～239。

〔註 50〕町田則文〈論說〉，《臺灣總督府國語學校校友會雜誌》1（1899）。

〔註 51〕該校校友會之會則有數次更動，本論文引用者以《臺灣總督府國語學校校友會雜誌》23（1908）裡所頒布者爲主，該年王開運擔任校友會幹事，見該書頁 83～87。

〔註 52〕「運動部細則」參見《臺灣總督府國語學校校友會雜誌》19（1906），頁 125～126。

計，以及處理財物出納、製作明細，因此幹事的職務就在於接受理事、主計指揮，協助庶務、會計等。〔註 53〕任職期限一年，但是學生方面的役員變動不甚明顯，基本上遇到畢業或退學才有更換，王開運可能因而直到畢業前都還是幹事。總之，師生要參加校友會各類活動，活動又是師生議定舉辦，故學校、學生、校友會的相依程度甚密，也就不宜輕忽學生役員在會中的角色。換句話說，學生在校友會中擔任幹部，未必只是一個頭銜虛名，反倒可以看出校方對獲選者的重視，從而學生幹部與校友會的互動，更加頻繁而深入。

王開運任職幹事期間，已有初試啼聲之作，首篇爲三年級時發表的〈山羊が雌雄共に鬚を持つてゐる理由〉（山羊之所以雌雄都有鬍鬚的理由）〔註 54〕，是一篇關於明代開國皇帝朱元璋的民間傳說。其故事大意是，朱元璋因家貧須下田幫傭，無意間能夠操控泥人鋤草，才知道自己有皇帝命，元順帝下令追捕之；四處竄逃的朱氏，躲進一隻羊的肚子裡，儘管羊群被士兵斬頭剖腹，仍不見朱氏蹤影。後來朱元璋爲報羊群救命之恩，將羊頭接回，全數復活，其中有幾隻卻是母羊頭誤殖到公羊身體上，從此羊就不分公母皆有鬍鬚。於此，有二處値得注意，首先，爲因應統治政策，殖民者對臺籍生的國語科程度相當重視，作文項目能訓練文法和思考，故校友會雜誌正好提供一個發表學生優秀作品的園地〔註 55〕；這篇文章反映出王開運的學習成果，其文法運用完整，亦頗有練習痕跡，稍欠簡練。再者，朱元璋是中國歷代皇帝裡最多民間傳說者，呈現出民間以漢文化爲本位，肯定其驅逐「異族」政權的事功，以及對其兼具聖賢、豪傑、盜賊性格的片面著重；進一步發展，清末民初的革命黨人更將朱氏視爲革命象徵。〔註 56〕反觀臺灣，這篇文章與同學曹賜瑩、蔡福賜、蘇定等人所寫的民間故事，皆歸入校友會雜誌裡的雜錄欄，另立標題「臺灣研究」，僅是臺籍生作品裡多元面向之一，意味著朱元璋傳說仍留在民俗性的記載，這是臺、中兩地不同歷史境遇使然。

扣除平時上課、校友會活動與遠足，王開運在閒暇時間，常往士林、圓

〔註 53〕《臺灣總督府國語學校校友會雜誌》23（1908），頁 83～87。

〔註 54〕王開運〈山羊が雌雄共に鬚を持つてゐる理由〉，《臺灣總督府國語學校校友會雜誌》23（1908），頁 53～55；此處中文由筆者意譯。另，類似的記載可見《中國民間故事集成·福建卷·霞浦縣分卷》（北京：中國 ISBN 中心，1998）。

〔註 55〕謝明如〈日治時期臺灣總督府國語學校之研究（1896～1919）〉，頁 194。

〔註 56〕賴瀅玉〈朱元璋民間造型之研究〉（臺北：臺灣大學中國文學研究所碩士論文，2002），頁 299～302。

山、北投、大屯山等地走踏。這些郊區風光自清代即受詩人歌頌，產生不少「八景詩」類型的作品；王氏同樣受到吸引，四年級時刊登在校友會雜誌的詩作〈遊圓山公園〉〔註57〕，即可見端倪：

> 己酉平分，春色之月，僕約二三友人欲往遊大屯高山。行抵圓山公園暫憩，公園是日天氣晴和，溫風扇野，群芳獻媚，眾鳥呼儔，此處雖不及大屯山之高聳，而蒼樹插天，碧岩踞地，其幽邃陰翳之景較之大屯，實無遜色。登高瞻眺，儼然身在畫圖中，因流連傾賞者久之，無何，斜暉既已西掛，玉兔又將東升，諸友因笑向予曰：「日之夕矣，行乎？返乎？」於是檢視時錶，已交酉刻，乃攜手言旋，相與就道。洎回抵校舍，則青燈在案，同學諸友夕餐已畢，懽笑清談矣。遊興未闌，爰占一律以紀之，工拙所不計也。
>
> 欲往屯山結伴遊，公園憩息暫勾留。愛看飛燕翻輕剪，喜聽流鶯弄巧喉。芳草如裀鋪綠野，新秧似毯貼青疇。天然一幅郊原景，付我吾儕豁醉眸。

序文詳盡地交代作詩始末，大屯山本是遊覽目標，因偶然停留圓山公園，被該地春景吸引，遂得魚忘筌，拋卻時間，直至黃昏歸校。又詩、文兩處皆花費筆墨來強調圓山公園的春景鮮明、鳥語悅耳，一派舒適和諧，甚有雅趣，令人驚豔陶醉，無怪乎可以「付與吾儕豁醉眸」；也因爲難忘，才會「遊興未闌，爰占一律以紀之」，呼應序文裡「其幽邃陰翳之景較之大屯，實無遜色」之觀感。

同時，王開運還時常與當地人士往來，對於北臺風物頗爲熟稔，甚至教人「誤會」。日後其所撰寫的〈花叢小記〉裡，就曾記載一則相關趣事：

> 阿蓮，士林人，現樹豔幟於稻江蓬萊閣前街，……（中略）……予一夕偕友訪其妝閣，友以予詭爲士林人誑之，初不之信，繼與談是處鄉曲瑣事，悉合符節，乃信而不疑。蓋予寄北時，嘗與士林人士相往還，故得隨機應答，不至露出馬腳也。（〈花叢小記〉，文，1931，頁233～234）

連士林當地人也難分眞假，意在強調自己的熟稔程度並非泛泛。而王開運的

〔註57〕王開運〈遊圓山公園〉，《臺灣總督府國語學校校友會雜誌》25（1909），頁154。

同學曹賜螢是士林人（爲中研院士曹永和之父），當王開運任校友會幹事之時，曹氏則是校友會雜誌的編輯委員。〔註 58〕兩人畢業後，曹賜螢有〈寄懷鳳山開運芸兄〉〔註 59〕一詩致贈：

憶昔同窗日，蟬聯晚步遲。徘徊桐下石，躑躅柳邊池。把臂評新法，披襟詠古詩。慇懃相勸勉，慷慨共箴規。鳩聚驚三載，鴒分嘆一涯。何年逢景略，促膝話離思。

詩中充滿回憶情思，見證兩人私交甚篤，更補充了王開運在校生活的具體情況——常與友人聯步散策、暢談年少壯志，並展現喜好傳統文學的傾向。而對於士林的熟稔，也或許是緣於曹賜螢之故，可做爲「嘗與士林人士相往還」的例證。當然，還有其他原因，例如這些近郊地區適合當做學校遠足活動的場地〔註 60〕，以及日治時期新教育的聖地芝山巖學堂也在此地，每年二月初便是官員、學校教職員和學生前往參拜的時節〔註 61〕，在在都使得王氏對於士林等近郊地區並不陌生。

王開運另有一首〈遊苗圃偶詠〉〔註 62〕，帶有一種雲淡風清的淺筆書寫：

彳亍遊苗圃，迂回望轉迷。花香嬌欲語，鳥倦寂無啼。徑豁遊方暢，山嶔日已低。揚鑣分道返，馥氣擁輕袍。

緊扣身影行動與黃昏時刻來開展，因緩步才得以賞味苗圃（今植物園）裡外寂靜景象，也因彼時天色昏暗，才有朦朧之美；然而夕陽無限好，只是近黃

〔註 58〕《臺灣總督府國語學校校友會雜誌》23（1908），頁 95。

〔註 59〕此詩收於《漢文臺灣日日新報》，1911 年 6 月 6 日，1 版，又載《臺灣日日新報》，1911 年 6 月 6 日，3 版。

〔註 60〕謝明如〈日治時期臺灣總督府國語學校之研究（1896～1919）〉，頁 228、234～239。

〔註 61〕芝山巖學堂創設於 1895 年，是臺灣殖民地教育的濫觴。1896 年初，該學堂學務部員楫取道明、關口長太郎、井原順之介、平井數馬、桂金太郎，以及陸軍通譯中島長吉等 6 人，在前往總督府賀年的途中，遭到抗日分子襲殺，史稱「芝山巖事件」。事後，總督府在芝山巖立碑紀念，將其合祀於靖國神社，而對於 6 位亡者發揮了爲教育犧牲奉獻的精神之強調，也就成爲學校的精神教育內容，對之定期祭拜也是重要行事。參見「線上臺灣歷史辭典」網站（http://tkb.nmth.gov.tw/Doth/Default.aspx?2）的「芝山巖學務部學堂」詞條。又，當時報紙亦屢屢報導，例如《臺灣日日新報》：〈亡教育者招魂祭〉，1907 年 1 月 17 日，2 版、〈亡教育者招魂祭〉，1907 年 2 月 1 日，2 版。

〔註 62〕王開運〈遊圓山公園〉，《臺灣總督府國語學校校友會雜誌》25（1909），頁 154。

昏，不得不與友朋揮別，所幸有花間香氣尚可暫伴一時。與〈遊圓山公園〉相較，兩者一動一靜，一快一緩，各有不同美感，饒有情趣，但細膩寫景與詩人的遊景快意都充份表達出來。合計兩首詩與〈山羊が雌雄共に鬚を持つてゐる理由〉，是目前能確知的王開運學生時代之作。

1910 年 3 月，國語學校舉行卒業式，官紳與畢業生齊聚校內雨天體操場內，畢業生總代表爲下川高次郎、林慶，各科部畢業生代表分別爲阿部熊雄（師甲）、王開運（師乙）、林清文（國）。〔註 63〕王氏在校成績優異，個人度過適應期之後，學業表現急起直追，以第一名成績畢業；優異的成績也應該是王氏受到校方重視，在學期間擔任校友會幹事，以及畢業時能夠成爲學生代表的原因。時人李敏恭亦賦詩贈之，詩云「青衣好換錦衣回，四載黌中君占魁。此去杏壇施雨化，門牆桃李手親栽」（〈賀王陳四君畢業〉〔註 64〕），同樣著重在王開運的學業成績，並看好其必能在杏壇化育英才。畢業會場上，臺灣總督代表則向畢業生如此訓諭：

> （前略）顧目下本島啓發之果顯者，各種事業勃興，正需才孔亟之秋也，本官深望諸子坐學起行，爲社會國家貢獻效力，抑諸子前任遼達，世路間關殊不可測，所望奮發轉鬥，直進無前，彼盤根結錯，適足以顯我利器，諸子勉之。青英諸彥，宜以化人成物爲念，幸勿以眼前利害，頓易厥志，清操持身，始終不倦。爲後生子弟儀表，是本官所深望也。〔註 65〕

做爲日治時期臺灣島內最高學府之一的國語學校，其實是建立在僅普設公學校，壓縮臺灣人受教育空間的基礎之上，除非學子用功、擁有讀書環境，或家中具有經濟能力，否則實難進入國語學校的門檻之中，遑論外出留學。因此，國語學校學生遂成了少數有機會接受中、高等教育的年輕精英，與社會領導階層的距離拉近一大步；在此歷史背景下，訓諭言詞也就顯得更豪壯得意。不過，高學歷只是一個優勢、一個契機，王開運日後的發展仍有待觀察其行動與境遇，下一節與第三、四、五章，即要分別說明王氏的就職經歷和活動事跡。

〔註 63〕〈國黌卒業式〉，《漢文臺灣日日新報》，1910 年 3 月 29 日，2 版。
〔註 64〕此詩收於《臺灣教育會雜誌》98（1910 年 5 月 25 日）。
〔註 65〕〈國黌卒業式〉，《漢文臺灣日日新報》，1910 年 3 月 29 日，2 版。

第三節　就職與創業

一、大社公學校訓導

自國語學校畢業，王開運拿到教員免許狀〔註 66〕，遂回鄉擔任公學校訓導。王氏任教的學校即母校「大湖公學校」，但誠如前述，該校校本部已於 1909 年遷至大社，改名為「大社公學校」，更臨近王氏的一甲住家，不再像小時候那般要走較遠的路程去學校。

這段教職生涯並不長，只是王開運謀職過程中的一抹雪泥鴻跡。友人曹賜瑩似乎希望其能留在教育界，因此致贈〈勸王君開運檢定教諭〉〔註 67〕一詩：

龍豈潛淵物，騰霄談可遲。鵬原翔碧落，鯤只水華池。遜志三年學，無心七步詩。守株徒我愧，折桂敢君規。目斷雲千里，心傷水一涯。關山勞夢想，寸楮寄遐思。

以「龍」與「鵬」比喻王開運，要時任訓導的王氏，別埋沒長才大志，更該當投考教諭，並在末尾表達思念之情。不過，1914 年王開運即離職，未依從友人的建議。

離職的原因，王開運曾賦作〈將辭職偶作〉（詩，1914，頁 4）以明志：

人情世味總淡，苜蓿縱甘何良。果否為人為己，奚堪多惱多忙。嬌花窗下欲語，疏竹庭前奏簧。鶯叫枝頭聲急，行行歸勿徬徨。

看來擔任訓導期間，遭遇了若干不堪的人情冷暖，使得百年樹人的教育事業，在王氏眼中竟變成一種質疑，不願再付出心力，並以田園家景做為歸去的意象，而心意已決，未來的人生道路也就不那麼舉棋不定。多年後（1932 年）重憶往事，終能進一步說明詩句中的「人情世味總淡」的片面實例，其曰：

古人，一日受業，則終身執弟子禮甚恭。改隸後，師弟風義，日淪廢墜，徒之視師，幾等傭奴，稍拂其意，則同盟罷課，群起而噪逐之。予少時，亦嘗為教師數年，雖僥倖未遭噪逐，終覺苜蓿無味。猶記棄職時，戲詠六言一首有句云:「果否為人為己，奚堪多惱多忙。」蓋實寫當時心事，後讀東坡句云:「採得黃花成蜜後，為誰辛苦為誰

〔註 66〕〈教員免許狀授與〉（公告），臺灣總督府《府報》第 2938 號，1910 年 4 月 20 日，頁 82。

〔註 67〕此詩收於《臺灣教育會雜誌》113（1911 年 8 月 31 日）。

甘。」益重此感。(〈幸盦隨筆〉，文，1932，頁 154)

文中談到「同盟罷課，群起而噪逐之」的現象，部份原因其實是 1920 年代以後，因學生對於世界性的民族自決、殖民地差別待遇、新舊立場與階級鬥爭等思潮有所共鳴，並投入其中，難免有看似違反常例的表現。然而，王開運卻注意到了，就中師生之間基本的禮義尊重也動搖失落，遂憶起 1910 年代自己在公學校任職時亦遇到倫理不振的問題；也就是說，此成爲王氏當初離開教職的因素之一。對此，論者施懿琳、陳曉怡則引述同樣在 1910 年代擔任公學校訓導的黃旺成的日記，映證王、黃二人的境遇和心情是雷同的，不全然是個人感受，而是相當數量的教育者都能聞見的現象。〔註 68〕

此外，筆者認爲，還有兩項因素決定王開運在教職上的去留。其一是現實的工作待遇問題，如〈將辭職偶作〉中「苜蓿」一詞，即帶有清貧的意味。此典故來自中國唐代薛令之，雖進士及第，卻難受重用，以致生活清貧，故作〈自悼〉一詩，詩曰「明月夜團團，照見先生盤。盤中何所有？苜蓿長闌干。飯澀匙難綰，羹稀箸易寬。只可謀朝夕，那能度歲寒」〔註 69〕；對於王氏而言，這份心有戚戚焉之感，則來自殖民地臺籍精英份子體會到的差別對待。同樣畢業於國語學校師範部，都是判任官待遇，但日人初始即是職位較高的教諭，薪資亦多，臺人卻從低一階的訓導當起，初任者尚達不到最低薪資，且訓導內部的升級甚慢，級數之間的月薪差額竟只相差一圓〔註 70〕，難免影響工作的成就感，故曰「苜蓿縱甘何良」，表示無法忍受不該有的清貧。

再加上 1900 年代末起始，適逢臺灣的製糖產業發達，又因第一次世界大戰（1914～1918），日本趁此佔得國際市場，經濟景況看好，同時物價隨而上漲，這情況也影響到臺灣，使得教育者的薪資與消費能力反不如外頭工作者，遂頻頻出現向外謀取高薪的公學校訓導離職潮。〔註 71〕晚王開運一屆畢業的陳逢源（國語部），亦指出當時臺灣人任公學校訓導，月薪只有 15 圓，陳氏自己在三井物產會社當基層雇員，月薪尚有 18 圓。〔註 72〕如此背景，自然會

〔註 68〕施懿琳、陳曉怡〈日治時期府城士紳王開運的憂世情懷及其化解之道〉，《臺灣學誌》2（2010 年 10 月），頁 56。

〔註 69〕王讜《唐語林校證》（周勛初校證，北京：中華書局，1987）。

〔註 70〕謝明如〈日治時期臺灣總督府國語學校之研究（1896～1919）〉，頁 289～293。

〔註 71〕謝明如〈日治時期臺灣總督府國語學校之研究（1896～1919）〉，頁 289～293。

〔註 72〕謝國興《亦儒亦商亦風流：陳逢源（1893～1982）》（臺北：允晨文化出版社，2002），頁 59～60。另，當時官方規定公學校訓導月薪 15～40 圓，參見〈明治三十九年二月以府令第 35 號臺灣小學校助教、臺灣公學校訓導俸給規則中

讓王氏考慮另謀出路，所以在免許狀有效期限只有 5 年的情況下，教職對於王氏的意義，更形同償還義務而已。〔註 73〕

另一個因素，則來自父親王棟的建議。王駿嶽曾言，由於路竹較屬鄉下地方，王棟生前便建議王開運往臺南發展，才有出頭天的機會，並在孔廟附近買一塊約 2,000 坪的地，遂成爲日後王開運從路竹遷出的落腳處（見附錄二）。而「孔廟附近」，指的就是孔廟東大成坊前的「枉仔行」（今中西區府中街，與孔廟之間隔一條南門路），王家在街內築造了大厝。

「枉仔行」發展甚早，據論者鍾佩樺研究，此街在明鄭時代屬於寧南坊範圍，清代康熙年間則出現街名「枉仔行街」，府城建城後也被包含在於城內偏南處；而街名的出現，代表該地在人口聚集、工商貿易等方面，具有一定程度的繁榮。長久以來，枉仔行除了是府城大街（今民權路）一帶提供建材的熱鬧街肆之外，在文教方面，乃是通往明鄭時期即已建造的孔廟的街道之一，附近並有引心書院；政治方面則附近有臺廈道公署、臺灣府署，故枉仔行同時具有商業、文教、政治區域的特質。進入日治時期，1920 年代之前，全臺灣的行政區域屢有變動，時而縣廳並置，時而整併爲十餘、二十廳；1920 年後始有穩定的州廳規模，並大幅度地進行町名改正，捨棄前清舊街名，其中枉仔行被幸町、綠町、開山町等處分割，王家大厝就在幸町內。但不論地方行政區域如何演變，此地段始終鄰近臺南的廳治、縣治或州治所在，也鄰近交通道路輻湊中心。〔註 74〕

由此看來，王棟於此置產，其實有著自身的淵源與考量。身爲前清科舉士子，王棟單是應試便必須時時出入臺南府城，對孔廟區域不陌生；而此地區長年爲政經、文教的重心，若要幫助子弟發展，大都市確實有較多機會。況且，王開運的長兄道宗也甚早就居住在馬公廟（今中西區內）〔註 75〕，緊

左ノ通改正ス〉（府令第 35 號），臺灣總督府《府報》第 2941 號，1910 年 4 月 23 日，頁 96。

〔註 73〕〈臺灣公學校訓導免許狀ノ效力ニ關スル件〉（府令第 45 號），臺灣總督府《府報》第 1513 號，1904 年 4 月 17 日，頁 5。

〔註 74〕鍾佩樺〈從枉仔行街到府中街：一個台南都市歷史街道空間變遷之研究〉（臺南：成功大學建築學系碩士論文，2006），第二、三章。蘇碩斌《看不見與看得見的臺北》，頁 282。

〔註 75〕王道宗（淵源）至少於 1897 年已在臺南居住，見〈台南各區舉人貢生廩生訓導秀才姓名開列于左〉，《臺灣新報》，1897 年 1 月 24 日，1 版。另可參見盧嘉興〈任教南縣撰「改良三字經」的林人文〉，《臺灣古典文學作家論集》，頁

鄰柱仔行，故父兄著實爲王開運的離鄉發展進行鋪路與引導，這是除了接受新式教育之外，王棟對王開運的另一番影響。

要之，一方面不滿公學校的倫理問題和苛刻待遇而離開教職，一方面因爲父親的建議而遷居臺南，這般決定與行動，爲王開運開啓了成爲府城士紳的契機。當然，事情的成敗往往端看天時、地利、人和是否備齊，後見之明地說，如果王氏的學歷是「天時」，使其具有殖民地新知識份子的優勢，而居處臺南市中心屬「地利」，提供了發展機會，距離路竹也近；那麼，接下來繼續談到在臺南的謀職過程，即能夠看出王氏如何漸次獲得「人和」——人脈的經營——此一條件。

二、臺南市役所西區役場書記

1915 年，王開運移居臺南，於新居地的第一份工作是臺南廳西區區長役場的書記。選擇這份工作，不難聯想到來自於家鄉父兄的經驗，在王棟生前協理地方政務的 16 年，其子以爲襄助，而王棟逝世時則由次子開泰暫代事務；因此，對於父兄的職務，王開運縱然不熟稔，該當也時有聞閱，故先從事書記工作，頗順理成章。且按工作資格的規定，18 歲以上，具國語素養及公學校 6 年以上學力者，始可擔任區書記〔註 76〕。而當時統治者以懷柔政策重用士紳，令其協助治理地方事務，卻有部份人士未必通曉日語，使得書記兼有「通譯」功用，國語學校畢業生便被視爲擔任書記的最佳人選，其次才是公學校畢業生。〔註 77〕憑著王開運的學歷，無疑符合條件，例如 1916 年地方士紳陳鴻鳴之子陳百亨結婚時，會場上就由王氏權充通譯〔註 78〕；另一方面，薪資待遇確實也比公學校訓導來得好，初任區書記時月薪即有 20 圓，隨著年資增加，亦有一次就調薪 3 圓的空間。〔註 79〕

臺南廳西區與王開運父親掌理多年的一甲區相同，都是 1909 年全臺地方行政區域進入 12 廳時期所出現的轄區；前者屬臺南廳直轄，後者屬臺南廳阿

148。

〔註 76〕〈區長及區書記任用規則〉（府令第 69 號），臺灣總督府《府報》第 2805 號，1909 年 10 月 5 號，頁 13。

〔註 77〕《漢文臺灣日日新報》：〈選用書記〉，1905 年 8 月 23 日，2 版、〈區役場書記練習會〉，1906 年 3 月 31 日，5 版。

〔註 78〕〈新婚宴客〉，《臺灣日日新報》，1916 年 1 月 17 日，4 版。

〔註 79〕〈區長事務費及區書記手當支給規則〉（訓令第 190 號），臺灣總督府《府報》第 2836 號，1909 年 11 月 18 號，頁 67。

公店支廳管轄。當時臺南的市街只分東、西二區，郊外多稱「里」；西區區長役場設於東轅門街（今臺南市永福國小附近），轄境大約涵蓋今日臺南市的中西區，王氏的住所「杜仔行」則在東、西二區交界處。

而根據盧嘉興研究，日治初期官方開設揚文會之時，臺南市內有 113 位具前清功名的遺儒被列入會員名冊，居全臺之冠。於此，筆者進一步將西區轄境內的新舊地名與居住其間的遺儒名單整理如下表：

表 2-3-1【日治初期臺南市街西區內之前清遺儒分布〔註 80〕】

西區遺儒姓名	居住地（舊名稱）	備註（1920 年代町名）
林人文、鄭葉蓁、葉鄭蘭、鄭夢蘭、蔡鄭蘭、葉瑞圖	檨仔林街	南門町
紀鼎勛、黃經、林世程、林逢春	東轅門街	白金町
吳應澄、葉芷生	西轅門街	白金町
楊賡颺、戴振榮、黃承甫、楊旭華、曾玉田	總趕宮街	西門町
翁崧齡、黃室哲、黃祖繩	上横街	末廣町
江上峰	上横後街	本町
蔡夢蘭、陳炳榮、陳鳳昌	下横街	末廣町
莊鴻基、王淵源	馬公廟	綠町
韓斗華、韓邦光、葉興東	杜仔行街	幸町、綠町、開山町
黃大鐘	莊雅橋街	末廣町
蔡炳章	重慶寺街	錦町
林景崧、張靈懷	二府口街	大宮町
陳選卿	開仙宮街	西門町
林輝山、楊建文	五帝廟街	末廣町
陳大鈞、洪鳳儀	佛祖廟街	本町
張紹德、蘇占鰲	下打石街	錦町
梁瑞圖、韓鐘靈	三界壇街	綠町

〔註 80〕盧嘉興〈任教南縣撰「改良三字經」的林人文〉，《臺灣古典文學作家論集》，頁 148。鍾佩樺〈從杜仔行街到府中街：一個台南都市歷史街道空間變遷之研究〉，頁 3～22。施添福總編纂《臺灣地名辭書‧臺南市》（南投：臺灣省文獻委員會，1999），頁 44、91～94、191～192、244～245、300～301、361。洪敏麟編《臺南市市區史蹟調查報告書》（臺中：臺灣省文獻委員會，1979）。

許文涵	安海街	幸町
歐建中、歐兆福	帽仔街	本町
許煥章	關帝內港街	西門町
陳攀、謝瑞琛、謝瑞霖	頂南河街	港町
吳定甲	南廠	濱町
郭宴瓊	外宮後街	永樂町

接著，將時序推進到 1910 年代，遺儒們雖有殞落，然而如林逢春、歐兆福、謝瑞琛、謝瑞霖、蔡夢蘭、許煥章、吳定甲、王淵源、韓斗華、韓邦光等人則仍存世。是以，筆者認爲，既然區長職責在於協助官方綜理地方事務，而區書記又扮演幫忙處理區長庶務的角色，則上表一者說明了，王開運在工作上可能觸及到的區域範圍與部份人士；二者，由於具功名者的社會地位往往與眾不同，且確實有些家族戮力經營事業，課教子弟，使其聲望依然興盛〔註 81〕，這些正好都提供給王氏經營人脈的平台，可以經職務而結識。當然，此論據只著眼於有功名者，王開運還能接觸到形形色色的人士，像辛西淮、黃欣，彼時已展露頭角，並且和王氏同樣住在杜仔行內，相互往來是可能的；此外，還有在地日人尚未論及。再就現有資料來說，上表裡頭的王淵源（即王道宗）是王開運的長兄，黃經之弟拱五是其母舅，更有著親情連繫，而謝瑞琛、謝瑞霖兄弟及其家族，同樣與王開運頗有淵源。

謝家爲臺南望族之一，其發跡始於謝四圍，白手致富，於五條港區（今臺南市中西區）擁有貿易商行「英泰行」，經營糖、鹽、煙、養殖等業務，財勢之大，連臺灣民主國後期發行紙幣，也要謝家和其他巨商簽保才可流通。謝氏生有 4 子，長子友我（瑞琛），安平縣學生員，日治後開有典鋪、商行。次子群我，清代安平縣學武生員，日治後從兄長之手接下父業，頗具商業長才，並領受紳章，積極參與地方事務；1913 年，繼許廷光成爲新一任西區區長，王開運當時就是謝群我的區書記。三子石秋（瑞霖、籟軒），臺南府學生員，日治時期任《臺南新報》漢文部主筆，後至日本神戶從事貿易。四子鯉魚，日本法政大學經濟學部畢業，在日經營實業。此外，謝家也多與其他地方大族結成姻親，而當日治期間臺灣三大傳統詩社的「南社」於 1906 年成立之時，謝家的石秋、鯉魚、國文（謝友我之子，即星樓）更投入其中，或爲

〔註 81〕如韓斗華、韓邦光設私塾授徒，維繫漢學，許煥章成爲地主、米商，其子弟韓石泉與許世賢則皆爲醫生，並分別投入民族、政治運動。

幹部，或爲社員。〔註 82〕

在謝石秋逝世多年後，王開運也稱頌其才德兼備，是一完整詩人，並談及自己年輕時即與之相識：

> 予幼居鄉下，弱冠後回臺南，時與連雅堂、吳鏡秋、趙雲石等諸老先生交遊，因得識先生。（〈籟軒詩集序〉，文，1965，頁 70）

一般指稱男子 20 歲之齡爲「弱冠」，這般年齡正值王氏自國語學校畢業前後，可見其尚未在臺南發展以前，便與謝家及當地文士有不少私交；這可能也是王氏選擇前往臺南的又一誘因。另外，畢業於日本早稻田大學政治經濟學部的謝國文，以傳統謎學聞名，亦跨足臺灣新文化運動，其於 1927 年，適逢林茂生、林獻堂分別遊歷國外〔註 83〕，乃賦詩贈之，王開運也隨而唱和，茲引如下：

> 神仙佳勝畫中詩，豔說西溟美物資。學哲幾曾兼孟墨，辯才我早服秦儀。水天里島遙相避，家國人文競所師。君是孤山梅鶴侶，也將舟楫趁潮時。（謝星樓〈送灌園耕南二先生遊歐美〉〔註 84〕）

> 才兼三絕步成詩，何晏童年穎悟資。珠曲善穿推達變，玉堅莫煅仰型儀。乘軺快上官程壯，臨別愁分問字師〔註 85〕。此去歐花兼美草，待君遴選已多時。（王開運〈送林茂生先生遊歐即步星樓韻〉，詩，1927，頁 101）

謝星樓兼及二林之人品、學識，王開運則偏重描寫林茂生，並於首聯自註處有「聞君六歲即四書成誦」的稱譽，這應該是王氏曾向林氏學習英文之故（見頸聯處自註），而王氏在臺銀期間，正需要學習外國語（詳後文）。藉此可看出，若無一定交情，隨而唱和的意義並不大，故王開運不但與謝家素有往來，日後仍保有交情，並未隨著離職而有太大變化，王、謝二人的詩作即是明證。

〔註 82〕盧嘉興〈清末遺儒台南謝氏昆仲文武秀才〉，《臺灣古典文學作家論集》。

〔註 83〕林茂生、林獻堂分別於 1927 年 5 月 11 日、15 日由基隆出發，一爲總督府遣往英美研究文學，一是考察歐美國家的風物、制度、政經等。參見《臺灣日日新報》：〈派赴歐美遊歷〉，1927 年 3 月 18 日，4 版、〈林茂生氏出發期日〉，1927 年 5 月 9 日，4 版。「線上臺灣歷史辭典」網站的「環球遊記」詞條。

〔註 84〕謝國文《省廬遺稿》（謝汝川輯，臺北：龍文出版社，1992），頁 84。

〔註 85〕作者註：「予昔年曾從先生學英文。」

總之，王開運在謝群我手下擔任書記，面對的是一位具有舊功名且允政允商的士紳，還透過區長以及自身的份內工作，有機會接觸到不少地方人士；儘管人脈經營亦可付諸私人交情來進行，但有了區書記這一職務，必更爲穩當而廣泛。

三、任職臺灣銀行臺南支店

臺灣銀行是日本領臺之後，計畫性地發展殖民地金融策略之下的產物。1899 年，臺銀本店設立於臺北，具體作爲乃整理前清臺灣民間混亂的幣制，並發行臺幣；提供融資服務，扶殖臺灣工商業及總督府公營事業發展；以臺灣爲基地，協助日本企業向華南及南洋擴展。經由這些過程，臺灣納入日本的經濟體系之中，金融現代化，成爲一良好的投資地，不過臺銀帶有雙面性，它與日本的國家權力結合，也與其他在臺的銀行、信用組合，以及臺人資本，有著借貸、入股的關係，遂得以深入控制臺灣金融，使得臺人資本受壓抑，日人資本漸次取得優勢。實際上，臺銀的客戶往來，主要也還是日本人。〔註 86〕將邁入而立之年的王開運，就在此展開 10 年的金融生涯。

1917 年，王開運放下區書記的工作，轉職至臺灣銀行臺南支店；該支店與臺北本店同年設立，位在下橫街（今永福路二段），其東南方向即王氏住處「杜仔行」，兩者距離並不算太遠。王開運轉職的原因，可能還是跟第一次世界大戰期間，日本、臺灣的經濟趨向繁榮有關。據王駿嶽云，王開運在該支店的職級乃是「書記」（獻，頁 247）；「書記」是臺銀行員的 8 個類別之一，一般來說，具有帝國大學、高等商業學校、私立大學或其他同等學歷者，始能成爲行員，但若是具甲種商業學校或中學校學歷，且成績優秀者，也會考慮採用。王開運具中學校資格，可能並非初始便是書記，而是先從見習員做起，當實務熟練並表現良好，才升爲書記（獻，頁 247、278～279）〔註 87〕。日後王開運是否還有升職，則不得而知，若從支店長多爲日人擔任的情況來看，升遷空間恐怕不大。

王開運的實際業務爲「專辦貸付（放款）業務」（獻，頁 278），在當時臺

〔註 86〕黃瓊瑤〈日據時期的臺灣銀行（1899～1945）〉（臺北：臺灣師範大學歷史研究所碩士論文，1991），頁 154～156。「線上臺灣歷史辭典」網站的「臺灣銀行」詞條。

〔註 87〕株式會社臺灣銀行編《臺灣銀行二十年誌》（臺北：株式會社臺灣銀行，1919），頁 440～451。

銀的組織與職責裡，此工作崗位隸屬「營業系」，負責貼現票據、存款、放款、匯款、金銀貨幣買賣、債券買賣與募集等，並代理日本銀行（即日本的中央銀行）的公債事務，以及日本勸業銀行的總務部勸業課事務；「營業系」限於辦理文件手續階段，後續的金錢接觸則屬出納係。〔註 88〕因此，「營業系」可說是與客戶接觸的前線。王駿嶽甚至提到，當時鹽水富家出身的黃朝琴，在經營家族事業上，與該支店有密切的存放款往來，二人因而產生了相當交情（獻，頁 279）。

此事雖不見黃朝琴《我的回憶》之中，但是仍然有跡可循。黃家發跡於朝琴之祖父黃錦興，經營糖廍、土地、典鋪，進入日治時期，則將糖廍資產轉爲股份，與日人合組「鹽水製糖株式會社」，並任該會社取締役，與日人交情頗好。同時，在殖民地經濟政策下，糖、米、茶、金皆爲重要產業，也是臺銀的重要放款對象，故黃家在財務處理上與臺銀往來是極有可能的。再者，黃朝琴因父祖皆早亡，1915 年家中一度發生頗嚴重的財務糾紛，即輟學返家接手父業；之後雖赴日留學，並取得中華民國國籍，仍暫時保有日本國籍，且把在臺資產託人代理經營，也幾度返臺從事新文化運動。一直到 1931 年，黃氏才完成資產處理，正式脫離日籍，全力在中國發展。〔註 89〕易言之，從 1915 年至 1931 年期間，黃朝琴這段時間仍往來於臺灣，自然包含資產的經營，也就恰好與王開運在臺銀服務的時間相重疊；正是此般交會，讓王、黃二人於戰後能再續朋友與事業上的情緣。

至於王開運在臺銀的工作表現，多傾向指稱其勤勉認眞，令上司欣賞〔註 90〕；此固然屬個人良好的工作態度使然，另一方面也是臺銀對行員養成的要求所致。因應業務需要，除了日語之外，臺銀本身要求行員學習外國語（英語）、支那官話（華語）、臺灣話（臺語），以利溝通，在臺北本店有「行友語學研究會」，聘請講師、規定行學修業期限與頒授修業證書，還設立英語、漢文、法制、經濟、民法等領域的講習會，行員工作前一小時必須參與，以增進專業能力。同時，行員們會依比例認捐少部份月薪，做爲婚喪喜慶時的互助；也享有福利，如低利息貸款，臺銀俱樂部提供的休閒、進修活動，

〔註 88〕株式會社臺灣銀行編《臺灣銀行二十年誌》，頁 440～446。

〔註 89〕黃朝琴《我的回憶》（臺北：龍文出版社，1989），頁 5～29。周宗賢《黃朝琴傳》（南投：臺灣省文獻委員會，1994），頁 131～134。

〔註 90〕如太田肥洲編《新臺灣を支配する人物と產業史》，參見漢珍「台灣人物誌」資料庫。

和透過臺銀購買組合以低價購物……等等。〔註 91〕

對王開運而言，這份要求精實而薪資福利頗爲優沃的職業，是相當深刻的經歷，詩作〈送岡戶諭介先生〉（詩，1922，頁 10）可見其對於臺銀栽培的感念：

> 三年宇下耳提親，此日分襟惹夢頻。滿路風光供眺望，一心形役布經綸。虛懷我愛三冬日，話別公留一座春。願祝河梁從此去，雲程萬里靜無塵。

此詩點出了臺南支店長岡戶氏對下屬王開運的提攜，以及對臺銀全心付出，王氏銘記在心，有著感謝與欽佩，故而祝福岡戶氏前途順利，也帶有不捨之情。其他贈送行內同事的詩作，如「富不強爲品自高，田閣談笑落塵毛。義同魯子分推與，範世高情似飲醪。」（〈贈富田義範〉，詩，頁 16），以富田義範〔註 92〕之名做爲詩句開頭，稱頌其人品可敬；又如〈喜臺銀日高友衛君榮任臺南支店長〉（詩，1943，頁 10），以「望重金融早擅名」來肯定日高氏於 1943 年任職店長〔註 93〕，乃眾望所歸，「往來獨自胸懷闊，草隸雙飛筆勢橫」，則表示自己相當欣賞其人胸懷開闊，和書法卓絕的才華。這些詩作分別出現於王開運在臺銀時期與離職之後，內容不免有應酬成份，但可知臺銀給予一定的歸屬感，人事相處頗見和樂。

筆者認爲，臺銀經歷帶給王開運的深遠影響還在於，一者是打下了穩實的商業基礎與方向，日後的生計選擇都走向經商，不論任職於大東信託臺南支店、海南島瓊崖銀行，或自行創業投資，莫不與此金融背景有關係。二者是延續了人脈上的經營，日治時期的臺銀客戶多爲日人，故特別拓展了王開運與日人的結交空間；三者是讓王氏多了「商人」的身份，才有條件參加「臺南商工業協會」，進而爲在地臺籍商人奔波發聲（見第三章）。

王氏在經濟繁榮之時投入臺銀工作，接下來卻便碰到了 1920 年代金融恐慌，尤以 1927 年昭和初期的「臺銀超貸問題」最爲嚴重，恰是王氏的臺

〔註 91〕株式會社臺灣銀行編《臺灣銀行二十年誌》，頁 451～458。

〔註 92〕富田義範，鹿兒島縣人，1914 年自鹿兒島市立商業學校畢業後，即入臺銀，歷任該行高雄支店支配人代理、淡水出張所所長、基隆支店支配人代理，1940 年任澎湖支店支配人。參見漢珍「台灣人物誌」資料庫。

〔註 93〕日高友衛，鹿兒島縣人，1925 年自京都大學畢業後，即入臺銀，歷任該行南投支店支配人、臺銀秘書役，1943 年任臺南支店支配人。參見〈臺銀人事大異動〉，《興南新聞》，1943 年 10 月 10 日。漢珍「台灣人物誌」資料庫。

銀資歷邁入第 10 年之際。此金融恐慌的出現，是因為一戰期間，日本經濟雖好，但商、工、金融等行業過於樂觀看待經濟前景，大肆投機發展；待戰爭結束，歐美資本開始收回自己的市場地盤，加上日本產品粗製濫造，不得信任，經濟便萎靡不振、股票暴跌。接著，1923 年日本又遇上關東大地震，加重經濟的打擊，政府雖然祭出一系列因應震災的金融措施，效果不彰，最後還是出現了長期經濟不況，其間有銀行、公司倒閉破產，更引發銀行擠兌現象。〔註 94〕至於臺銀，不能避免池魚之殃，尚且在經濟不況之中又製造一次重大打擊。

臺銀原本是以臺灣為發展重心，卻同樣在一戰期間大肆發展，將投資重心移到日本。彼時「鈴木商店」為一大商業集團，跨足糖、樟腦、海運、造船、鋼鐵等版圖，是臺銀最大的貸款者，且臺銀嚴重對之超貸，而該店的所有借款裡，亦以臺銀款項佔最多；當經濟不況發生，鈴木商店經營不善無力還款，臺銀卻仍要不斷地貸款，好讓前者能繼續生存，避免之前的貸款成為呆帳。1927 年初，日本帝國議會商討震災金融措施，過程中發現臺銀超貸問題，開始著手處理，而臺銀本身則停止幫助鈴木商店，造成鈴木商店倒閉，臺銀自身也周轉不靈。終於，自同年 4 月 18 日起，除了臺灣之外，其他地方的臺銀支店皆停業 3 週，日本全國的銀行則於同月的 22～24 日臨時停業 3 天，後又自 25 日起停業 3 週，藉以整頓全國金融。政府認為臺銀已失信用，其發行的臺幣勢將無法流通，準備讓日本銀行券取代，但是臺灣總督府全力挽救，使臺銀不被取代，才有機會讓臺銀再次將發展重心移回臺灣。〔註 95〕

儘管臺灣也處於景氣低靡，意外的是，波及臺灣的金融風暴程度卻不甚明顯，也就是說，當時一般臺灣人似乎沒什麼反應。對此，葉榮鐘認為是「臺灣遠隔日本本國，人心不安之影響較少」，也是「臺人對於資本主義的經濟組

〔註 94〕葉榮鐘《近代台灣金融經濟發展史》（臺中：晨星出版社，2002），頁 123～124、133～138；徐振國〈對葉榮鐘先生編著的《彰化銀行六十年史》的一則解讀〉，收於前書，頁 48～54。黃紹恆〈日本帝國主義危機下的臺灣：昭和初期金融恐慌的臺銀危機〉，《臺灣經濟史中的臺灣總督府：施政權限、經濟學與史料》（臺北：遠流出版社，2010），頁 152～188。

〔註 95〕葉榮鐘《近代台灣金融經濟發展史》，頁 133～138；徐振國〈對葉榮鐘先生編著的《彰化銀行六十年史》的一則解讀〉，收於前書，頁 48～54。黃紹恆〈日本帝國主義危機下的臺灣：昭和初期金融恐慌的臺銀危機〉，《臺灣經濟史中的臺灣總督府：施政權限、經濟學與史料》，頁 152～188。黃瓊瑤〈日據時期的臺灣銀行（1899～1945）〉，頁 129～140。

織，認識淺薄，感覺遲鈍，遂使上山總督之空城計得售（筆者按，指上山滿之進拒絕臺幣被取代）」〔註 96〕之故。這其實是較爲含蓄的解釋，矢內原忠雄指出，臺灣總督府有控制新聞的行爲，而臺灣人的借貸機關也以信用組合爲主（不過臺銀對之有很大的影響力）〔註 97〕，因此，在沒有足量的商業消息，以及大多數臺灣人與臺銀沒有太密切的直接往來的情況下，反應自然較爲冷淡。

那麼，臺銀店員應該會是例外，因爲藉由工作上能接收較多的商界情資，且當銀行本身不穩，難保店員的工作不受影響；剛好就在臺銀將島外支店暫時停業之後的數個月，王開運便離職。1927 年 8 月，《臺灣日日新報》報導其辭職後將入大東信託〔註 98〕，這不得不令人思及，或許超貸問題危及到臺銀存亡，促使王氏離開工作 10 年的地方，而王駿嶽則認爲是臺銀很難發展之故，從民族差別待遇來看，這也不是不可能。當然，再一個吸引王氏進入大東信託工作的原因，就在於林獻堂的邀請。

四、大東信託臺南支店代理

擁有美國哥倫比亞大學碩士學位的陳炘，其所推動籌組的「大東信託株式會社」，是日治時期由臺灣人主導的金融機構。1926 年底，大東信託創立於臺中，隔年 2 月營運，並開設臺北、臺南二支店；由於主要投資人與職員爲臺籍人士，且部份與臺灣文化協會成員之身份重疊，因此被官方與日人企業視做臺灣民族資本的象徵，是臺灣人政治運動的金庫，對之多番打壓。〔註 99〕《臺灣民報》則認爲，「大東信託」證明了臺灣人有獨自組織、經營事業的能力，不必然要日人參與，並且有很高的期待〔註 100〕：

> 二、(前略) 大東出資者或者是有種種的人，但是當重役任職經營的，盡是臺灣的新人們，對臺灣的經濟上有抱高遠的理想的，所以是不可以一個單純的營利會社看他，而在當事的人也應該不得以一個的

〔註 96〕葉榮鐘《近代台灣金融經濟發展史》，頁 138。

〔註 97〕黃紹恆〈日本帝國主義危機下的臺灣：昭和初期金融恐慌的臺銀危機〉，《臺灣經濟史中的臺灣總督府：施政權限、經濟學與史料》，頁 155。黃瓊瑤〈日據時期的臺灣銀行（1899～1945）〉，頁 64。

〔註 98〕《臺灣日日新報》夕刊，「人事」欄，1927 年 8 月 3 日，4 版。

〔註 99〕謝國興《亦儒亦商亦風流：陳逢源（1893～1982）》，頁 192。

〔註 100〕《臺灣民報》：〈論評 籌設大東信託會社〉，1926 年 3 月 21 日，3～4 版、〈評論 大東信託的運用如何〉，1927 年 3 月 13 日，2～3 版。

營利目的自為滿足了。

在這經濟的獨占狀態的臺灣，生出一個信託在經濟上競爭，在向來的獨占壟斷的人是很不願意的，……所以當事者將來的努力苦鬭是要很拚命的了，不但是事業的成敗而已，是一個臺灣人在經濟事業上的能力的唯一的試金石，所以要希望當事者十分自重。

三、在這解放運動途上的臺灣……（中略）……在恢復被剝奪利權的經濟運動也是不可輕看的。倘若大東信託的成立是完全在營個人私利，而依然除不去資本主義的弊端那末我們也不得贊成的。我們是希望牠做一個臺灣大眾的金融機關、作臺灣大眾的經濟活動的中樞的。所以資金的運用，通融的範圍，斷不可限在小數，或是偏注於一方，……（中略）……是要給無產者得於經濟上有所活動有所保障的工具才行。

大東信託採用現代信託業的經營理念；所謂「信託」，即受託人（信託公司）協助委託者（客戶）管理、增值自己的物產，或達到節稅等功能，受託人則在過程中收取手續費，這種經營理念在日治時期已存，且被認為是一個有利的投資新管道。信託會社與銀行的區分在於，銀行將客戶預金（存款）混同以為己用，客戶之利息高低，須依銀行的經營情況而定；但是，在信託會社裡並不如此，會社與客戶之資金乃分開運用，客戶的利息高低和會社收取的手數料（手續費）皆固定，縱使會社經營不佳，依舊保證並維護客戶權益，如此優勢，使得信託業在當時能夠勃興。〔註 101〕

不過，在日治時期，臺灣的信託會社卻屢受非議打壓。原因在於，其一，進入日治時期，前清的舊式金融機構，如匯兌館、媽振館等，為求生存，乃改組為「金融公司」、「信用組合」、「信託會社」，放款、存款是其主要業務，但財力有限、信用薄弱，易擾亂金融。其二，誠如上述銀行與信託的區別，銀行將各預金混同起來，主要投資至官方建設與日人事業，造成臺灣人的金融力量弱小；信託則重視客戶資金的自主性，因此一旦臺灣人主導部份信託會社，則易出現「民族資本」，違背當局政策。其三，官方為控制臺灣金融

〔註 101〕《臺灣民報》：〈本邦信託業之勃興與大東信託之使命〉，1927 年 7 月 22 日，16 版、〈信託業與臺灣〉，1929 年 1 月 1 日，6 版。「信託小百科」（http://www.chb.com.tw/wps/wcm/connect/web/pBanking/pPrd/pTrust/pTDtl/），彰化銀行網站。

界，儘管信託業在當時已漸成趨勢，也確實有些信託會社經營得當，「信託法」卻遲遲不施行於臺灣（日本則已在 1922 年施行），致使業務規範不明，信託業者無從依歸，時有業務混雜、經營上旋起旋滅、與銀行條例相牴觸等問題。〔註 102〕是以，親官方立場的《臺灣日日新報》便一概而論，認爲信託會社乃「錢莊」之變相，有禍亂經濟之虞，「除其有限無多之資金而外，莫不以高利吸收預金，而以高利貸出，故在彼無銀行，或與銀行無甚交情之地方人，有餘既喜貯蓄之，有用亦喜告貸之」〔註 103〕，足見將信託業視爲下級金融機關之心態。

這般背景下，大東信託不免遭遇偏見，加上與臺灣民族運動有交集，而信託業讓投資者有較多自主性，確實有形成民族資本的可能。又，該信託會社運作之年，恰發生臺銀超貸事件，故大東信託曾在廣告上自詡是資產家的「避風港」，是另一條保險又多利的投資管道。凡此種種，皆使日人感到臺人勢力將帶來威脅，大東信託遭遇到的取締刁難，也就比其他日人或日臺合作的信託組織來得多。〔註 104〕

王開運仍在臺銀臺南支店任職之時，林獻堂就已經向臺銀臺南支店長長谷川貞成交涉，欲聘請王氏幫助創立大東信託；林氏看重的，是王氏精通銀行的信託業務與法規（獻，頁 31〔註 105〕）。儘管官方與部份人士對臺灣的信託業存有偏見，1916 年臺銀卻在日本內地兼營信託業務，短時間內即有良好成績，於是出現了臺銀也能夠在島內施行信託業務的呼籲，惟不久眾議院提出修法，對銀行兼營信託之事予以限制〔註 106〕；這也說明了王開運能夠精通信託業務，正來自於臺銀經歷。不過，面對林獻堂的邀請，王開運似乎沒有立即回應，直到臺銀發生超貸事件之後，才轉職至大東信託，中間尚且隔了

〔註 102〕《重修臺灣省通志·卷四·經濟志·金融篇》（南投：臺灣省文獻委員會，1993），頁 590～596。

〔註 103〕〈信託管束與銀行〉，《臺灣日日新報》，1920 年 3 月 8 日，3 版。

〔註 104〕〈本邦信託業之勃興與大東信託之使命〉，《臺灣民報》，1927 年 7 月 22 日，16 版。李筱峰《林茂生·陳炘和他們的時代》（臺北：玉山社，1996），頁 55～56。

〔註 105〕筆者按，此資料爲剪報，題爲〈子福者表彰に　讚辭を寄せられし　臺南著名人士〉，原刊處不詳：從報導內容推斷，應該是刊在《臺灣日報》，該報前身即《臺南新報》。

〔註 106〕《臺灣日日新報》：〈臺銀之於信託業〉，1914 年 2 月 20 日，5 版、〈臺銀信托預金〉，1916 年 11 月 13 日，3 版、〈信託貯金好況　數日間百七十萬圓〉，1916 年 11 月 29 日，5 版、〈信託預金好況　島內融通希望〉，1917 年 7 月 7 日，2 版、〈臺銀信託業廢止〉，1922 年 2 月 27 日，4 版。

將近一年；故王氏正式於大東信託就職的時間，應該是在1927年底，當時社長林獻堂正在環球旅行途中。

王開運在大東信託的職位是臺南支店代理，等同於副店長，相較於在臺銀僅爲書記，明顯受到重視，也能夠有機會獨力掌理店務；至於店長，則是臺南柳營望族出身的劉明哲擔任。而就地緣、求學經歷、工作領域等方面來看，在進入大東信託之前，王氏可能已結識了該信託會社的若干投資人或職員，例如取締役（董事）裡的陳煌與劉明哲、專務取締役（執行董事）陳炘、信託課長陳傳旺、調查課長陳逢源等，都是國語學校時期的學弟〔註107〕，彼此有著一到三年不等的共同生活；其中，陳逢源的家鄉就在臺南市內，尙且和王氏多了地緣關係，二人同時也是詩友（見第六章第三節）。是以，面對新工作，由於受到重視，加上嫻熟業務、與部份幹部有校友情誼，以及能夠爲臺人金融力量盡一份心力等因素，王開運在大東信託應該感到勝任愉快、獲得成就才是，且其工作表現也確實相當勤奮。〔註108〕

然而，頗令人意外的是，王開運待在大東信託的時間並不長，1930年便離職；原因之一是有更大的企圖心，不願拘泥屈居支店長代理，決定自行投資創業（獻，頁31）。事實上，王開運尙未離開臺銀，就已經被推舉爲臺南商工業協會會長，1928年起還膺任臺南市協議會議員、臺南愛護會副會長等職，並在政、商、社會事業、地方權益等問題上多所奔波，這恐怕也讓王氏無法有太多時間親自掌理店務，遂不得不另尋營生之法，此是原因之二。至於投資創業，擔任股東、董事，相對地有較自由的空間來兼顧各個活動，這是王氏日後的事業發展方向。

此外，林獻堂的日記裡頭有兩筆紀錄，說明王開運離職的第三個原因：

> 夜聞培火述台南支店劉明哲、王開運等之不滿陳炘事事束縛，不尊重他們的意見。〔註109〕
>
> 培火、成龍同往台中，余到照山處，受其第三回注射。次到大東，炘、明哲、逢源、培火俱在。炘與明哲論台南支店次席王開運之辭

〔註107〕相關學歷可參見漢珍「台灣人物誌」資料庫。

〔註108〕如太田肥洲編《新臺灣を支配する人物と產業史》。

〔註109〕林獻堂《灌園先生日記》1929年7月14日載，參見中央研究院臺灣史研究所「臺灣日記知識庫」（http://taco.ith.sinica.edu.tw/tdk/%E9%A6%96%E9%A0%81）。

職，並不都合之行爲。適肇嘉至，遂作罷論。〔註 110〕

這透露了上司與下屬之間有著各自的不滿；而所謂「不都合」即不合適、行爲不端之意，惟不清楚是指王氏的私德或工作表現。無論如何，雙方的芥蒂，可從性格、工作經驗和大東信託的經營過程來理解。

就陳炘來說，同時代的張深切曾在《里程碑》裡提到，其友人向大東信託借款，無法如約歸還，乃由張氏向陳炘說情，表示看在此友人身爲抗日同志的情份上，不要屢屢催帳，但陳氏主張，金融事業與同情抗日行動不能一概而論，故予以拒絕；論者李筱峰依據此點，指出陳炘對於金融業原則的堅持。〔註 111〕筆者認爲，這固然是陳炘的個人操守，可是大東信託本質還是以營利爲基本目的，爲了應付官方刁難、經濟不況而影響會社股票下跌、會社內部職員不善經營，以及顧慮股東、客戶的權益等問題——大東信託一直要到 1934 年才有明顯的盈餘——〔註 112〕，必然緊盯著會社的運作，不免讓支店負責人感到壓迫而心生不滿。

再從劉明哲與王開運來看，雖然二人的學歷、在大東信託的職位皆不如陳炘，且劉氏還是林獻堂日記裡所說的，造成臺南支店經營不善的主因〔註 113〕；不過，劉、王二人皆在金融業有多年工作經驗，也是不爭的事實。像王氏具備 10 年的銀行經驗，是臺南商工業協會會長，劉氏則畢業於早稻田大學政治科，1919 年即爲嘉義銀行新營出張所主任，又任柳營庄長。相對地，陳炘實務經驗可能沒那麼多，其在金融業的第一項事業就是大東信託。於是，就在一方有金融經驗，一方有眾多考量的情況下，產生了經營理念上的齟齬。

王開運在大東信託只有 3 年左右，但對於自身、對於大東，皆具有相當的意義。一者，在累積工作經驗的過程中，由銀行店員改任信託支店代理，其間還擔任臺南商工業協會會長，繼而又觸及政治、文化、社會事業等領域；可見

〔註 110〕林獻堂《灌園先生日記》1930 年 12 月 29 日載，參見中央研究院臺灣史研究所「臺灣日記知識庫」。

〔註 111〕李筱峰《林茂生・陳炘和他們的時代》，頁 53～54。

〔註 112〕謝國興《亦儒亦商亦風流：陳逢源（1893～1982）》，頁 197。又，王開運在職期間，大東會社所遇到的困境，可參見林獻堂《灌園先生日記》1929 年 1 月 21 日、4 月 15 日、4 月 21 日、4 月 23 日、5 月 12 日、5 月 20 日、6 月 9 日、7 月 12 日；1930 年 4 月 24 日、8 月 16 日、10 月 7 日，中央研究院臺灣史研究所「臺灣日記知識庫」。

〔註 113〕例如林獻堂《灌園先生日記》1930 年 4 月 24 日、10 月 7 日、8 月 16 日；1932 年 4 月 8 日等，參見中央研究院臺灣史研究所「臺灣日記知識庫」。

王氏長年經營的人脈關係發生了作用，在地方上的重要性漸次浮現，日後也就有條件可以向外投資，發展個人事業，毋須再居於他人之下。二者，正因爲王開運身任臺南商工業協會會長，協助在地臺籍商人改善經商環境、創造利潤，這種優勢或多或少有利於大東信託，爲之招攬更多客源。三者，王開運進入大東信託，可以說是與民族運動陣營產生進一步的交集，也由此時開始，有了較明顯的參與民族運動的足跡（見第四章第二節）。

五、轉向多元發展

離開大東信託之後，王開運的營生方向開始多元發展，直到 1944 年赴海南島爲止，其事業版圖多在臺南，顯著者即是投資、創業；儘管這些事業的規模偏屬於中小型，王氏卻佔有半數股份，成爲代表人，以下從僅見資料來依序說明。

首先是「南郡運輸」，此爲王開運在 1930 年代較早接觸的事業。該會社成立於 1919 年，由臺南市內十餘間臺灣人經營的運送店組合而成，性質屬「合資會社」，先後有孫烱南、蔡儀斌等主持；會社地址在臺南驛前（北門町），和同樣在驛前的其他 5 家由日人經營的倉庫會社日東商船組、大坂組、丸三組、山口運送店等，恰成競爭關係。然而，早期評價不佳，曾發生過股東內訌、貨主與店家糾紛、挪用公款等情事，故有解散或改組的風聲。〔註 114〕至 1927 年，時臺南商工業協會業已成立，身爲會員店之一的南郡運輸，於此也進行了一番整頓，對內施行 8 小時工作制，在店員權益上有著示範作用，對外則因應大阪商船堅決不肯調降安平運河起貨費的問題，乃自行採取降低運送費用，減少託運者的成本，此舉也爲南郡運輸的商譽加分。〔註 115〕

南郡運輸於 1932 年另有一次整頓，是以在日後「臺灣銀行會社錄」這類的資料裡頭，大多指出該會社乃「設立」於此年；實際上，該會社存在於 1920 年代之前。自 1932 年開始，南郡運輸在人事配置上有所變動，即王開運加入

〔註 114〕《臺灣日日新報》:〈赤崁短訊 運送解組〉，1919 年 9 月 21 日，6 版、〈取消二則〉，1919 年 10 月 2 日，4 版、〈無公道心〉，1919 年 12 月 17 日，6 版、〈事當圓滿解決〉，1919 年 12 月 30 日，4 版、〈南郡公司代表者告訴さる〉，1926 年 12 月 19 日，7 版。《臺灣日日新報》夕刊：〈劣跡暴露〉，1926 年 8 月 5 日，4 版。《臺灣銀行會社錄》1939 年版（臺北：臺灣實業興信所），頁 387。

〔註 115〕《臺灣民報》:〈南郡運送公司 實施八小時勞働〉，1927 年 12 月 11 日，6 版、〈南郡公司減少運送料〉，1928 年 3 月 25 日，7 版。

其中；另根據1933年的資料顯示，王氏爲代表社員，出資額2,500圓，佔了全會社資金12,200圓的五分之一強，其他資料如下：

目的：海陸運送業及其附帶事業

出資金：1萬2千2圓

代表社員：王開運

支配人：孫炯南

出資額：王開運（2,500圓，無限）；孫炯南（1,500圓，無限）；鄧燦琳（1,000圓，無限）；王道宗、顏城（500圓，無限）；翁金護、陳銀漢（1,000圓ヅツ）；黃金水、陳心意、林澄潭、蕭天旺（500圓ヅツ）；陳添基、陳嚴氏葉、（100圓ヅツ）；張江攀（2,000圓）〔註116〕

南郡運輸歷年的資金與出資者稍有增減，但變動不大，例如1934年資金增爲12,900圓，出資者少了鄧燦琳，多了江捷、王榮達、涂鏡、蔡儀斌、蔡長雲、陳正太郎、王汝禎等；1938年資金增爲13,900圓，後再增至19,900圓，可見南郡運輸恰好具有小資本、組織簡易、類似傳統產業組織的合資會社的特徵。〔註117〕

1939年，南郡運輸註記解散，並改組爲「南郡運輸株式會社」，資金達10萬圓，一株50圓，業務範圍亦隨而擴增如下：

一、運送取扱業及運送代辦業；二、利用運送業及附屬運送業；三、海上及陸上運送業；四、勞力供給業；五、倉庫業；六、代理業；七、前各項の附帶事業並に前する各項經營會社は對投資，但當會社は合資會社南郡運輸組經營の小運送業を引繼ぎ經營するものとす。〔註118〕

「株式會社」型態下的職位分配，依序是王開運擔任代表取締役，張江攀、陳樹養、王汝禎、翁金護等人擔任取締役，張振樑、陳心意、顏城等人則擔

〔註116〕《臺灣銀行會社錄》1933年版，頁234。

〔註117〕《臺灣銀行會社錄》：1934年版，頁239、1935版，頁264、1938版，頁315。林玉茹〈殖民地邊區的企業——日治時期東臺灣的會社及其企業家〉，《臺大歷史學報》33（2004年6月），頁324。

〔註118〕《臺灣銀行會社錄》1939年版，頁34、387。按，業務第七項的意譯是，除了本會社尚在「合資會社南郡運輸組」時期就已經開始經營至今的小運送業之外，還另外對於本會社前6項附帶事業與各項經營範圍進行投資。

任監察役。〔註 119〕然而，在 1940 年之後的資料，卻同時出現「南郡運輸株式會社」與「合資會社南郡運輸組」，表示二者並未整合爲一，而上述第七項的小運送業，即由「合資會社南郡運輸組」掌理，並且王開運也是後者的代表社員。1941 年起，王氏職稱改爲取締役社長。〔註 120〕

至少到了戰後的 1970 年代，南郡運輸都還在持續經營。當時王開運的職位是南郡運送公司董事長，待其當選臺灣省臨時省議會第一屆議員之後，同公司的經理陳心意曾代表公司全體題匾致贈（見附錄一）。

第二個是「株式會社永森記商行」。此會社成立於 1914 年，主要業務爲水泥、原木、建材、木材的零賣，並設置「永森記製材工場」；在《三六九小報》裡，時可見到廣告刊登，該商行起先也並非株式會社的型態。〔註 121〕

1934 年，永森記商行始改組爲株式會社，資本額 10 萬圓，一株 50 圓，業務範圍擴展至木材及其他一般商品之販賣、不動產買賣和租賃借貸；股東職位依序是林溫如、蘇錦墩擔任代表取締役，王道宗、林福藻、林東○（筆者按：原文如此，應爲林東銈）擔任取締役，王開運、林東箏擔任監查役。〔註 122〕對此，王駿嶽指出此株式會社已於前一年組織（獻，頁 255），雖然與史料略有出入，但可能表示王開運先前已經與之互動，有所投資。接著，1936 年王開運改任取締役，王開泰爲新任監察役，少了原取締役王道宗；1937 年資本額增至 20 萬圓，新股份一株降爲 12.5 圓，隔年又調爲一株 25 圓。〔註 123〕而最遲在 1938 年，永森記商行已經成爲南部頗具規模的材木批發商之一。〔註 124〕

另外，尚有一些資料記載王開運在日治時期的事業。其一，王家戶口名簿上頭，記載戶主王開運的職業爲「貸地業」〔註 125〕，說明土地租賃爲王氏營生方式之一，其所擁有的土地，應是祖業的一部份。其二，入股「潮州合同運送株式會社」；此會社位於高雄州的潮州郡潮州街，同樣在轉成株式會社

〔註 119〕《臺灣銀行會社錄》1939 年版，頁 34、387。

〔註 120〕千草默仙編《會社銀行商工業者名鑑》(臺北：圖南協會)：1941 年版，頁 270、1942 年版，頁 213。

〔註 121〕例如《三六九小報》22 號，1930 年 11 月 19 日，此爲第一次刊登。

〔註 122〕《臺灣銀行會社錄》1934 年版，頁 154～155。

〔註 123〕《臺灣銀行會社錄》：1934 年版，頁 154～155、1936 年版，頁 215、1937 年版，頁 16、1938 年版，頁 16、1939 年版，頁 18。

〔註 124〕〈材木商は大當〉，《臺灣日日新報》，1938 年 3 月 5 日，2 版。

〔註 125〕此户籍謄本由王家提供，資料裡現住所是「臺灣高雄州岡山郡路竹庄」，户主爲王開運，其職業是貸地業；而最後的資料登錄時間爲 1945 年。

型態之前，已先營運 20 年，1939 年始改組爲株式會社，資本金 8 萬圓，由王開運擔任代表取締役，其他由鍾接興、陳樹養、陳岳、王火炎、柯子全、柯明居擔任取締役，魏章、曹錦杜擔任監查役，業務範圍和南郡運輸株式會社雷同。〔註 126〕其三，1941 年度的銀行會社名錄上，記載了王開運的友人蕭天旺擔任「臺南薪炭商組合」組合長，而王駿嶽則云，王氏已於 1939 年組織「薪炭組合總會」（獻，頁 258），兩者應指同一件事；此薪炭商組合屬於「任意組合」，是從事炭木買賣的商人依約組成，共同進行價格、批發、收購、販售等方面的協定。〔註 127〕其四，1938 年「臺南商工會議所」成立之後，王開運加入其中，則記載王氏經營的商號爲「永茂紀商行」〔註 128〕；不過，其友人張江攀也有一間「永茂商行」（〈靜室小言〉，文，1935，頁 396），究竟是資料記載錯誤？還是確實分別有這兩家商行？抑或是二人有合作關係？則暫難推知。

上述除了說明王開運在事業上的多元發展之外，於「南郡運輸」、「永森記商行」裡頭，也可見到其兄長道宗、開泰的加入，故可說是王棟整個家族都從路竹來到臺南札根發展。而從各事業的股份比例或職位來看，若非由王開運佔大股，否則就是處於上層、擔任代表，說明王氏兄弟在臺南的商業實力相當穩實。再就事業性質而言，王開運以運輸業（南郡運輸、潮州合同運送）和商貨集散（永森記商行、薪炭商組合、永茂紀商行）爲主，因此幾度擔任「臺灣運輸業組合」的常議員、常置員〔註 129〕；如此的經商走向，也延續到戰後。

1944 年 8 月，王開運受臺灣銀行推薦，遠赴海南島擔任瓊崖銀行總經理，這是戰時體制下難以拒絕的任務；一年後逢日本戰敗，臺灣歸入中華民國版圖，卻由於海外運補短缺，致使延至 1946 年中，王氏始得歸鄉。在海南島近

〔註 126〕《臺灣銀行會社錄》1940 年版，頁 242。

〔註 127〕森忠平〈就副業言〉，《臺灣日日新報》，1924 年 5 月 18 日，5 版。千草默仙編《會社銀行商工業者名鑑》1940 年版，頁 720。

〔註 128〕《臺灣日日新報》：〈臺南商工會議所銓衡委員〉，1938 年 2 月 3 日，2 版、〈臺南商議創立總會〉，1938 年 3 月 27 日，2 版。千草默仙編《會社銀行商工業者名鑑》1941 年版，頁 505。

〔註 129〕千草默仙編《會社銀行商工業者名鑑》：1932 年版，頁 30；1935 年版，頁 287；1936 年版，頁 300。大園市藏編《臺灣人事異動輯覽》（臺北：南方人事通信社，1943），頁 116。羽生國彥《臺灣小運送業發達史》（臺北：臺灣交通協會，1941），頁 93～100。

兩年的時間，縱然不算長，卻考驗了王開運如何爭取資源，讓自己與其他滯留的臺灣人能夠儘早返臺，而此也成爲王氏在戰後的社會活動裡頭，一樁重大而深刻的紀錄。爲求敘述完整，瓊崖銀行工作情況與海南島返鄉過程一併在第五章說明。

六、以第一銀行爲主的戰後事業

1946 年 6 月自海南島返臺之後，除了繼續經營南郡運輸，王開運還有數項事業。〔註 130〕其一，1947 年初，王氏爲其子王神嶽、崧嶽出資，在今臺南市中正路上開設「玉豐行」，專事上海布料的進口買賣；而戰前，王崧嶽及其妻吳淑美於 1941 年結婚之後，曾前往南京、上海經商，進入王柏榮（王開泰之子）、林坤鐘（臺灣）、陳亞夫（中國）等人開設的上海「振亞銀行」（1936 年設立）任職，待二戰結束，銀行被國民黨接收，王崧嶽夫婦始返臺。〔註 131〕因此，這是「玉豐行」之所以向上海批發布料的一個緣故。

其二，1947 年裡 2 月 26 日，王開運膺任「臺灣第一商業銀行」（以下簡稱「第一銀行」）的公股監察人〔註 132〕，自此便長年投入第一銀行。其三，1948 年，王氏擔任「保證責任臺南市第一建築信用合作社」理事主席。此信用合作社原爲日治時期的「有限責任臺南建築信用購買利用組合」，由黃欣等人發起，因應市區改正以通融房舍建築資金；1946 年改組爲「第一建築」，陳金象爲首任理事主席，繼由王開運接任（至 1950 年，下一任爲葉和田），對戰後市內復興建設多有貢獻。1963 年復改組爲「保證責任臺南市第七信用合作社」，2005 年則併入復華銀行。〔註 133〕其四，1949 年底，王開運與其他貿易商人共同創立「台南市進出口商業同業公會」，由王氏擔任首屆理事長（至 1951 年），常務理事蕭天旺、陳宗坤，理事王朝榮、翁金護，皆是日治時期即結交

〔註 130〕關於王開運的戰後事業，王駿嶽也多所提及，見《王開運全集・文獻資料卷》，頁 261～262、265、271～272）；但時序略爲混亂，本文考述時乃再配合其他史料加以修正。

〔註 131〕吳淑美《美世紀》（臺北：杜文苓等訪談編撰，2011），頁 112～114、121～129、150。〈林坤鐘先生訪問紀錄〉，《口述歷史》5（臺北：中央研究院近代史研究所，1994），頁 65～68。筆者按，林坤鐘誤將王崧嶽記爲「東嶽」，係王開運之孫，特此更正。

〔註 132〕《第一銀行七十年》（臺北：臺灣第一商業銀行，1970），頁 82。

〔註 133〕《台南市志・卷四・經濟志・農林、金融、工商篇》（臺南：臺南市政府，1983），頁 139～140、165～166。〈復華銀併購台南七信〉，《經濟日報》，2005 年 1 月 6 日，a04 版。

的友人，後由翁金護連任第二至六屆的理事長。〔註 134〕其五，1956 年，臺灣水泥公司創立「臺灣通運倉儲公司」，王開運任董事長，然而日後王家與臺泥有財務糾紛，訴訟多時，王氏在臺灣通運的地位也受到影響。〔註 135〕此外，王氏還是「臺灣聯營運送股份有限公司」的董事長。〔註 136〕凡此種種，說明了王開運的事業版圖仍與金融、運送、商貨集散有關，是戰前在商界就職、創業投資的事業成果之延展；而這些戰後事業裡，王氏的第一銀行經歷相當重要，相關資料也多，以下再進一步考述。

第一銀行前身是日治時期的「臺灣商工銀行」，成立於 1910 年，原名「臺灣興業銀行」，以融通開發臺灣中南部產業和糖、米、樟腦等產業的資金為宗旨，臺、日籍股東皆有，由日人主導，所佔股份也較多；同年 6 月改名「臺灣商工銀行」。

之後，官方規定儲蓄型的銀行不得單獨設立營業，且「前」臺灣貯蓄銀行（1899 年設立）也是臺灣商工銀行的大股東，是以貯蓄銀行乃於 1912 年併入商工銀行；自此，商工銀行多了貯蓄業務。一次世界大戰之後，日本經濟不況，部份銀行周轉困難，有倒閉之虞，故官方決定將嘉義銀行（1904 年設立）、新高銀行（1916 年設立）再併入商工銀行。雖然必須概括承受其他銀行的負債與虧損，但透過他行資本額的加總、商工銀行自身的增資，以及長年經濟不況的影響，使得與 3 家銀行合併後的「新」臺灣商工銀行，其資本額由最初的 100 萬圓，歷經幾度變動，最後變成 500 萬圓，直到日治結束又都不再增減。另外，商工銀行在合併其他 3 家銀行之時，也繼承了他行的分支機構，故成為日治時期臺灣的諸銀行裡，分支增設速度最快者。〔註 137〕

戰後，臺灣被劃入中華民國的 7 個收復區之一，在財政方面，為兼顧接收工作和日治時期金融經驗的特殊性，新政府乃於 1945 年 10 月頒布「臺灣省當地銀行鈔票及金融機關處理辦法」，以及「臺灣省商營金融機關清理辦

〔註 134〕「公會簡介」,「台南市進出口商業同業公會」網站（http://www.nie.org.tw/index.asp）。2011 年 09 月 28 日閱。

〔註 135〕〈台灣倉儲成立卅年　營業地區遍及全省〉,《經濟日報》,1986 年 12 月 10 日，5 版。「線上臺灣歷史辭典」網站的「臺灣水泥公司」詞條。吳淑美《美世紀》，頁 175～182。

〔註 136〕漢珍「台灣當代人物誌」資料庫（http://tbmc.infolinker.com.tw.ezproxy.lib.ncku.edu.tw:2048/whoscapp/start.htm）。

〔註 137〕《重修臺灣省通志・卷四・經濟志・金融篇》，頁 558～561。《第一銀行七十年》，頁 43。

法」，使日治時期的金融機構得以重新註冊營業，同時進行清理、接收、改組。接收工作在 1947 年底之前陸續完成，其中臺灣商工銀行於 1947 年 3 月改組完畢，名稱改爲「臺灣工商銀行」。不久，因政府規定「銀行之種類，應在其名稱中表示之」，1949 年工商銀行乃改稱「臺灣第一商業銀行」，1975 年簡化改名爲「第一商業銀行」。第一銀行與臺灣銀行（原臺灣銀行、三和銀行、「後」臺灣貯蓄銀行合成）、臺灣土地銀行（原日本勸業銀行）、彰化商業銀行（原彰化銀行）、華南商業銀行（原華南銀行、臺灣信託株式會社合成）、臺灣省合作金庫（原臺灣產業金庫）等，合稱「省屬六行庫」。1998 年，第一商業銀行由公營體制轉型爲民營銀行，2003 年成立「第一金融控股股份有限公司」，該行納入第一金控集團下之子公司，稱「第一銀行」。〔註 138〕

在第一銀行的接收過程裡，起初由臺灣省行政長官公署派員監理，頭取、常務取締役仍爲與田四郎、原田幸雄二位日人，原任大稻埕支店長的周菩提則升爲總行營業部經理，負責整頓行務，但部份措施仍需要與田氏同意。且由於第一銀行在日治時期以日人佔有股份居多，戰後全數變爲敵產，再變爲歸新政府所有，使新政府成爲第一銀行的大股東，該銀行也就成了公營銀行，無法自由改選董事、監事，只能先依現況、學識程度，將大量的基層行員改讓臺灣人擔任，而較高職位仍以日人居多。這也是因爲日治時期臺灣人在第一銀行的職位屢受限制，造成實務能力有餘，統籌經驗不足，難以勝任管理職級。1946 年 10 月，第一銀行進入籌備期，行政長官公署派任具經濟學識，並有中華民國官宦經驗的黃朝琴，擔任該銀行接收改組籌備處的主任委員，將資本額重新析爲 10 萬股，統一股份額面，進行股份認購作業，並編就第一銀行章程。

1947 年 2 月 26 日召開臨時股東大會之後，議決將該銀行改組爲「臺灣工商銀行」（3 月正式使用新名）、撤銷籌備處、通過章程，並選出第一屆董事、監事（監察人），再由董、監事開聯席會議。推舉名單如下：

民股董事：黃朝琴（董事長）、周菩提（常務董事兼總經理）、林木土（常務董事）、陳定國、徐乃庚

民股監察：林柏壽、李延禧

公股董事：周敬瑜（常務董事）、陳啓清（常務董事）、鄧堯山、王

〔註 138〕《重修臺灣省通志・卷四・經濟志・金融篇》，頁 606～610、648～649。「第一銀行」網站（https://www.firstbank.com.tw/Index.action）的「認識我們」。

玉仁、顏欽賢、蘇祖南

公股監察：陳運生、姜振驤（常駐監察）、王開運

至此，第一銀行始完成改組，黃朝琴長期擔任董事長，直至逝世任內，而周菩提、林木土、陳定國、徐乃庚、林柏壽、李延禧、陳啓清、鄧堯山、顏欽賢、姜振驤、王開運等，俱是日治時期便有銀行金融經驗，並屢受官方注視的社會領導階層，佔了董、監事成員的大半。〔註139〕

對於王開運而言，這是戰後進入第一銀行的開始，且是公股監察人，說明了王氏的金融界地位，並未因政權變遷而動搖。之所以王開運能夠進入該銀行，與黃朝琴也不無關係，在本節述及王氏的臺銀工作經驗時，提到王、黃二人在業務往來上的可能情況，即是二氏交誼的註腳。戰後兩人相逢，王氏舅父黃拱五有詩記之：

> 重逢情緒憶交游，幾十年間轉瞬周。慷慨高談滄海變，飢寒終爲弟兄憂。劫餘親友欣仍健，宇內風雲幸已收。杯酒莫辭今夜醉，暫拋世事放眉頭。（〈杏庵宴黃朝琴與蘇鴻飛二君於招仙閣即席次杏庵鴻飛聯吟原韻〉〔註140〕）

據盧嘉興的研究，此詩爲黃朝琴於1946年秋蒞南時所作，滄海桑田之後，舊誼尚能再續，備感唏噓。而黃朝琴成爲政府重用的臺籍精英，其南下時刻，恰值接任第一銀行籌備處主委，是以與王開運相聚之時，談論的話題或許就包含了邀請王氏至第一銀行共事；隔年春天，果眞名列公股監察人之中。

王開運於1947年膺任第一銀行公股監事的隔一天，臺北發生了二二八事件（從2月27日緝菸糾紛算起），騷動迅速漫延全臺。同年3月，政府發動軍隊鎮壓，王氏被安上「擾亂治序」的罪名，遭憲兵隊強行帶走，經過十餘日的無妄之災，才得歸放（見第五章第二節）。對此王駿嶽提及，二二八事件之後，黃朝琴於1948年數次南下延攬王開運，意欲王氏擔任第一銀行監察委員兼協理（獻，頁284～287）。雖然從資料上已知，進入第一銀行的時間點更早，與王駿嶽的說法有所出入，然而王、黃二人確實並未因二二八事件而疏

〔註139〕〈臺灣工商銀行公股董事監察人周敬瑜等九員令派案〉，國史館臺灣文獻館「日據時期與光復初期檔案查詢」網站（http://db1n.sinica.edu.tw/textdb/twhist/），典藏號00303232078042。《第一銀行七十年》，頁64～72、82。漢珍「台灣人物誌」資料庫。

〔註140〕盧嘉興〈臺灣日據末期著刊「拾零集」的黃拱五〉，《台灣古典文學作家論集》，頁728。

遠。事實上，之後王氏還續任了第二、三屆的公股監察人（至 1950 年初），1950 年膺任協理（至 1961 年中，可代理總經理職務），1952 年起被選爲第三屆民股董事，第四、五屆公股董事，以及第六屆民股常務董事（可代理董事長職務），1964 年改任顧問，常川駐行辦公。〔註 141〕

總之，王開運一直處於第一銀行高層，該銀行可以說是戰後王氏在商界、金融界的一個重要舞台。當慶祝第一銀行 40 週年行齡之時，王開運有詩贈賀：

歷盡工商四十年，滄桑幾變歲時遷。金融端藉調羹手，生計慚無負郭田。眼看市廛增輻輳，我欣行舍更完堅。禮教名號三更致，第一銀行炙口傳。（〈題第一銀行四十週年誌〉，詩，1951，頁 151）

詩句並非全然是恭維之語，自從政府成爲第一銀行最大股東，具有公營性質之後，便扮演著協力者的角色，而從改組以至於王氏撰寫此詩的 1950 年代之間，銀行法所規定的商業銀行必須經營的業務，第一銀行基本上皆有辦理，並吸收零碎游動的資金，以助政府穩定物價幣值，又優先通融關乎國計民生的生產事業所需資金。其次，面對國共內戰時期的嚴重通貨膨脹窘境，則由黃朝琴向政府爭取臺幣匯兌的機動性，減緩物價上漲與幣值貶落。再者，也修繕銀行行舍，改善工作環境，且提高行員待遇和存款利息，以對抗黑市。〔註 142〕凡此種種，第一銀行在平抑物價、促進生產及配合政府財經政策等方面，確實有突出表現，加上此爲王開運任職之處，是以此詩作乃王氏切實而頗覺驕傲的感受。

除了進入第一銀行，與黃朝琴不無關係之外，1951 年，王開運參加臺灣省臨時省議會首屆議員的選舉，也是因著黃氏的鼓勵（獻，頁 262、287）；1962 年，黃氏創立「國賓飯店」，亦聘用王氏爲顧問，並邀其入股，足見二人過從甚密（獻，頁 272、287）。對此，王開運曾賦作二詩相贈，表達對黃朝琴的感念與欽佩。先看〈蒙朝琴兄顧念誼容納銀行喜賦誌感〉（詩，1950，頁 124）：

老到人思靜，風塵暫隔緣。逃禪來異地，話舊當聊天。義重私心慰，身閒俗慮蠲。陽明憑浪跡，從此傲神仙。

戰後，王開運雖只是五十餘歲，卻歷經滄桑，遂容易自感衰老，也就興起了

〔註 141〕《第一銀行七十年》，頁 82、278～290。《第一銀行概況》（臺北：第一銀行，1967），頁 113。

〔註 142〕《第一銀行七十年》，頁 211～215。

歸隱想法；而黃朝琴顧念舊誼，使其身繫牢獄之後，猶能在第一銀行任職，故言「義重私心慰」，黃氏的重情重義令王氏感到欣慰。再者，1950 年代起，王開運便漸次根著於北部，不免產生鄉愁，幸有黃朝琴邀至陽明山的住宅作客，共談往事，提供暫時的心靈寄託之處，讓王氏感到「身閒俗慮蠲」，更思留戀於此，希望「從此傚神仙」，忘懷世事的磨難。接著看〈再賦呈黃董事長一絕〉（詩，1950，頁 124）：

> 風度翩翩似少時，重隨鞭蹬未爲遲。如今世道崎嶇甚，好把先知覺後知。

既對黃朝琴有所感念，欽佩之情油然而生，不但推崇黃朝琴是當時政商界的重要人士，負有做爲後生表率、匡扶世道的使命，而王氏自己也「重隨鞭蹬未爲遲」，願隨行左右。要之，正是憑著金融專長、事業的延續、二人的情感，以及戰後際遇（見第五章第二節），使其壯年、晚年始終投入第一銀行的業務之中。

小　結

本章旨在考述王開運的家世背景及生平歷程，由於資料的蒐集略有收穫，再配合相關研究成果，故可將考述起點追溯至王氏家族來臺拓墾之時。

王家的開基祖爲王文醫，跟隨鄭成功來台，嗣後在一甲周圍進行拓墾，是路竹區最早紮根的王姓，稱爲「白礁王」；此家族與日後到來的田頭王、鬼仔王、豆腐王等 3 支聚居，更添同姓宗族勢力，因此俗諺有「一甲王」之稱，表示王姓乃一甲大姓。到了「白礁王」來臺第八代的王棟、王城，和第九代王道宗，都具備生員（秀才）功名，王家儼然是清代地方上的領導階層；這也說明了，家族在地方上先能夠紮根，後代才有繼續向外發展的基礎，王家前代之於王棟，以及王棟之於王開運，皆是如此。

王棟於 1893 年登第成爲生員，是王家在路竹長年紮根，栽培子弟的結果。雖然登第不久便遭遇到乙未割臺，但旋即又受殖民者任用，掌理一甲地區十餘年，直至逝世任內；對此，本章列舉的王棟具體治績有二，一者是撲滅鼠疫，二者是與其他區長共同推動「大社公學校」（今大社國小）的遷置。此外，王棟長子道宗、三子開泰、四子開運，也先後分別擔任一甲的區長書記、區長、學務委員，甚至是轄境更廣的路竹庄長，使王家從清領到日治都持續扮演著「地方領導階級」的角色。這正是王棟肆應於局勢變動的同時，也保持一定的發揮空間之結果。

接著，本章開始集中考述本論文的研究對象「王開運」。王開運生於 1889 年，逝世於 1969 年，是一位跨越清領、日治、戰後 3 個時代的地方士紳，又涉足商業、金融、政治、文化、民族運動、社會事業等領域，故有多元角色。那麼，王氏是如何成爲一位士紳的呢？除了家族、父親提供發展基礎之外，筆者認爲，還可以從天時、地利、人和 3 方面來切入觀察。

「天時」方面，指的是時勢，以及王開運本身具有的優勢。王氏 7 歲之前，臺灣尚隸清國，父親王棟爲之灌輸傳統漢學，準備讓其步上青雲仕途；改隸後，王棟掌理地方事務，有推廣日人新教育之責，加上公學校增多、臺灣人漸能領略新教育的益處，乃在王開運 12 歲之時，送入大湖公學校，並讓王氏北上就讀臺灣總督府國語學校師範部乙科，而國語學校則是殖民體制下的精英學府。又，在國語學校時期，王開運已初露鋒芒，擔任校友會的幹事，有作品發表，畢業時更是師範部乙科的畢業生代表。凡此種種，皆是時勢推波助瀾所造成，使得王開運具漢學素養，也得以成爲新知識份子，更有進入新一代社會領導階層的基本條件。

「地利」方面，指向外發展的環境。王開運離開大社公學校訓導一職，之後遷居臺南，是王棟的建議所致；而臺南一地與王家頗有淵源，例如王家子弟參加科舉便需往返府城，王道宗也甚早住在臺南，加上路竹、臺南距離相近，故王家對臺南並不陌生。至於臺南一地，二百餘年來都是臺灣首府，人口眾多，爲政治、經濟商業、文化等領域的重地，且王開運初始便遷居在位於府城中心位置的「杜仔行巷」，更具地利之便，增加與各色人物往來之機會，有助於向上發展。

「人和」方面，爲人脈的經營，這讓王開運能夠交遊廣闊，也更有機會參與地方事務；而此基礎則關乎職業性質。王氏在臺南的第一份職業，是西區區役場書記，協助區長綜理事務，因此能與區內的民眾、世家望族、重要人士進行交流。第二份職業是進入臺銀臺南支店，同樣也能與客戶往來，特別是日籍人士，而黃朝琴更是在此時與王開運結識。此外，臺銀經歷還使得王氏日後的生計選擇都走向經商，並讓王氏多了「商人」身份，才有條件參加「臺南商工業協會」，爲在地臺籍商人奔波發聲，進而涉足其他領域。接著，王開運的第三份職業，是大東信託臺南支店代理，雖然只有短短 3 年，但王氏的人脈經營已發生了作用，在地方上的重要性漸次浮現，加上已經有條件可以向外投資，發展個人事業，故不會再長年居於他人之下。值得注意的是，進入大東信託後，與民族運動的交集也比較明顯。

1930 年代起，王開運的事業轉向多元發展，以金融、運輸、貨物集散爲主；到了戰後，其事業則是日治時期的延續，就中以第一銀行的經歷最爲重要。但兩個時代的表現不同，戰前王氏除了商業，還活躍於政治、文化、民族運動、社會事業等領域，且活動重心在臺南；到了戰後，因自覺年華老大、歷盡艱辛才從海南島返鄉，以及受二二八事件影響，再加上局勢變化，遂漸次縮限在第一銀行業務。

總之，本章著重考述王開運的家世背景及生平歷程，以開基祖王文醫來臺爲起點，止於王開運的謀職與事業，雖然偏向個人的成長與就職經歷，但有助於吾人對王氏的基本認識，也是探究其活動足跡與文學創作的基礎；其精神歷程的樣貌，其如何肆應於時代，皆與本章所述有著關連。接下來的第三至七章，將分別談論未竟的問題，即考述王開運的社會活動與文學作品。

第三章　邁向地方士紳之途（上）——臺南商工業協會的活動

考述過王開運的家族源流與個人成長、生計謀職之後，本論文將探索王氏與地方互動的具體情形，而從其參加「臺南商工業協會」一事入手，會是一個適宜的出發方向。這固然是根據資料、活動時間的先後來依次談論，但同時也會發現，正是加入臺南商工業協會之後，王氏才漸次在政治、民族運動、文學團體等領域留下足跡。

臺南商工業協會成立於 1927 年 7 月，此前王開運已在臺南定居十餘年，先後在西區街役場、臺銀臺南支店就職。其間亦曾參與地方團體，例如 1923 年臺南「臺灣彰聖會」創立，津田毅一爲會長，副會長爲黃欣、陳鴻鳴，與臺北「崇聖會」（1918）成爲南北並立的推崇孔子聖道的團體，王開運和舅父黃拱五則任彰聖會評議員〔註 1〕；又如 1927 年 4 月，原是以上演新劇爲主的「南光演藝團」，擴大改組成「臺南共勵會」，主張「促進文化向上及行有益社會諸事業」，黃欣擔任會長，而王開運則與黃欣同爲該會理事及講演部成員。〔註 2〕這些團體皆由他人領導，王氏初始只是參與其中，未必具有重要地位，然而可藉此說明，王開運擁有士紳身份，並非一蹴即成，乃是循序漸進的。進一步說，加入臺南商工業協會，是王氏在個人事業，以及其與地方互動的轉捩點。

〔註 1〕〈臺灣彰聖會〉，《臺灣日日新報》，1923 年 11 月 21 日，7 版。〈彰聖會役員〉，《臺南新報》，1923 年 11 月 23 日，5 版。

〔註 2〕《臺南新報》：〈臺南共勵會 昨日集群 組織伊始〉，1927 年 4 月 26 日，6 版、〈臺南共勵會創立總會〉，1927 年 4 月 28 日，6 版。

由於王開運長期擔任臺南商工業協會的會長，直至 1941 年該團體解散，很大的程度上是透過該團體來參與各式活動；另一方面，臺南商工業協會在王開運的領導以及會眾配合之下，確實發揮了助長商人利潤、提升商工能力與情操、改善經商環境、爭取地方建設等功能，甚至能爲地方溝通請命。因此，個人與團體關係緊密，連帶臺南商工業協會的成立始末、解散情形、在地方商界的地位，以及與該團體有關連的地方要事，例如「臺灣文化三百年記念會」、「安平築港運動」等等，都是本章考述範圍。爲求簡明，筆者參考論者趙祐志對於日治時期臺灣商工會的研究架構，並依據相關資料，將王開運領導下的臺南商工業協會所經歷之重要活動，整合爲「促進商業繁榮」、「改善經商環境」、「啓發商工智能」等方向來述說。至於由該團體發展出來的社會事業「臺南愛護會」，解決了地方上乞丐收容與救護的問題，自不容輕忽，惟性質上不屬於商務範疇，則移至第四章再行處理。

第一節　促進商業繁榮

一、臺南商工業協會的成立

「臺南商工業協會」（以下簡稱「臺南商協」）是日治時期臺灣的新式商工會（Chamber of Commerce）之一。據趙祐志研究，商工會由在臺的日籍商人引進，有跨越行業、鄉黨、血緣、宗教以合作經商的特性，甚至大幅度地跨地域，發展出全臺性的聯合商工組織（如臺灣實業協會、臺灣商工經濟會）。其次，新式商工會的經商手法有所革新，能運用拍賣會、廣告，並講求簿記技術、經營合理化、利潤回饋、誠信精神等手法來助長利潤，體現了現代資本主義的精神；又舉辦商工考察、演講、座談、講習會、表彰優良店員，提升商工能力與情操。再者，藉由請願、溝通、抵制等方式，既有助於改善經商環境，也能夠爲地方爭取建設機會。〔註 3〕

由於日治時期臺灣處於殖民時空裡，商工會尚有幾處值得注意。首先，臺灣總督府近 40 年一直堅持著「農業臺灣」的方針，並爲了便利統治，減少商人抗爭，不論日、臺籍的商人，大多不鼓勵發展商工會；然而一旦成立了，卻又偏坦日人，壓抑臺人，地方政府則反向操作，選擇介入商工會，與之合

〔註 3〕趙祐志《日據時期臺灣商工會的發展（1895～1937）》（臺北：稻鄉出版社，1998），頁 9、112、487～495。

作，目的仍是便於統理。其二，緣於民族問題，商工會之間壁壘分明，純由日人或臺人組成、主導者居多，日、臺共治者較少。而商工會之所以創設，除了商人保護各自利益、第一次世界大戰後的思潮轉變，及 1920、1930 年代經濟不景氣的危機等因素成爲共同背景之外，日、臺商工會尚有各自的特殊考量，例如臺灣人方面，主要是因爲殖民政府的差別待遇、1927 年臺銀破產危機等，助長臺人商工會數量更加蓬勃。其三，地域性、民族差異雖然影響商工會的集結，但基於利益或某種目的，各商工會之間時有對抗、分裂，也保持合作關係。〔註 4〕

正由於殖民地處境，再加上前述商工會的種種營運手法，在兩方面相互作用之下，使得殖民政府的力量漸次深入控制商工會，彼此關係親近；相對的，商工會力量也乘勢發揮，透過迂迴溫和的方式替民間發聲，成爲日治時期臺灣新興掘起的社會領導階層，扮演著官民之間的橋樑，在地方上舉足輕重。〔註 5〕

臺南商協成立之前，臺南市內雖然先後出現過臺南實業會（1896）、臺南士商公會（1897）、臺南商工俱樂部（1898）、臺南商業組合（1898）、臺南三郊會（1899）、臺南商業組合（1900）、臺南實業俱樂部（1901）、臺南商工會（1905）、臺南商工組合（1905）、臺灣實業協會臺南支部（1909）、臺南實業協和會（1923）等十餘個商工會，卻又陸陸續續解散，僅剩三郊會（臺商組織）、商工組合（日商組織）、實業協和會（日商組織）能夠持續運作。到了 1920 年代，由於受到前述的社會局勢影響，反倒成爲臺灣人積極發展商工會的一個階段，總計整個日治時期臺人商工會數量，共 103 個，1920 年代新成立者即佔有 37 個，臺南商協也在其中。〔註 6〕

1927 年，蘇錦墩、蔡培楚等臺南市商人，鑑於當時各團體林立，認爲商人也要團結互助，加之臺南運河通行費用的問題上，臺商無從置喙，以及日籍商工會排擠臺商加入、欲於不景氣中求生存……等等的考量，乃以「爲圖獨立、同業者發展向上」做爲目的，倡導組織「臺南商工業協會」，短期間即有三百餘人預定入會。7 月 10 日，臺南商協創立總會，先審議會規則並選出

〔註 4〕趙祐志《日據時期臺灣商工會的發展（1895～1937）》，頁 27、61～81、112、319～384、487～495。

〔註 5〕趙祐志《日據時期臺灣商工會的發展（1895～1937）》，頁 487～495。

〔註 6〕趙祐志《日據時期臺灣商工會的發展（1895～1937）》，頁 12～17、59。

40 名評議員，接著由評議員互選出會長，因一時難有結果，遂共舉當時尚是臺銀店員的王開運擔任會長，理由是「氏雖一店員，而宏才卓識，久爲各界所知，允堪稱職」；後再推出張江攀、蔡儀斌爲副會長，蘇錦墩爲會計主任，並聘長谷川貞成（臺銀臺南支店長）、竹內吉平（律師）、劉明哲、黃欣等 4 人爲顧問。至於正式入會者，不乏原本參加臺南商工會、臺南實業協和會的臺商成員，也脫會加入。同月 24 日，臺南商協舉行發會式，由會長王開運及來賓諸如臺南州知事喜多孝治、臺南市尹田丸直之，以及臺南商工會、臺南實業協和會的代表等相繼致辭，儘管當天遇上豪雨，與會者仍有 4 百名之譜，蔚爲盛況。〔註 7〕

自此之後，象徵著凝聚臺南市臺籍商人力量的商工團體終於成立，市內臺、日商人各有歸屬之地。直到 1937 年臺灣總督府頒行「臺灣商工會議所法」，全臺各商工會陸續解散，並整合爲各地的「商工會議所」爲止〔註 8〕，十餘年內，臺南市雖曾有過 6 個商工團體，就中臺南三郊會已然沒落，臺南總商會（臺商組織，1930 年成立）勢力不大，臺南實業會（日商組織，1934 年成立）旋起旋滅，故市內商工會的版圖大致是鼎足三分，以商工組合、實業協和會與臺南商協馬首是瞻，活動力與影響力亦較大。另一方面，對王開運來說，初入臺南商協便被推舉爲會長，說明王氏 10 年來在金融界的付出受到肯定，人脈經營已收得效果，更表示其於商工領導階層的地位獲得了確立；接下來，王氏的人際關係還將因此再添優勢，個人的前途發展更得助益。同樣重要的，透過臺南商協，拓展了許多參與社會活動的機會，留下重要足跡。一位臺南「新科」士紳，就此出現。

二、參與「廉賣會」與「臺灣文化三百年記念會」

創造利潤是商人本色，其經營手法能反映經濟狀況與商業思維。日治時期，商人時常採用「廉賣會」的手法來創造利潤，這種集體進行的薄利多銷

〔註 7〕《臺灣日日新報》：〈臺南商工協會舉發會式〉，1927 年 7 月 12 日，4 版、〈臺南商工協會發會式盛況〉，1927 年 7 月 26 日，4 版。《臺灣日日新報》夕刊：〈臺南市の商工協會 創立計畫中〉，1927 年 7 月 6 日，2 版、〈臺南籌組商工協會爲純然本島人團體 其標榜爲圖同業者發展向上〉，1927 年 7 月 6 日，4 版、〈臺南商工協會 創立總會續聞〉，1927 年 7 月 13 日，4 版、〈臺南臺人商工業協會 來廿四日發會〉，1927 年 7 月 23 日，4 版。〈臺南臺灣人商工業協會〉，《臺灣民報》，1927 年 8 月 1 日，4 版。

〔註 8〕趙祐志《日據時期臺灣商工會的發展（1895～1937）》，頁 7。

之舉，一來是因應經濟不景氣，二來希望藉由團體力量來增強競爭力，又能防止個別商家的減價惡性競爭。舉辦廉賣會，是商工會的基本要務，即糾集商家共襄盛舉，以擴大規模，並負責統籌活動，使廉賣會具有常態化（能定期並配合重大活動舉辦）、制度化（籌備過程有固定步驟，且對參與的商家有約束力）、娛樂化（附帶抽獎、餘興節目）等特色。整體來說，廉賣會正面收穫居多，不僅商人得利，也因爲廉賣活動多配合臺、日人的傳統作息，可吸引人潮，無形中對於市民娛樂的提升、現代文明的吸收、民俗文化的保存等，多有助益，甚至還塑造了如鹽水蜂炮、臺南運河龍舟比賽等地方傳統，兼具商業、文化、宗教等多重意義。〔註 9〕

臺南商協爲了紀念創會，於 1927 年 9 月舉行爲期一週的「紀念創會廉賣」，這是該團體參與廉賣活動的首度紀錄，並有臺南實業協和會從中協辦。舉辦廉賣會既然是商工會的基本要務，且籌備過程中需要開會商議，則各商工會長、幹部無疑是靈魂人物，必須對內主持會議，統合會眾意見，對外代表己方立場，與其他商工會溝通合作；由此看來，王開運就有不可或缺的重要性。

當時臺灣商界的廉賣手法已相當成熟，在臺南商協的紀念創會廉賣活動中，除了買賣，還有餘興節目，例如在武廟、溫陵媽廟、上帝廟（開基靈祐宮）3 處搭置佈景，日日更新，並開放票選，又在大正公園（今湯德章紀念公園）上演南華園藝妓劇。〔註 10〕此次廉賣活動，是繼同年的市內商工團體舉辦的歲末廉賣（1926、1927 年之交）、歲中 2 次廉賣會（6、8 月）之後的第 4 次盛會〔註 11〕；或許是考慮到前 3 次廉賣活動已使民眾的購買力或遊興減低，臺南商協緊接著在 9 月舉辦創會廉賣，自然非戮力投資餘興節目吸引人潮不可。

接著，筆者進一步將臺南商協歷年參與的廉賣活動整理如下表：

〔註 9〕趙祐志《日據時期臺灣商工會的發展（1895～1937）》，頁 152～155、175～178。

〔註 10〕〈重開廉賣　商工協會主倡〉，《臺灣日日新報》夕刊，1927 年 9 月 10 日，4 版。

〔註 11〕《臺灣日日新報》：〈臺南市の年末賣出協議　本年は現品　即時渡とす〉，1926 年 11 月 12 日，5 版、〈赤崁　開廉賣市〉，1927 年 8 月 28 日，4 版。〈臺南納涼廉賣　人多於鲫〉，《臺灣日日新報》夕刊，1927 年 6 月 16 日，4 版。

表 3-1-1【臺南商工業協會辦理廉賣會紀錄】

年度	名目	辦理單位	附屬活動
1927	紀念創會廉賣	臺南商協主辦；實業協和會協辦	於祀典武廟、溫陵廟、上帝廟進行美術布置競賽；大正公園上演南華園藝妓劇等
	年末大賣	臺南商協、實業協和會合辦	抽獎〔註 12〕
1928	御大典暨神社祭大賣	臺南市主辦；市內各商工會協辦	窗飾競技、抽獎等〔註 13〕
	年末大賣	實業協和會主辦；臺南商協、商工會協辦	抽獎、街頭裝飾〔註 14〕
1929	納涼廉賣	臺南市主辦；市內各商工會協辦	戶外美術布置、藝閣，設置露店（露天攤販），進行競技、音樂會戲劇等；同一時間公會堂另有全國土產陳列販賣活動〔註 15〕
	歲末大賣出	實業協和會主辦	抽獎〔註 16〕
1930	振興市況納涼大賣	臺南市主辦	電影放送等〔註 17〕

〔註 12〕〈臺南殖商大賣〉，《臺灣日日新報》，1927 年 11 月 8 日，4 版。

〔註 13〕《臺灣日日新報》：〈臺南市納涼廉賣 決定中止〉，1928 年 5 月 27 日，4 版、〈臺南廉賣 決定延至今秋大典〉，1928 年 5 月 29 日，4 版、〈御大典及神社祭 南市大賣竝窓飾競技〉，1928 年 10 月 19 日，6 版。〈臺南實業會 廉賣殖商〉，《臺灣日日新報》夕刊，1928 年 5 月 25 日，4 版。

〔註 14〕《臺灣日日新報》：〈臺南の大賣出し 變つた趣向〉，1928 年 11 月 29 日，5 版、〈臺南の大賣出 けふから〉，1928 年 12 月 1 日，5 版、〈臺南の大賣出し 漸次活況〉，1928 年 12 月 11 日，5 版。

〔註 15〕《臺灣日日新報》夕刊：〈臺南納涼週間 七月十八日起大規模實施〉，1929 年 6 月 23 日，4 版、〈版臺南納涼週間土產品陳列會賣出成績佳良〉，1929 年 7 月 30 日，4 版。《臺灣日日新報》：〈納涼週間廉賣 臺南代表土產品選定 全國土產品即賣〉，1929 年 6 月 29 日，4 版、〈臺南納涼週間と抽籤大賣出其他〉，1929 年 7 月 4 日，5 版。

〔註 16〕《臺灣日日新報》：〈臺南と今年の歲末大賣出し 緊縮縮縮の聲は手痛いが田舍の悪くないのが強み〉，1929 年 11 月 16 日，5 版、〈臺南市の歲末大賣出 景品は一等五十圓 一日から華華しく開始〉，1929 年 11 月 29 日，5 版。

〔註 17〕〈臺南勸業協會 爲市況不振對策 計畫納涼大賣出〉，《臺灣日日新報》夕刊，1930 年 7 月 8 日，4 版。

	臺灣文化三百年記念會廉賣活動	實業協和會、臺南商協會合辦	抽獎〔註18〕
	歲末聯合大賣	實業協和會主辦；商工會、臺南商協協辦	抽獎〔註19〕
1931	歲末聯合賣出	市內各商工會協辦	店面裝飾、抽獎〔註20〕
1932	振興市況	臺南市主辦；市內各商工會協辦	戶外燈光布置；西市場設置露店；西市場至運河間一帶有表演活動、競技陳列會；運河上有划龍舟、竹筏競賽；電影放映、戲劇、馬術表演、廣告遊行〔註21〕
	歲暮聯合大賣出	臺南實業協和會主辦；市內各商工團體協辦	抽獎〔註22〕
1933	歲末大賣出	臺南商協參與	抽獎〔註23〕
1934	納涼廉賣	市內各商工會合辦	運河上划龍舟〔註24〕
	歲末大賣出〔註25〕		
1935	臺灣博覽會 臺南大賣出活動	市內各商工會合辦〔註26〕	

〔註18〕〈三百年祭　臺南計畫大賣出〉，《臺灣日日新報》，1930年9月23日，4版。

〔註19〕〈臺南歲末聯合大賣　景品券照例三十七萬〉，《臺灣日日新報》夕刊，1930年11月27日，4版。〈臺南市内の聯合歲末大賣出し　抽籤券附賣出に決定〉，《臺灣日日新報》，1930年11月28日，5版。

〔註20〕〈臺南市歲末聯合賣出　特等五百圓〉，《臺灣日日新報》，1931年11月30日，4版。

〔註21〕《臺灣日日新報》夕刊：〈臺南市集商工團體　籌開納涼廉賣兩會　按來月十日起二禮拜間〉，1932年6月29日，4版、〈臺南市納涼　廉賣會中　爲驟雨所得〉，1932年7月16日，4版。〈臺南市納涼　廉賣兩會　延至廿七日〉，《臺灣日日新報》，1932年7月25日，8版。

〔註22〕〈臺南　歲暮賣出〉，《臺灣日日新報》夕刊，1932年11月24日，4版。〈臺南　準備贈彩〉，《臺灣日日新報》1932年11月29日，8版。〈臺南鈍鏡錄〉，《新高新報》，1932年12月9日，8版。

〔註23〕《臺灣日日新報》：〈臺南市の歲末大賣出し　大いに馬力をかけるべく手配中〉，1933年11月30日，3版、〈臺南　開役員會〉，1933年1月11日，4版。

〔註24〕〈臺南　納涼廉賣〉，《臺灣日日新報》夕刊，1934年7月24日，4版。

〔註25〕〈大賣出の、手配に多忙の臺南商人　師走の競爭豫想さる〉，《臺灣日日新報》，1934年11月28日，3版。

〔註26〕〈臺博開會中　南市大賣〉，《臺灣日日新報》夕刊，1935年9月14日，4版。

從上表來看，儘管各商工會有著民族上的壁壘分明現象，但由於地方政府介入、主導，以及商人求利本色，臺南市的商工會與官方之間還是相互合作居多，幾乎未分道揚鑣。又，一兩次廉賣會的資料裡無法明確看出臺南商協是否有參加，但筆者認爲該商會仍有參與，故一併列入。這是因爲廉賣乃商家大事，臺南商協豈有坐視不顧之理？再者，王開運既擔任臺南商協會長，1928年還被選爲「臺南勸業協會」評議員、臺南市協議會協議員，而勸業協會是市役所勸業課的輔助團體，要務之一即在「倡開各種商業賽會」〔註27〕，則臺南商協「無役不與」的機會就相對增高。

歷次廉賣會中，或許讓王開運及臺南商協最有感觸的，是1930年的「臺灣文化三百年記念會」及外圍的廉賣活動。此紀念會是當時臺南市空前未有且相當盛大的史料展覽會，出動了市內諸多團體、有力士紳，又徵集不少臺南州以外的人力資源；而王開運與其他商工會會長，則由於身兼州、市協議員，對內參與紀念會的籌備過程，對外負責廉賣活動、餘興節目，故透過此一紀念會的考述，可更加突顯王氏與臺南商協在「創造利潤」這一方面的活力。

「臺灣文化三百年記念會」（以下簡稱「紀念會」）舉行於1930年10月，是一場臺南市役所主辦，民間協力的展覽活動；所謂「三百年」之數，由日治當局推定，自1630年安平城（今安平古堡）竣工之時算起，以至1930年。在該年初，興辦此紀念會的想法已見諸報端，幾乎沒有異議地成爲臺南市的重要行事，並排入市協議會的議程，其動機除了追懷臺灣歷史與史跡，也以溫故知新爲包裝，矜誇官方維護古蹟不遺餘力，強調日人治臺的恩澤政績。〔註28〕

紀念會主辦單位是臺南市役所，會場限於臺南市內，乍看只是地方活動，然而有臺南州、臺北帝國大學、臺灣總督府和民間各地提供人才、史料、研究成果做爲後援。宣傳手法則是開展之前，不時地在報章雜誌上頭刊載與臺灣歷史、史跡相關的報導或評論，例如《臺灣日日新報》載有主筆谷河梅人翻譯的《閑卻されたる臺灣》（即C.E.S.的“*'t Verwaerloosde Formosa*”）、《臺南新報》

〔註27〕〈臺南州市 勸業協會將成〉，《臺灣日日新報》夕刊，1928年3月14日，4版。〈臺南勸業協會 業已成立〉，《臺灣日日新報》，1928年7月9日，4版。

〔註28〕《臺灣日日新報》:〈安平城竣功後三百年 蘭人の治績の記念施設如何〉，1930年1月15日，2版、〈臺南市協議會〉，1930年1月30日，5版、〈安平城記念祭計畫〉，1930年2月2日，4版、〈安平城紀念祭 祝賀商議〉，1930年2月17日，8版。

載有文學博士新村出〈臺灣文化の發祥史を迪る〉、文學博士板澤武雄〈蘭人の臺灣占據と其教化事業〉、醫學博士宮原敦〈和蘭の南支南洋活躍＝臺南市の文化的建設〉……等。加上額外發現不少新史料，展件之多且有系統地擺設，尤其以荷蘭時代史料爲展覽主題，在在使得紀念會本身極具特色，爲臺灣島內前所未有，亦遠勝於日本內地過去的史料展覽，實是全島性重要活動。〔註29〕

此紀念會一直爲報章媒體所關注，透過諸多報導，能夠掌握其籌備過程與活動實況。〔註30〕自1930年3月確認活動名稱後，紀念會原先預定在該年始政紀念日（06.17）舉行，會期 10 天；嗣後，或許是因爲籌備時間不夠充足，乃改至10月26日開展，11月4日閉展，總經費至少達25,200圓，其中總督府補助3,000圓，臺南州市當局各補助5,000圓，餘爲各地贊助，且舉辦紀念會也成爲市役所追加該年預算的理由之一。〔註31〕而做爲核心主題的「史料展覽」，展品則分爲書冊、文書、地圖與海圖、書、畫、拓本、寫眞、陶磁器與硝子器、器物、雜物等10類，總數量估計有3,000種以上，會內並製有清單目錄，但實際展出者僅七百餘種。〔註32〕

此外，官方似乎還想將市容美化、市況提振、吸引人潮等目的一併完成，在擴大展覽規模的同時，也考慮到展場與城市的整體規劃。因此，市役所尙有幾項重點作爲，其一，加強整頓古蹟，例如於清末已然傾頹的熱蘭遮城（安平古堡），在日治時期原是海關的官長公館與職員宿舍所在，爲了配合紀念會，乃拆除房舍，新建一洋房，當作藝術寫眞展覽會場；再如大南門城開闢成公園，將載有林爽文事件由來的「九龜碑」移置其中，而此處也成爲日後1935年「臺灣博覽會」臺南會場的碑林陳列地點；另外，赤崁樓等30處古蹟遺址，同樣進行整理，並分別豎立解說牌，是爲紀念會的「副事業」。〔註33〕其二，與學校、

〔註29〕〈史料展の特色〉，《臺灣史料集成》，頁6～8。

〔註30〕以《臺灣日日新報》爲例，筆者檢索該報資料庫，從1930年1月以迄11月，至少有260筆相關報導。

〔註31〕《臺灣日日新報》:〈文化三百年會　豫算決定募集認可〉，1930年8月1日，4版、〈文化記念會追加豫算補助五千圓〉，1930年8月25日，8版、〈三百年記念會　各方面の寄附申込　漸次に人氣集中〉，1930年9月14日，5版。〈本會の組織〉，《臺灣史料集成》，頁1。

〔註32〕《臺灣日日新報》夕刊：〈珍品稀寶揃ひの文化記念會資料展　出品六百點に上る〉，1930年10月25日，2版、〈文化三百年紀念　各種展覽會狀況〉，1930年10月25日，4版。〈目次〉，《臺灣史料集成》。又，「七百餘種」之數爲筆者計算《臺灣史料集成》內容所得。

〔註33〕〈臺南舊蹟保存施設　赤崁城其他面目一新〉，《臺灣日日新報》，1930 年 10

民間合作，史料展覽之餘，同時在市內舉行教育衛生、產業、熱帶花卉等展覽，以及諸多運動比賽、餘興節目、商店特賣。其三則關乎紀念會交通、動線與市容，例如在臺南驛（臺南車站）搭建高大的仿赤崁樓的紀念會祝賀門；爲優惠旅客，與交通局商議火車票價打折；禁止牛車通行市內；調查危險或不整潔的房舍；由警察維持交通、衛生、安全等事務。〔註 34〕

筆者依據當時報導，將紀念會期間，會內會外進行的各項活動內容整理如下表，共計 26 項活動；至於會前雖有報導，但之後不清楚是否有舉行的活動，則暫不收錄。〔註 35〕

表 3-1-2【臺灣文化三百年記念會活動內容】

項目	活動內容與地點
開幕式	南門小學校（今建興國中，府前路一段處）
臺灣史料展覽會	徵集總督府、臺北帝大及民間所收藏的史料，不少是尚未公開者 臺南神社後舊博物館（今公 11 號公園內，忠義路二段處） 開放時間：0900～1600，票價 10 錢

月 14 日，8 版。《臺灣日日新報》夕刊：〈臺南大南門 造小公園 竝移建九龜碑〉，1930 年 2 月 16 日，4 版、〈臺南 調查碑記點〉，1935 年 7 月 13 日，4 版。王浩一《在廟口說書》（臺北：心靈工坊，2008），頁 54。

〔註 34〕《臺灣日日新報》：〈危ない家には改築命令か 臺南の都市美促進 市設所と警察署が調查〉，1930 年 10 月 9 日，5 版、〈三百年記念會前後 市內禁止牛馬通行 閉會後繁華地亦禁〉，1930 年 10 月 22 日，4 版、〈臺南驛頭に建設中の文化三百年會祝賀門〉，1930 年 10 月 23 日，5 版。《臺灣日日新報》夕刊：〈三百年記念會 車資八折 團體七折〉，1930 年 10 月 15 日，4 版、〈文化三百年祭 警察取締 分定三部門〉，1930 年 10 月 23 日，4 版。

〔註 35〕〈臺南商工業協會 參加於三百年記念大賣且與協和會同一步武 參加本社廣告祭〉，《臺南新報》夕刊，1930 年 10 月 14 日，4 版。《臺灣日日新報》夕刊：〈文化三百年記念會 參觀者由全島輻輳 陳列自二十三日開始〉，1930 年 10 月 24 日，4 版、〈文化三百年紀念 各種展覽會狀況〉，1930 年 10 月 25 日，4 版、〈記念會主催 全島中等野球大會 北中大勝す〉，1930 年 10 月 27 日，7 版、〈臺南文化三百年會（下）會場大觀〉，1930 年 10 月 31 日，6 版。《臺灣日日新報》：〈臺南市內の運動日割決定〉，1930 年 9 月 26 日，5 版、〈文化三百年記念會 各種行事順序決定 自廿六日開始〉，1930 年 10 月 17 日，8 版、〈三百年會と史實講演會 演題と演者決定〉，1930 年 10 月 23 日，5 版、〈文化三百年會 展覽會案內〉，1930 年 10 月 24 日，5 版、〈三百年記念會蹴球大會 臺南では最初の全島大會〉，1930 年 10 月 26 日，5 版。

產業展覽會	臺灣農、糖林、畜、水等產業之變遷、分布情況，以及相關產品的實物、模型與圖表；十萬分之一的臺灣實體模型；一般工業、食品工業、化學、紡織物等展品；設有商店提供買賣 商品陳列館（原址即今臺南高等法院，中山路上） 開放時間：0900～2100，票價：5 錢
教育展覽會	介紹臺南州教育狀況；女學校及小、公學校學生的手工藝品拍賣；展品分為學生成績、裁縫手藝、標本、理科室、音樂學藝室等；每日市內學校於會場輪流舉行活動寫眞、音樂、學藝、理科、實驗等活動 舊臺南高商（今永福國小，永福路二段處） 開放時間：0900～1600，票價：5 錢
衛生展覽會	徵集臺南州內各街庄衛生展的模型、圖表、統計資料，並有說明；著重推廣腸疫（チフス）的預防 舊臺南高商（今永福國小） 開放時間：0900～2100，票價：5 錢
熱帶花卉 展覽會	陳列百種具南方熱帶風味的植栽，每兩日更換新展品 舊臺南高商（今永福國小） 開放時間：0900～2100，票價：5 錢
水族館	以熱帶水族及特殊水產為主 安平水產試驗場（今安平區的第五期重劃區內） 開放時間：0900～1600
史實講演	10 月 26 日，栗山俊一〈安平城址と赤崁樓に就いて〉；27 日，村上直次郎〈和蘭人と臺灣文化〉、山中樵〈臺灣三百年の史料〉；11 月 1 日，連雅堂〈鄭氏時代の文化〉 臺南公會堂（民權路 2 段處）
電氣館	產示以電能為動力的機械產品與圖片；重點展示為日月潭發電所模型，並有現場解說員 舊臺南高商；開放時間：0900～2100
藝術寫眞 展覽會	五十餘幅照片展示 安平城址（今安平古堡）；開放時間：0900～1600
中等學校 野球大會	臺北一中、臺中商業學校、臺北工業學校、臺中一中、臺中商業學校、嘉義農林學校、嘉義中學、臺南一中、高雄中學等參賽 臺南第一中學（今臺南二中，公園北路上）
女子中等學校 庭球大會	臺北第一女、臺中高女、彰化高女、嘉義高女、臺南第一高女、臺南第二高女、高雄高女等參賽 竹園町球場（今臺南一中附近）

全島蹴大會	臺南一中、長老教中學、臺南サッカー倶樂部、臺南神學校、臺北高等學校、長老教中學校友團、旗山蹴球團、臺中商業學校等參賽 臺南公園
南北管 演奏行列	街頭遊行表演
變裝	不詳
北管演奏	於西市場（今正興路處）
音樂演奏	於臺南神社（今公 11 號公園內）、臺南州廳（今國立台灣文學館）、宮古座（今延平商業大樓，西門路 2 段處）等地
演戲、演藝	於宮古座、西市場、臺南神社等地
全島弓術大會	於舊武德殿（今湯德章紀念公園附近，但非今忠義國小禮堂）
煙火	由臺南新報、安平臺南自動車會社主催 運河船溜（今中國城大樓，中正路底）
活動寫眞	於西市場、臺南神社、臺南州廳、開山神社（今延平郡王祠）、東市場（今青年路處）等地
競龍船	於運河船溜
競馬	於運河埋立地（今中國城大樓附近）
弄龍	於末廣町（今中正路上）
廣告祭、 意匠行列	臺南新報主催發行一萬號記念會，市內商工會協助推行，各商店員、藝妓參與遊行
商家窗飾競技	由臺南商協與臺南實業協和會推廣，臺、日商家分別競賽，並由評審選拔，績優者可得獎狀與獎金
廉賣活動	由臺南實業協和會、臺南商工業協會合辦，除了抽獎，並配合廣告祭、意匠行列、商家窗飾競技等活動，助長市況活絡

上述各活動地點，大多在今天臺南市的中西區，且分布在交通輻湊中心的大正公園周圍，臺南州廳就在公園旁，也可說是以州廳爲中心。特別是開幕式以迄藝術寫眞展覽會等 10 項活動，就有 8 項活動的場地靠近臺南州廳，這是因爲中西區自清代開始即爲臺南交通、政經、文化重心之故。至於水族館、藝術寫眞展覽會在今日安平區，野球大會、蹴（足球）大會在北區，而庭球大會在東區，是唯一座落於縱貫鐵路以東者，則是緣於場地限制，同時也與「南門墓地事件」有所關聯（詳後），以致運動場地無法集中。有趣的是，爲了紀念會而大力修整的熱蘭遮城，卻大材小用，其外觀做爲臺灣 300 年歷

史的見證，內部僅擺置藝術攝影作品，而不是臺灣史料展覽地點；如果想深入了解臺灣歷史，反倒舊博物館、公會堂才是首選。由這種情況再回頭看場地分布，以及紀念會宣稱史料乃「有系統地擺設」〔註 36〕，當能體會到空間與權力的微妙關係。

此外，或許只是巧合，也或許是為了共創紀念會盛況，1930 年的臺南另有不少重要大事。例如爭取已久的安平港築港運動，在此年 6 月，於新潟市的全國港灣大會通過築港議案，是重大突破；7 月恰逢臺灣新民報社 10 週年祝賀會，雖然在臺北舉辦，但《臺灣新民報》同時有特定邀稿，王開運身為出席港灣大會的築港運動代表之一，即受邀撰寫〈就安平港築港問題而言〉（文，1930，頁 12～16）。再如《三六九小報》於同年 9 月創刊，王開運為同人之一，且因應紀念會而有徵詩活動；日後《三六九小報》更持續發刊至 1935 年，成為日治時期重要刊物之一，其廣告版面則提供在地商家一個長期的宣傳管道，有不少助益。又如臺南市逢市制 10 週年（1920 年進入五州二廳時期），10 月在公會堂有祝賀活動，表彰優秀官員、協議員與町委員；而《臺南新報》也達到發刊一萬號，遂與紀念會同一時間舉辦廣告祭等活動，王開運、臺南商協亦參與推行。其他則如石儷玉、蔡碧吟等女詩人於 10 月組織「香芸吟社」、第一屆圖書館全島館長會議在臺南公會堂舉行、臺南神社大祭、教育敕語煥發記念式將與臺灣文化三百年記念會同時舉行……等等。〔註 37〕這些活動對於紀念會盛況有錦上添花的作用，至於若干與王開運相關者，更可說明王氏在地方活動上相當活躍，甚具重要性。

那麼，在「臺灣文化三百年記念會」中，王開運與臺南商協的活動情況又是如何呢？由於王開運已擔任市協議員，且紀念會活動一開始就在市役所、市協議會中討論，可推知王氏是參與了整個三百年記念會的籌備過程——除了 1930 年五、六月間王氏參加全國港灣大會之外。在紀念會籌備初期，官方相當倚重市內 3 個商工會，先是市役所與臺南實業協和會進行商議，將

〔註 36〕〈史料展の特色〉，《臺灣史料集成》，頁 6。

〔註 37〕《臺灣日日新報》：〈安平築港通過 王代表報告〉，1930 年 6 月 19 日，4 版、〈臺灣新民報社 十週年祝賀會〉，1930 年 7 月 17 日，4 版、〈圖書館全島館長會議 開于臺南〉，1930 年 10 月 2 日，4 版、〈閨秀組織詩社 中秋夜發會式〉，1930 年 10 月 9 日，4 版、〈全島圖書館長會議 廿九日開於臺南市公會堂 午餐受招待會議後同往視察〉，1930 年 11 月 1 日，4 版。〈臺南市制十週年記念祝〉，《臺灣日日新報》夕刊，1930 年 10 月 3 日，4 版。〈文化三百年祭與市況〉，《臺南新報》夕刊，1930 年 10 月 28 日，4 版。

活動議案帶入該協和會的總會中討論，意欲帶動其他市內的商工團體；繼而，臺南商工會藉著同年 5 月開於澎湖馬公的「全島實業大會」上，對紀念會活動進行宣傳，希望能獲得全臺商界奧援；再接著，市役所傾向讓市內 3 個商工團體的會長擔任紀念會副會長。〔註 38〕不過，或許是因爲紀念會規模盛大，牽涉到的層面也隨之擴增，最終人事分配不如預期，而王開運乃改任紀念會評議員兼催物部下的活動寫眞係長。

至於整體人事分配，名單如下〔註 39〕：

總裁：名尾良辰（臺南州知事）

會長：堀内林平（臺南市尹）副會長：富地近思、許廷光、松尾繁治

顧問：幣原坦、村上直次郎、西澤義徵、栗山俊一、野口敏治、山中樵、谷河梅人、稲垣孫兵衛、尾崎秀眞、連雅堂

相談役：内海忠司、尾佐竹堅

評議員：岩松義雄等 82 人，臺灣人佔 14 名；評議員中有三分之一兼任執行層面的部長、係長

式典部長：黄欣

祭典奉贊係長：陳鳴鴻　　式典係長：和田二三松

行事部長：津田毅一

史料展覽會係長：村上玉吉，並置係委員 44 人，其中臺灣人有 12 名

講演會係長：本田忠男　　教育展覽會係長：清水七郎

衛生展覽會係長：野田兵三　　產業展覽會係長：劉茂雲

水族館係長：清木赳夫　　野球大會係長：荒巻鐵之助

庭球大會係長：小形留吉　　蹴球大會係長：エドワーノドバンド

花卉展覽會係長：鹿沼留吉

庶務部長：荒巻鐵之助

庶務係長：松尾繁治　　接待及宣傳係長：川上八百藏

設備係長：葉山石雲　　電飾係長：谷口實行

〔註 38〕〈安平城三百年記念 催し物の打合せ 臺南實業協會總會で〉，《臺灣日日新報》，1930 年 2 月 16 日，5 版。《臺灣日日新報》夕刊：〈臺灣文化三百年會 臺南商工會求各地援助〉，1930 年 6 月 1 日，4 版、〈本島文化三百年會 廿一日再集合會議 將著手募集寄附金〉，1930 年 5 月 23 日，4 版。《全島實業大會展望》（臺北：全島實業大會展望發行所，1937），頁 200。

〔註 39〕〈本會の組織〉，《臺灣史料集成》，頁 1～6。

警備係長：宮原佐尚　　　　衛生係長：野田兵三
救護係長：柳沼午二　　　　賣店及入場券係長：阿波種次郎
經理部長：佐佐木紀綱
經理係長：越智寅一　　　　會計係長：長谷川貞成
催物部長：宮本一學
煙火係長：田中政太郎　　　　競馬係長：南弘
扒龍船係長：辛西淮　　　　變裝細係長：高島鈴三郎
諸藝及手踴係長：二宮儀之助　　臺灣芝居係長：許清江
店頭裝飾競技會係長（內地人側）：山本壽太郎
店頭裝飾競技會係長（本島人側）：張江攀
音樂係長：中島修二　　　　弄龍及十三音係長：石秀芳
南管係長：謝群我　　　　北管係長：城再發
活動寫眞係長：王開運　　　　廣告行列係長：田中政太郎
大弓係長：芝沼榮作

這份名單說明了紀念會由官方主導，若再扣除學術專業的問題——顧問與史料展覽會的成員多爲學者、收藏家——，則可見臺、日人士的比例與分布相當懸殊，必然是嶄露頭角的人物，或擔任議員、官員，或親日者，方能名列其中；而且，負責的事務，臺灣人多集中於催物這類的餘興節目，處於紀念會的外圍。又，同在臺灣人裡頭，也可發現個人勢力影響著人事分配，例如許廷光、陳鴻銘、黃欣等，其財富、權勢在臺南首屈一指，擔任的職務也就愈趨於核心。但無論如何，王開運參與紀念會的程度仍是密切。

王開運之所以負責活動寫眞，或許是緣於 1928 年夥同蔡培火等人成立「美臺團」（詳後）的關係，故對於活動寫眞具有一定程度的了解。同時，也因爲上述的人事分配，加上王氏與張江攀又是臺南商協的正、副會長，故著力最多之處仍舊是回到商務方面，亦即奔波於臺灣人方面的商家特賣、餘興節目等活動，例如負責受理變裝活動的申請、推動商家參加店頭裝飾競技，與臺南新報社的廣告祭等。這些商務活動有利於吸引人潮、商家生意宣傳，因此商家也頗爲踴躍。1930 年 10 月中旬，已有二十餘商家加入店頭裝飾競技，臺南商協乃特聘西畫家廖繼春協助指導〔註 40〕；報端則透露部份參加廣告祭的

〔註 40〕〈三百年記念會變裝者探〉，《臺灣日日新報》，1930 年 9 月 20 日，5 版。〈臺南商工業協會 參加於三百年記念大賣且與協和會同一步武 參加本社廣告

臺灣人商家的遊行創意：

> （前略）五福商店，裝五福神像，各攜商品，撒布廣告單，出各種廣告旗，參加人員凡二十名；及金同成與金義興合同，以樂隊爲先導，宣傳特約雪文，撒布雪文見本品，並出燈籠及廣告旗，人員約二十五名。其他再加入者，即：
>
> 一、永安公司，以鐵寢臺裝於牛車上，並行各種之宜團，參加人員約十數名。
>
> 一、汝修商行，則出自轉車廣告隊，參加人員拾數名。
>
> 一、瑞茂商行，鞋屐廣告，造物一臺，人員八名。
>
> 一、慈生堂藥房，廣告旗及其他意匠，人員十名。
>
> 一、榮本商行，大型模造商品四臺，廣告旗，參加人員十數名等節。
>
> 餘容續報。〔註 41〕

又，活動推廣頗爲順遂，可是直至紀念會開幕前 4 天（22 日），臺南商協仍特意於《臺南新報》上刊登文告，以加強宣導：

> 茲値臺灣文化三百年之紀念會，市中對各種之企劃，著著籌備中，屆期當能現出一番繁華之景象。期間中外來賓客不下數萬，當此良機，臺南新報社，竟又犧牲數千圓之費用，計劃一大廣告行列，照別紙規程，勸募參加，俾各商店廣爲宣傳，併加以獎賞方法，諒當夜各商店之凝衷，定見有嶄新之趣向，及奇拔之意匠。而南北來觀之客，雜踏街衢，紅男綠女，湧溢市面，殆必滿市人波，現出空前絕後之盛況，其爲廣告之功效，自必卓著無疑，即希踴躍參加，是爲至禱。〔註 42〕

自紀念會構想納入官方重要行事以來，籌備時間 9 個月，加上前述活動內容與名單裡的職務分配，在在都能看出臺南官紳面對紀念會的期盼與努力。因

祭〉，《臺南新報》夕刊，1930 年 10 月 14 日，4 版。《臺南新報》：〈臺南商工業協會主催 店頭裝飾競技大會〉，1930 年 10 月 17 日，6 版、〈文化三百年記念 店頭裝飾競技〉，1930 年 10 月 22 日，6 版。

〔註 41〕〈本社廣告祭 聲明參加行列者 日見增加意匠百出〉，《臺南新報》夕刊，1930 年 10 月 22 日，4 版。

〔註 42〕〈臺南商工業協會 勸募參加廣告行列 發出請柬〉，《臺南新報》夕刊，1930 年 10 月 22 日，4 版。

此，臺南商協的文告就頗有把握地描述著即將到來的「盛況」，希望更多商家投入其中。此外，在紀念會開幕前，辦理單位預計屆時來臺南市者至少有4萬人次以上，也開始調度場地，設法安頓。從結果來看，確實是未雨綢繆。〔註43〕

1930年10月26日，臺灣文化三百年記念會正式開幕。開幕式會場在南門小學校，到場來賓有駐日荷蘭公使パブスト（Jean-Charles Pabst）、總督府文教局長杉本良（代表總督）、守備隊司令官鎌田彌彥（代表軍司令官）等約400名。先由紀念會副會長松尾繁治開場寒暄，奏過國歌〈君ケ代〉後，接著臺南市尹堀內林平發表式辭，以及宣讀總督石塚英藏、臺南州知事名尾良辰、臺灣日日新報社長河村徹（谷河梅人代表）、臺灣新聞社長松岡富雄、臺南新報社長富地近思等人的祝辭、各方祝電。其後，來賓分別乘車參觀紀念會，參觀順序爲商品陳列館的產業展、舊臺南高商的4項展覽、臺南神社，最後才是舊博物館的史料展；路線恰好繞了臺南州廳一圈，彷彿是向臺南州的權力中心進行巡禮。〔註44〕

與此同時，臺南市況也相當熱鬧。就人潮來說，開幕日恰是星期天，天氣晴朗，這對人潮的吸引起了很大作用，「（前略）市內勿論，附近住民往觀者甚多，同日臺南驛乘降客，達四千餘名，而各展覽會場，……（中略）……一般觀眾，擁擠不開，入場者，僅半日間，超過八千名，備極雜沓。市內到處，車馬絡繹，當局配置巡查，極力整理交通，呈空前熱鬧云」〔註45〕；接著第二天、第三天的盛況依舊。據調查，紀念會初期3天的人潮，外地來臺南市者共三萬七千餘人，參觀展覽者累積九萬多人次，廉賣活動亦有好成績；當然，學校機關組團來南，佔去總人數不少比例。〔註46〕接下來7天，雖然

〔註43〕《臺灣日日新報》：〈三百年紀念會 赴臺南者約六萬人 安置準備方法略成〉，1930年9月30日，4版、〈記念參觀者 按四五萬〉，1930年10月25日，4版。

〔註44〕〈古都の秋をかざる 文化三百年會の幕開く 總督、軍司令官（代理）和蘭公使ら參列して 二十六日盛大なる開會式〉，《臺灣日日新報》夕刊，1930年10月27日，7版。

〔註45〕〈臺南驛乘降客及各會場 備極雜沓〉，《臺灣日日新報》，1930年10月28日，4版。

〔註46〕〈文化三百年祭與市況〉，《臺南新報》夕刊，1930年10月28日，4版。《臺灣日日新報》：〈記念參觀者 按四五萬〉，1930年10月25日，4版、〈三百年會と 觀覽者調べ〉，1930年10月30日，2版。

因霧社事件而使得人潮漸減，加上紀念會也為此事件決定停止餘興活動，只保留展覽本身與競馬，更影響紀念會吸引力，市況不如預期；但據後續統計，來南者仍有一萬七千餘人，參觀展覽者八萬多人次。總計紀念會 10 天會期之間，共有 17 萬 7 千人次參觀展覽，外地來南者 5 萬 4 千人次〔註 47〕；而紀念會原本預定在 11 月 4 日閉幕，則另將史料展延期至同月 7 日，始正式結束，最後 3 天佔有兩千多人次。〔註 48〕上述人次並非小數目，1930 年臺南市人口也僅 9 萬 2 千，且與前一年（1929）相較，還算是正成長。〔註 49〕

再就紀念會期間的臺南市景況而言，展覽會場裡琳瑯滿目、稀見新奇的展品，使得會場內即便擁擠而悶熱難受，參觀者仍願意細細觀賞。如果離場透透氣，在街頭可見處處國旗飄揚，車站前的仿赤崁樓臨時牌樓，既高大又有電燈裝飾，不少市區店鋪也齊掛軒燈，恰與電氣館的日月潭模型有微妙呼應，說明電力發達的時代到來。〔註 50〕假如四處漫遊，從東市場至西市場，從公會堂以迄開山神社，都有定點或在街頭進行的傳統、日式、西式餘興節目輪番演出，也有商家聯合特賣活動。晚上，臺南市猶如不夜城，「若市內各町，到處增設電灯，從來驛前通之北門町（按，今北門路上）、末廣町（按，今中正路上）、明治町（按，今成功路上）等路燈灯少數之處，今已著著多置電灯，若在交叉路要點，◯置多燭之大電球，整頓市中，光輝燦爛，庶幾得見如不夜城，足可見臺南市之美麗〔註 51〕」。至於臺南運河，則有臺南新報社主催的煙火大會，萬人空巷，共賞煙火在夜空噴射成各式圖案〔註 52〕。又，若前往水鄉澤國的安平一帶，除了到熱蘭遮城弔古，水族館也很有趣味，需要先搭竹筏渡岸，再乘車至水族館。〔註 53〕

如前所述，就在臺南市處處張燈結綵的同時，10 月 27 日，遠方臺中州能

〔註 47〕〈文化三百年會終了　參觀者十七萬餘　市況は豫期ほど振はなかつた〉，《臺灣日日新報》，1930 年 11 月 6 日，5 版。

〔註 48〕〈文化三百年史料展終了〉，《臺灣日日新報》，1930 年 11 月 10 日，8 版。

〔註 49〕〈臺南市の人口九萬に達す　前年より二千六百增〉，《臺灣日日新報》，1930 年 6 月 13 日，5 版。

〔註 50〕〈臺南文化三百年會（上）會場大觀〉，《臺灣日日新報》夕刊，1930 年 10 月 29 日，4 版。

〔註 51〕〈文化三百年記念會　新築廣告塔及其他裝飾將竣工〉，《臺南新報》夕刊，1930 年 10 月 22 日，4 版。

〔註 52〕〈本社放彰化煙火大會〉，《臺南新報》夕刊，1930 年 10 月 28 日，4 版。

〔註 53〕〈臺南文化三百年會（下）會場大觀〉，《臺灣日日新報》夕刊，1930 年 10 月 31 日，6 版。

高郡發生了令人震驚的「霧社事件」。爲了抗議日人高壓統治、不尊重原住民傳統文化，當日清晨，賽德克族 Mahebo 社的頭目莫那魯道，率領 Mahebo、Boarun 等同族 6 社的三百餘名壯丁，襲擊霧社公學校，以及霧社地方的郵局、職員宿舍、民家、警官駐在所等處，日人官民死傷三百餘人；臺中州、總督府與軍方則立刻調動全臺軍警前往鎮壓。〔註 54〕由於紀念會受到事件影響，人潮減少，且欲向事件殉難者致哀，自 11 月 2 日起，遂中止原有的餘興節目，只留下諸展覽會與競馬（運動項目則已舉行完畢），因而引起民眾不滿，認爲紀念會是虎頭蛇尾。〔註 55〕對此，筆者認爲，紀念會的人潮減少，除了霧社事件成爲全臺焦點之外，爲了資助鎮壓霧社的軍警而推動全臺性的慰問袋募集，也成爲「熱門」活動，不免動搖民眾對於紀念會的興趣，而臺南的部份警察被調去支援鎮壓，市內警力亦有不足之虞，在在都是紀念會中止部份活動的考量。

「臺灣文化三百年記念會」裡頭最後留存的史料展，於 11 月 7 日結束之後，同月 8 日，臺南市役所即遷進會場之一的舊臺南高商處，做爲新辦公處；10 日，紀念會將剩餘事務整頓完畢。而爲了能讓臺南市民更普遍地認知臺灣歷史，遂由臺南商協、《三六九小報》籌備延請紀念會講師連雅堂南下，自同月 20 日起再次演說。〔註 56〕嗣後一年之內，紀念會集結了多項出版物，至今可見者僅四，一是先前在報端連載的《閑卻されたる臺灣》；二是《臺灣文化史說》，收錄臺北帝大校長幣原坦的一篇文章，由於幣原氏在紀念會前臨時因病不能南下演說，故此文爲其原本講稿，另又收錄同校教授村上直次郎的 3 篇文章，村上氏當時在公會堂的演說即從此 3 篇文章濃縮而來；三是《續臺灣文化史說》，收錄紀念會裡其他 4 位講師的演說稿；四是《臺灣史料集成》，形同紀念會的展品目錄。〔註 57〕

至於後續影響，則是憑著紀念會的經驗，在 1935 年臺北舉辦「臺灣博覽會」之時，臺南市便成了以歷史爲特色的地方分館。當時臺南市「臺灣歷史

〔註 54〕參見「線上臺灣歷史辭典」網站「霧社事件」、「莫那魯道」詞條。

〔註 55〕〈臺南の三百年會 霧社事變のため 諸餘興の一部中止〉，《臺灣日日新報》，1930 年 11 月 3 日，5 版。

〔註 56〕《臺灣日日新報》：〈臺南市役所 八日に移轉 舊高商跡に〉，1930 年 11 月 7 日，5 版、〈文化三百年史料展終了〉，1930 年 11 月 10 日，8 版。《臺灣日日新報》夕刊：〈臺灣史講演會 延連氏開於臺南〉，1930 年 11 月 15 日、〈會事〉，1930 年 11 月 11 日，4 版。

〔註 57〕〈史料展の特色〉，《臺灣史料集成》，頁 8～9。

館」分別利用了商品陳列館、熱蘭遮城（即紀念會時的藝術寫眞會場）、大南門城與臺南神社等 4 處做爲會場，展出原住民時代以迄日治的諸多史料，並出版《臺灣文化史說》（即把原來的正續二書合併）、《臺南市史》等；而安平原本就有水產試驗場，故紀念會、臺灣博覽會期間都設置爲水族館。〔註 58〕同樣地，市內商家也乘勢舉行了廉賣會、餘興活動，頗有一番熱鬧；其間，王開運除了帶領臺南商協加入廉賣行列之外，本身也是博覽會「臺灣歷史館」後援會成員。〔註 59〕1937 年，臺南市建造一座規模較大的「臺南歷史館」，地點就在原本的武德殿址（新武德殿則改置於孔廟旁，今忠義國小禮堂），以收納之前放置在熱蘭遮城的諸多史料，可惜之後毀於戰火。〔註 60〕

綜上所述，自 1927 年創會以迄 1935 年，臺南商協幾乎沒有缺席歷年的廉賣會，尤其 1930 年的「臺灣文化三百年記念會」，更是與市內各團體、有力者共同戮力以赴，則臺南商協的活動力已可見一斑。就王開運個人來說，身爲臺南商協會長兼勸業協會成員、市協議員，在推動廉賣會上，對內糾合意見，對外與其他商工團體、市役所進行溝通合作，地方議會裡則參與討論市況問題（見第四章第三節），甚至紀念會、臺灣博覽會兩項活動，其也在籌劃與執行之列，如此看來，王氏在協助商家創造利潤的付出，實是重要且有一定程度的貢獻。

第二節　改善經商環境

所謂「商場如戰場」，如果說利益創造爲「進攻」，那麼改善經商環境就是「守備」，亦即提供較爲穩定的經商條件，使商人免於心血白費，甚至虧本。對此，王開運和臺南商協也有許多作爲，大略可分爲 4 個方面來述說。

第一個方面是「維護地方經濟秩序」。例如 1928 年，三井物產臺南支店想要撤移至高雄，此舉將影響臺南市況，除了市內各商工團體向正在南巡的總督川村竹治陳情之外，王開運、村上玉吉、高島玲三郎等，也分別代表自

〔註 58〕〈臺南特設歷史館及骨董水族兩館　十日齊開　多堪資參考者〉，《臺灣日日新報》夕刊，1935 年 10 月 12 日，4 版。程佳惠《台灣史上第一大博覽會》（臺北：遠流出版社，2004），頁 114。

〔註 59〕〈臺南特設館　後援會勸捐〉，《臺灣日日新報》夕刊，1935 年 8 月 8 日，4 版。

〔註 60〕〈臺南歷史館　不日興工　按至三月竣工〉，《臺灣日日新報》夕刊，1936 年 12 月 22 日，4 版。盧嘉興〈文獻導師石暘睢先生〉，《南瀛文獻》10（1965.06），頁 27～28。

己的商工會，與市尹田丸直之聯袂北上，向臺北三井物產陳情。〔註61〕

再者，生意有起有落，當經營不善面臨虧損，商家之間又有借貸關係，就可能會產生連鎖反應，牽連到個人、商家，甚至動搖市況，因此商工會便有必要集思廣益，挽救危機。1928年底，臺南市內布店「錦聯興」面臨破產，由於對外借貸甚多，一旦倒閉，即便店產、存貨盡數賣出，也無力清償債務，影響他人財務；何況部份債權人乃是利用貸款給該布店，以賺取利息，故投資甚多。於是錦聯興破產危機發生之後，遂由王開運、石秀芳、盧世澤等人出爲調停，一方面勸阻債權人勿強求錦聯興析產償還，並避免有人趁機向該布店亂開條件；一方面則要求錦聯興先償還一半債務，且繼續營業，錦聯興始有能力在兩年內還清剩下的債務，此爲兩全其美之方。〔註62〕

再如1930年3月，開業30年的老當鋪「集源號」倒閉，出現跟錦聯興布店同樣的問題，以及用款不當；其中債權人放款過多難以回收，更引起地方政府注意，乃介入調查，有意加強取締民間非正式的借貸行爲。對此，臺南商協、總商會先後居中協調，然而集源號卻無誠意解決問題，時有逃避，還使帳冊紊亂、密隱財產，再增困境，此事嗣後似乎未能徹底解決，但幸有黃欣、王開運等人持續奔走，始不致於讓債權人血本無歸。〔註63〕又如1936年4月，爆發了專營米穀買賣的「利源商行」欠下鉅款之事，這是因爲利源商行投資失利，又僞造文書濫發臺灣銀行支票，企圖籌得現款，但仍周轉不靈，故欠下十餘萬圓債務，終告倒產。此事牽連甚廣，債權人達六十餘名，臺南商協旗下的「共榮貯金會」亦在其中，而部份債權人紛紛對利源商行提

〔註61〕〈三井臺南支店の移轉反對運動 田丸市尹ら出北して 各方面に陳情する〉，《臺灣日日新報》，1928年8月7日，2版。

〔註62〕〈臺南經濟界的動搖〉，《臺灣民報》，1928年12月9日，4版。

〔註63〕《臺灣日日新報》：〈臺南老質舖集源號整理 演出悲喜劇〉，1930年4月18日，4版、〈『集源號』の破產から不當金融暴露さる 七萬餘圓の預金者は大狼狽 當局は徹底的取締の方針〉，1930年4月18日，5版、〈不正行爲があれば 調查の上取締る……宮原臺南署長語る 司法主任檢察局と打合せ〉，1930年4月18日，5版、〈集源號問題 臺南署密議 愼重開始調查〉，1930年4月20日，4版、〈債權者會議 集源店主拒絕主人〉，1930年4月26日，4版、〈赤崁夜話〉，1930年5月11日，5版。《臺灣日日新報》夕刊：〈卅年來の暖廉を誇る老質舖集源號（臺南）突如整理を發表〉，1930年4月18日，2版、〈集源質舖 債權者一邊 更檢查帳簿〉，1930年4月30日，4版、〈集源質屋 債權會議憤前番之無信〉，1930年11月28日，4版。〈街談巷議〉，《臺灣民報》，1930年5月3日，5版。

出訴訟，甚至債權人之間也有互訟之舉。至於利源商行店主林金原，尚且因僞造之事而受拘捕訊問，連帶其親族被迫傾家償債，更讓擔任商工業協會幹事的臺銀貸付係職員蕭天旺，因放款不正之嫌而捲入其中，銀行因此提高融通門檻。最後，臺南商協會出面調停，協議償還程度，讓林金原親族盡量出面資助，才有圓滿局面。〔註 64〕

第二個方面是「調整經商成本」，就中臺南商協最令人矚目的表現，是迫使大阪商船同意減低運費。

臺南外有安平港口，市區與港口之間有運河連繫，又船隻能積載大量貨物，所以市內商民頗依賴水路運輸。但安平港口與運河時有淤積，未得妥善處理，且進入日治之後，高雄港掘起，安平港口漸失優勢；加上負責水路運送的船商也多被日人把持壟斷，運費成本高居不下，運送品質也受到影響，卻難有協議空間。而當初臺南商協之所以成立，近因就著眼於運河通行費用，想要抒發臺商意見，並集結抗爭力量；是以，在創立之後，「運費交涉」就成爲會中要事之一，與創立紀念廉賣會、店員公休日、職業介紹等議案同時並進。〔註 65〕

除了安平港口運費成本高昂之外，臺南商協還考慮到，若貨物持續由高雄港進出，會使臺南商況更加衰落。因此，自 1928 年 1 月起，得到會員連署之後，以王開運、張江攀、蔡培楚、蘇錦墩、高獻瑞、翁金護、商霖等人爲代表，開始向市役所陳情，並與大阪商船株式會社交涉運費減低之議。然而，大阪商船以既有的運費已經無利潤可言、安平港口設備不佳做爲藉口，拒絕協議；接著，臺南商協另向大阪商船建議，若讓商民組織一個起貨組合，當船隻進港時，直接上船搬運，如此一來，既可省卻運費，又不會使大阪商船

〔註 64〕《臺灣日日新報》:〈臺南市利源米穀商投機失利行主被拘 以僞造其叔印濫發支票〉，1936 年 4 月 12 日，8 版、〈利源倒盤波及黃國棟氏 被城氏告訴〉，1936 年 4 月 19 日，12 版、〈利源商行詐欺倒產 十五萬圓負債關係 多者爲貪重利反招損失〉，1936 年 4 月 22 日，12 版、〈利源商行倒產案 諸叔輩各出私財 不久當能圓滿解決〉，1936 年 5 月 11 日，8 版、〈臺南利源商行整理續報〉，1936 年 5 月 25 日，8 版、〈利源整理 置酒圓滿解決〉，1936 年 11 月 30 日，8 版。《臺灣日日新報》夕刊：〈利源米商倒產續聞 族人受虧最多〉，1936 年 4 月 14 日，4 版、〈利源倒閉 拘肅天旺 爲其貸付不正〉，1936 年 4 月 18 日，4 版、〈利源倒盤 整理不誠意 債權者憤慨〉，1936 年 4 月 25 日，4 版、〈利源主人移送檢察 債務十四萬元〉，1936 年 5 月 3 日，4 版。

〔註 65〕〈商工業協會 議開廉賣〉，《臺灣日日新報》，夕刊 1927 年 9 月 3 日，4 版。

爲難，卻還是受到拒絕，理由是船隻停泊時間過於短暫，起貨組合將搬運不及。〔註 66〕惟實情是，從安平港口經運河至市區這一段水路，大阪商船已包辦給「臺灣運輸組合」，故將臺南商協的建議視做奪取既有利潤的意圖。在協調無望之下，臺南商協裡頭的南郡運輸公司，遂決定運送費用一律與其他運送會社同價，甚至降價，試圖減輕商人運費負擔。〔註 67〕

同年 4 月，爲了抵制大阪商船的高昂運費，臺南商協乃鼓勵需要進出大宗貨物的商人，改讓日本郵船運送。此議立即撼動大阪商船，遂由臺南支店回應，表示願意改善服務品質；但仍避開運費問題，又打算報復臺南商協、日本郵船，遂告知臺灣運輸組合旗下的舢舨業者，若日本郵船因此而貨量大增，需要前來商借舢舨的時候，必當拒絕。臺籍商人得知大阪商船沒有誠意，果眞實踐改運之議；同時，臺南商協也進行運費的比較調查，持續向市役所陳情，藉官員來助長協調優勢。至於其他日人商工會，則保持中立態度。〔註 68〕

爲此，市役所召集王開運等臺南商協幹部，勸告停止「商船不載同盟」行動，理由是臺籍商人頻頻改用日本郵船運送，會造成船倉空間不足，反而影響到臺南市內其他商人的貨物出入及整體市況；但官方明顯偏袒大阪商船，亦認爲減少運費有困難。因此，這次就換王開運拒絕調停，並且於 5 月向大阪商船發出最後通牒書，不願意等到同年 6 月安平水利工事完成後才獲得運費減價，另一方面主張，所有貨物的運費都減價，不能只有特定幾件，又限 5 日內回覆。至此，臺南商協可說是逆轉爲主動地位。〔註 69〕

最後，官方出面調停，臺南商協、大阪商船、日本郵船、山下汽船、實

〔註 66〕《臺灣日日新報》夕刊：〈商工業協會選委員　交涉安平起水料〉，1928 年 1 月 14 日，4 版、〈臺南商工業協會　交涉降起水料〉，1928 年 2 月 7 日，4 版、〈臺南商工協會　商降起水費〉，1928 年 3 月 7 日，4 版。〈臺南商工協請降起水費無望　別籌良策〉，《臺灣日日新報》，1928 年 3 月 12 日，4 版。

〔註 67〕〈地方通信　臺南　南郡公司減少運送料〉，《臺灣民報》，1928 年 3 月 25 日，7 版。

〔註 68〕〈南商貨件不配商船　因起水費過高〉，《臺灣日日新報》夕刊，1928 年 4 月 9 日，4 版。〈大阪商船不表誠意解決　水上料問題漸趨深刻化〉，《臺灣民報》，1928 年 4 月 29 日，4 版。

〔註 69〕《臺灣日日新報》：〈臺南商工業協會　商船不載同盟問題　市役所出爲調停〉，1928 年 4 月 28 日，4 版、〈臺南の商船不載問題　最後的の調停を圖る〉，1928 年 5 月 24 日，3 版。《臺灣民報》：〈如是我聞〉，1928 年 5 月 13 日，11 版、〈商船運賃減價運動　商船臺南支店不表誠意　商工業者聯盟不配商船〉，1928 年 6 月 3 日，4 版。

業協和會、商工會、商友會等代表皆出席，大阪商船終於讓步，同意 7 月 10 日起正式降低運費。爲了挽回顏面，則強調減價的原因不在於商人要求，而是因應安平港設備漸次完善，才有此決定；相較於數月前，大阪商船尙稱說運費無利潤、港口設備不佳，實見矛盾。〔註 70〕

事實上，改由日本郵船運送，只是用來抵制大阪商船的暫時辦法。這兩家株式會社都是日本內地政商關係良好的大公司，總督府制定臺、日本之間的命令航路，皆由此二者包辦，且存在著競爭關係〔註 71〕；故臺南商協正是利用兩者的競爭狀態，來取得大阪商船讓步。1931 年，日本郵船也因運費過於暴利，備受爭議，遂由臺南商協、臺北總商會調查且公布暴利情況，並由王開運、郭廷俊二會會長帶頭，改與辰馬汽船簽訂運送契約，其他商工會則陸陸續續跟進，使得日本郵船的經營大受影響。〔註 72〕附帶一提，王開運也因爲這次行動，與辰馬汽船締結下不錯的交情，除了 1933 年，臺南商協前往日本進行商工考察（詳後），把拜訪辰馬汽船與辰馬本家酒造株式會社列入行程之外，王氏更曾賦詩贈予該會社的常務取締役木村貞二：

> 三間小屋向溪邊，竹裏開門地勢偏。仙鶴住多人住少，○雲時得到窗前。〔註 73〕

與大阪商船交涉成功，可說是王開運和臺南商協「一戰成名」，嗣後臺南商協仍繼續致力於成本問題。例如 1928 年 7 月，總督府欲將基隆、高雄兩處的運輸相關業者統合起來，成立「荷役合同會社」，但臺南商協與各地不少商工會認爲，此一會社可能偏坦特定資本家、流於獨佔，故進行調查並申明反對。〔註 74〕同年 8 月，因臺灣電力株式會社在臺南頻頻失電，臺南商協乃依

〔註 70〕〈臺南市の懸案たる商船不載問題 圓滿に解決 運輸會社の大讓步で 七月十日より賃率改正〉，《臺灣日日新報》，夕刊 1928 年 6 月 10 日，1 版。〈臺南水揚料 因會社讓步解決〉，《臺灣民報》，1928 年 6 月 17 日，4 版。

〔註 71〕戴寶村《近代台灣海運發展——戎克船到長榮巨舶》（臺北：玉山社，2000），頁 132～133、139～140。

〔註 72〕《臺灣民報》：〈各地商工團體は續々と郵商團から辰馬汽船に乘換へる〉，1931 年 4 月 25 日，13 版、〈暴利の夢醒め切らぬ郵商船〉，1931 年 7 月 18 日，13 版。

〔註 73〕作者註：「以爲木村貞二先生雅正。」此詩收於《杏庵詩集》（臺北：龍文出版社，2009），爲書畫作品，待擬題。

〔註 74〕《臺灣民報》：〈臺南商工業協會 爲荷役合同開評議會 先研究利益然後決定態度〉，1928 年 7 月 8 日，3 版、〈臺南商工協會 對荷役合同的反對運動 當局已聲明中止合同組織〉，1928 年 7 月 29 日，3 版。

據市民意見來擬定用電要求，隔年 4 月更進一步研議電費減價、日夜間電費統一，以及由官廳教導商人電力使用原則，免受警察刁難。〔註 75〕1930 年 10 月，市內白米零販商向臺南商協反應行情太高，臺南商協即研議降價；同年 11 月，訴求正米市場設置於臺南的運動出現已久，臺南商協乃再次集結相關人士，向官方呼籲，之後且有持續陳情的紀錄。〔註 76〕1931 年 7 月，因認爲「籾市代行會社」有壟斷之嫌，臺南市內八十餘位白米商人，遂組織「臺南米穀商聯合會」倡行反對，並由王開運等 13 人任幹事，王氏尚且兼爲顧問〔註 77〕；同年，王氏與其他商人代表一齊向官方陳情，請求能夠解除市內明治町、壽町、南門町、西門町、綠町等區的禁止牛馬車通行之令，而解禁有利於調整運送成本。〔註 78〕1934 年，王開運參與臺南粟市共同利用組合、製麻會社的創立，以求米穀市場買賣能夠改善、地方工業發達〔註 79〕……等等，這些調整經商成本、改善商況之舉雖然不一定是戰無不勝，但足夠說明，王氏與臺南商協正扮演著帶頭改進市內商況的角色，也是商民優先考慮陳情的管道之一。

第三個方面，是「與店員的相處之道」，指的是臺南商協如何調整勞資關係，而這關乎時代氛圍。進入 1920 年代，先前第一次世界大戰期間的自由主義、民主主義，和戰後產生的民族自決等思潮，漸次風行於世，加上日本經濟漸壞、中國已發起五四運動，都直接或間接地突顯了諸多社會問題，這些因素也影響到臺灣。臺灣本身則呼應了類似的困境，故接連發生了政治、民族、文化、社會等層面的爭取權益運動。〔註 80〕其中，店員受僱於人，恰與商人、資本家及背後的商會各自處於勞資相對的位置，可說是勞工的一部份。

〔註 75〕《臺灣民報》:〈臺南市的失電　市民齊鳴不滿　商工團體將要蹶起〉，1928 年 8 月 26 日，4 版、〈臺南商工業協會　開評議會討論要案〉，1929 年 4 月 14 日，3 版。

〔註 76〕〈臺南商工業協會員懇談白米降價〉,《臺南新報》, 1930 年 10 月 14 日, 6 版。〈南部兩州米界關係者　運動設正米市場　開米產者土壟間業大會〉,《臺灣日日新報》, 1930 年 11 月 2 日，4 版。

〔註 77〕〈臺南米穀商組織聯合會　爲反對籾市代行〉,《臺灣新民報》, 1931 年 7 月 25 日，3 版。

〔註 78〕〈南都當面の問題〉,《新高新報》, 1931 年 8 月 13 日，3 版。

〔註 79〕〈臺南粟市場　改善案成　開發起人會〉,《臺灣日日新報》, 1934 年 6 月 14 日，8 版。〈臺南有力者　籌製麻社〉,《臺灣日日新報》夕刊, 1934 年 9 月 1 日，4 版。

〔註 80〕王詩琅譯註《臺灣社會運動史——文化運動》（臺北：稻鄉出版社，1988），頁 7～8。趙祐志《日據時期臺灣商工會的發展（1895～1937）》，頁 75。

當時勞工爭議的解決方式，雖然多採取溫和行動，但自1927年起，有了新臺灣文化協會、臺灣民眾黨及臺灣共產黨等陣營的智識份子指導，勞工爭議件數、參加爭議人次與勞工團體增多，行動也更加積極剛烈；只要有勞資糾紛，勢必會影響到商人的運作，故不論對抗或共存，定然要找出與勞工相處之道，而組織商會以團結力量，亦在此時最盛。〔註81〕

面對勞工問題，臺南商協選擇與店員勞工和平共處。1927年創立初始，為順應外界實行公休日的呼聲，臺南商協即鼓勵會員店主施行「公休日」，計畫每月公休二日，鼓勵利用公休日參加俱樂部、讀報社、講演會等活動，使勞資雙方身心皆有成長。其理由是勞資關係實為家人一體，且店員乃未來的實業家，公休日能增進雙方關係，歷經會長王開運、幹事蕭天旺奔走數月，終於說服大部份的會員店主實行。〔註82〕同年8月，臺南店員會舉行發會式，臺南商協由王氏代表參與祝賀〔註83〕；12月，該協會副會長蔡儀斌，率先在會員店家之一的南郡運送公司提倡「8小時勞動制」，這也是當時眾店家裡少有的福利。〔註84〕

1928年2月，在商工業協會年度總會裡，開始了初回的店員職工褒賞式，以獎勵表現良好或資歷深久的員工，促進勞資和諧，會員店家也多所配合〔註85〕；同年5月，籌備店員講習會，以提升智識。〔註86〕1930年1月，

〔註81〕翁佳音譯註《臺灣社會運動史——勞工運動、右派運動》（臺北：稻鄉出版社，1992）頁31～70。趙祐志《日據時期臺灣商工會的發展（1895～1937）》，頁75～77。

〔註82〕《臺灣日日新報》夕刊：〈臺南商工協會協議公休日〉，1927年8月14日，4版、〈臺南店員會希望公休日實行〉，1927年9月1日，4版、〈臺南商工協會議決公休事〉，1927年10月7日，4版、〈赤崁 實行公休〉，1927年12月19日，4版。〈臺南 三商店實行公休〉，《臺灣民報》，1927年11月6日，6版。

〔註83〕〈臺南店員會發會式〉，《臺灣民報》，1927年8月1日，5版。

〔註84〕〈南郡運送公司實施八小時勞働〉，《臺灣民報》，1927年12月11日，6版。

〔註85〕筆者目前所見得的臺南商工業協會的店員褒賞式，止於1930年，計有《臺灣日日新報》：〈臺南商工業協會初回總會兼褒賞店員〉，1928年2月18日，4版、〈商工業協會開第二回總會〉，1929年1月30日，4版、〈臺南商工業協會表彰勤續店員〉，1929年2月22日，4版、〈臺南商工協會表彰店員〉，1929年2月23日，4版、〈臺南商工協通常總會 廿三日表彰店員〉，1930年2月23日，4版、〈臺南商工協會第二回總會並表彰勤續店員〉，1929年2月27日，4版、〈臺南商工業協會總會將開於公會堂〉，1933年2月24日，8版。《臺灣日日新報》夕刊：〈臺南商工協會褒賞店員盛況〉，1928年3月20日，4版、〈臺南商工業協會店員表彰と總會 廿四日公會堂で舉行〉，1929年2月26日，2版。《臺灣民報》：〈臺南 商工業協會開店員表彰會〉，1928年3月25

因市內臺灣織布會社先辭退 5 名織工，繼而有十餘名織工離職，會社認為是罷工危機，乃沒收離職織工的身元保證金，引起勞資糾紛，經王開運調停之後，頗有成效，會社一方願意讓步，暫還一半金額，待織工不再有煽動之舉，將會退還餘金。〔註 87〕這些積極舉動，《臺灣民報》讚譽有加，認為臺北跟臺南的店主相較，後者文明許多，懂得打破勞資對立問題。〔註 88〕

然而，值得注意的是，就目前所見資料，商工業協會與店員的往來多集中在創會以迄 1930 年之間，之後幾乎沒有對於店員施行任何作為的相關報導，故無法知曉後續情況。且很適巧地，當時的勞工運動在 1930 年左右變得激進，例如臺灣地方自治聯盟於此時成立，反對陣營便率領勞工團體表達抗議，就中包括臺南店員會〔註 89〕；而自治聯盟的認同者裡卻不乏商工業協會或地方商人、資本家，王開運還是該聯盟幹部之一（詳後）。很明顯地，勞資雙方更加決裂地站在對立面，這會不會是之後臺南商協與店員少有互動，遑論在總會裡還能並行店員褒獎式的可能原因？若果真如此，就不得不說是一種遺憾了。

臺南商協在改善經商環境的第四個方面，是參與「安平築港運動」，此運動的推行，商業上有助於提振市況，也促進地方建設；就中王開運更是臺灣人方面重要的請願代表。

自荷蘭時代以來的近 300 年間，臺南長期做為臺灣首府，安平港口一直是臺灣最重要的對渡港岸與國際貿易港。但從地理環境來說，安平港口卻非良港，受到曾文溪、鹽水溪、二仁溪的大量出口輸沙，以及海流飄沙沉積作用的影響，臺南海岸不斷西移，港口本身及其周圍也時受泥沙淤積困擾，故港口有數次遷移。荷蘭時代的港口在今鹽水溪口附近，稱「大員港」、「臺窩灣港」，明鄭至清代嘉慶年間移至鹿耳門，稱「鹿耳門港」，俱在原臺江內海

日，7 版、〈臺南商工業協會開總會並表彰式〉，1929 年 2 月 24 日，5 版、〈臺南商工業協會第三回總會盛況〉，1929 年 3 月 3 日，4 版、〈商工業協會總會並舉店員表彰式〉，1930 年 2 月 22 日，4 版、〈商工業協會總會並舉店員表彰式〉，1930 年 3 月 1 日，6 版。

〔註 86〕〈商工協會籌開店員講習〉，《臺灣日日新報》，1928 年 5 月 28 日，4 版。

〔註 87〕〈織布會社織工保證金問題解決〉，《臺灣民報》，1930 年 1 月 18 日，6 版。

〔註 88〕《臺灣民報》：〈小言〉，1927 年 8 月 14 日，6 版、〈不平鳴〉，1927 年 9 月 4 日，8 版。

〔註 89〕〈自治聯盟發會式 左翼派公然挑戰 兩派抗爭正面衝突〉，《臺灣日日新報》夕刊，1930 年 8 月 6 日，4 版。

範圍之中；1823 年，因大風雨帶來山洪泥沙，河流改道直注臺江，使得淤積情況更加嚴重，港口遂又移至四草、安平大港二處（亦合稱「臺灣港」，在今鹽水溪口附近），直到 1938 年新港口完工之前，港口位置未曾變動。〔註 90〕而在臺江漸次陸地化、海岸西移的過程中，產生了水道交錯於海埔新生地的情況，居民利用此種地勢，開鑿出各段運河，以連繫府城與安平港口之間的交通運輸。現已埋於地下的「五條港運河」（屬舊運河系統），以及利用河運興盛一時的貿易集團「臺南三郊」，便是因應此變動而出現的著例。總之，地理因素影響了安平港口的遷移，但人力是否能克服環境，甚至控制港口變遷，亦關連著臺南發展的興衰。

「安平築港運動」發生於 1928 年至 1935 年，是一場相當積極，但結果卻又曇花一現的民間請願運動。在請願運動之前，據論者馬鉅強的研究，基於臺灣地形與經費的考量，日治初期的殖民當局採取「二港主義」，集中發展基隆、高雄二處港口，使得原本已受泥沙淤積所苦的安平港口，隨著高雄港、縱貫鐵路的完成，更加沒落；對此，民間只有不斷陳情，官方則一味疏濬。另一方面，由於當局對於安平港口及其周遭河流的調查並不精確，無法從根本上解決淤積問題，以致疏濬工程無成效，即便 1920 年代初期有了新開鑿的運河（今安平運河），可以連接港口，然而淤積問題不解決，同樣無濟於事。〔註 91〕職是之故，不同於地方政府一味地疏濬、修築舊有港口，或開鑿運河，築港運動乃倡議另以四鯤身做爲安平港新地點。〔註 92〕

1928 年初，爲了挽救臺南市況，臺南實業協和會等市內各商工團體，與其他有力者，認爲安平港口是「將來商業都市之希望」，遂聯名組織「安平研究會」（旋改名「安平港灣調查會」），希望藉此督促官方覓地築港，使安平港口復活。〔註 93〕這是築港運動的開始，與高雄港拉走臺南榮景、安平舊有港口疏濬不彰，以及一次大戰之後日本經濟變動、臺銀金融風暴（1927）所帶

〔註 90〕范勝雄〈從大員港到台南港〉，《府城叢談：府城文獻研究 1》（臺南：日月出版社，1997），頁 129～138。謝國興〈台江的歷史地理變遷〉，《台江庄社家族故事》（臺南：安東庭園社區管委會，2003），頁 2～8。

〔註 91〕馬鉅強〈安平港的改良對策之研究（1895～1925）〉，《國史館館刊》（2010.03），頁 1～32。

〔註 92〕〈安平築港問題 八代表謁遠藤市尹 有望以鯤身爲代作港者〉，《臺灣日日新報》，1929 年 3 月 24 日，4 版。

〔註 93〕《臺灣日日新報》夕刊：〈安平港復活 研究磋商會〉，1928 年 2 月 16 日，04 版、〈安平港灣調查會續報〉，1928 年 2 月 17 日，04 版。

來的連年市況不振等背景，都有關聯。

擁有一處新築的安平港才是改善市況的根本方法，又有助於加強南部港口吞吐量、國防機能，如此主張已成為大多數臺南人士的共識，部份團體並且將之納為內部議題，進行相關調查；其中報端指出，臺南商協的調查研究特別詳細。〔註 94〕接著，有了諸多調查結果，築港運動的請願基礎更為堅強，加上市內商工團體領袖幾乎同時身兼市協議員，1929 年 4 月臺南市協議會的月例會中，終於將築港案列入議題。又，同月 24 日開於花蓮港的全島實業大會（第 13 回），有臺南實業協和會、臺南商工會與臺南商協共同提出的「安平築港案」，起初別地代表並不支持，經過據理力爭，以及高雄代表古賀三千人主張將築港改為「安平港修築」——暗示不值得投入巨資——，始勉強被接受為討論議案。〔註 95〕

儘管築港運動已提升至全島性的商人大會中得到討論，但港口具有壟斷性，其產生的利益問題，使得高雄商人時常多所阻撓，加上地方當局經費不足而滯礙難行，連帶也使得臺南人士內部產生齟齬。例如《臺南新報》社長富地近思立場保守，認為築港經費龐大，屬國家事業，不甚贊成請願，與臺南商工會會長佐佐木紀綱形成對立；另外，同在臺南州下的嘉義街，即將升格為「市」（1930 年升格），嘉義人士亦爭取東石築港。〔註 96〕面對諸多困境，1929 年 5 月，贊成築港運動的臺南人士更加團結，以臺南商協等市內商工團體為首，在臺南公會堂開「安平築港期成大會」，活動當天，場外貼滿檄文，發布 2 萬張傳單，場內則無立錐之地，先後有阿波種次郎、佐佐木紀綱、黃欣、王開運、津田毅一、田村武七、高島鈴三郎、黃東波等人，就實業大會參加結果、安平歷史興衰與該地對臺南市發展的重要性，以及安平居民意見

〔註 94〕《臺灣日日新報》：〈安平築港問題或能實現〉，1928 年 9 月 19 日，4 版、〈臺南實業協和　訂六日晚開總會　討論各種振興法〉，1929 年 3 月 6 日，4 版。《臺灣日日新報》夕刊：〈安平築港問題　盛行提倡〉，1928 年 11 月 4 日，4 版、〈安平築港問題　又復抬頭〉，1929 年 2 月 26 日，4 版。

〔註 95〕《臺灣日日新報》：〈臺南市協議會開月例會〉，1929 年 4 月 16 日，4 版、〈安平築港問題で一時大混亂に陥る〉，1929 年 4 月 25 日，2 版、〈全島實業大會で　可決された重要問題（下）〉，1929 年 5 月 4 日，3 版。《全島實業大會展望》，頁 187、195。

〔註 96〕《臺灣民報》：〈安平築港問題　成臺南一致的輿論　黨派的爭執實太難看〉，1929 年 4 月 14 日，2 版、〈金澤市全國港灣大會　臺南商工團體各派代表　目的在提議安平築港的實現〉，1930 年 5 月 17 日，3 版。趙祐志《日據時期臺灣商工會的發展（1895～1937）》，頁 299～300。

等事項發表演說，現場「聽眾拍手如霰，辯士舌若懸河」。最後，會場上起草決議文，「吾等組織安平築港期成同盟會，欲貫徹目的，向督府請願，且爲努力，期早實現」，表示請願將逐級跨至臺南州、總督府，甚至是日本內閣，而在一連串向官方請願築港的過程中，代表多由日人出任，王開運則是委員之一。〔註 97〕

在稍早的 1928 年 10 月，「全國港灣大會」開於基隆，會後有部份的港灣協會成員視察臺灣南部的港務情況，這就成爲日後港灣大會將「安平築港」一提案納入討論議題，進而表態支持的基礎。〔註 98〕港灣大會一向由「港灣協會」開辦，是日本內地「以港灣之施設改善爲目的」的團體，重視港口發展〔註 99〕，雖然同樣有向政府反應民間問題的功能，然而與全島實業大會相較，一是母國組織，一是殖民地組織，「施壓」於政府的效果便天差地別；再加上前述高雄商人對安平築港的阻撓，以及官方缺乏經費等因素。凡此種種，皆促成臺南人士轉而參與 1930 年的港灣大會，以獲得更廣泛的支持。

1930 年 4 月，報端傳來將開於新潟市的全國港灣大會已採納「安平築港」議案的消息，爲了能夠以臺南人士的身份說明築港迫切性，乃由市內商工團體佐佐木紀綱、高島鈴三郎、王開運，以及市尹堀內林平、臺南州土木課長荒池忠吉等人做爲代表，聯袂出席港灣大會〔註 100〕；其中王開運是臺灣人唯一代表，較晚出發，5 月 22 日始乘瑞穗丸前往日本。途中，王氏將信件、詩文寄給當時任職於《臺南新報》的文友王鵬程：〔註 101〕

〔註 97〕《臺灣日日新報》：〈安平築港問題解決 臺南市興替攸關 舉市開期成大會〉，1929 年 5 月 11 日，8 版、〈安平築港期成大會（續）〉，1929 年 5 月 17 日，4 版、〈安平築港請願書 面呈州知事〉，1929 年 5 月 22 日，4 版。《臺灣日日新報》夕刊：〈安平築港期成大會 臺南市民各揮熱辯配布宣傳單 大揚氣勢〉，1929 年 5 月 15 日，4 版、〈臺南市民對安平港謀運動築港復活 經選代表者委員等設法陳情〉，1929 年 8 月 1 日，4 版。

〔註 98〕《臺灣日日新報》：〈港灣會視察團 臺南市內を視察〉，1928 年 10 月 1 日，5 版、〈本日の全國港灣大會 港灣協會は實 に有力な存在〉，1928 年 10 月 2 日，2 版、〈港灣協會員 臺南視察〉，1928 年 10 月 5 日，6 版。

〔註 99〕〈爲港灣思想普及 開港灣政策講演會 水野錬太郎氏講演大要〉，《臺灣日日新報》夕刊，1928 年 10 月 4 日，4 版。

〔註 100〕〈全國港灣大會 安平築港案已採擇〉，《臺灣日日新報》夕刊，1930 年 4 月 23 日，4 版。〈全國港灣大會と 安平築港期成運動 內臺呼應して 達成を意氣込む〉，《臺灣日日新報》，1930 年 6 月 2 日，5 版。

〔註 101〕《臺南新報》：〈王開運氏赴港灣大會〉，1930 年 5 月 20 日，6 版、〈餘墨〉，1930 年 5 月 29 日，6 版、〈詩壇〉，1930 年 5 月 29 日，6 版。

前夜起程，多勞宗兄與同志諸先生見送，感愧莫名。弟二十一日抵臺北，遂驅車往訪池田港灣課長、白勢交通總長等，備言臺南市民對安平築港問題之熱望，深得總長等之理解，且對吾人之奔走及市民所表現一片眞摯的態度，亦甚同情。此去大會，成功與否，固難逆料，然惟有盡吾人之能事已耳。現舟行大海中，水煙渺茫，一望無際，船中〇客甚少，弟〇占一房，鎮日兀然，若加以青磬紅魚，儼然一入定之僧矣。夜來無事，搜索枯腸，因得什句數期，錄呈一粲，在南諸友〇胆〇貴紙爲我一報，恕不一一另柬道好，此請著安。

船上觀潮

入耳濤聲響百雷，千潮萬浪去還來。水花亂放千蛇攢，雲腳齊放六合開。形影誰言多涉險，乘風我喜不沾埃。天然一幅芭符秘，變幻從知造化該。

夜聞濤聲

一波未退一波生，攢角終宵萬馬鳴。豈似操戈同一室，爭權奪利鬥難平。

旅中

偷得餘閒好養眞，胸懷開豁絕纖塵。滔天白浪翻紅日，駭目銀濤躍錦鱗。大地原無乾淨土，扁舟聊寄苦吟身。夜來人靜風恬處，燈下殘編倍覺親。

從信件中可知，即使是築港議案水到渠成之際，王開運也未曾鬆懈，依然把握等船的時間，再次向總督府相關長官進行遊說。到了日本，又會同其他代表，向大藏省官員連絡聲氣，以求在港灣大會上得到呼應。另外，臺南商協在 6 月 3 日港灣大會開會前夕，仍派發電報爲諸位代表加油打氣，並懇請港灣協會會長水野錬太郎多多幫忙議案。〔註 102〕至於在詩作裡頭，〈船上觀潮〉以浪花激蕩情狀，象徵王開運對於請願大有斬獲的雀躍心情，於是放言「形影誰言多涉險，乘風我喜不沾埃」，頗見舍我其誰、不畏艱難的豪氣。但接著〈夜聞濤聲〉、〈旅中〉二詩，卻有著同室操戈、「大地原無乾淨土，扁舟聊寄

〔註 102〕〈全國港灣大會 安平築港案通過 滿場一致同意〉，《臺南新報》夕刊，1930 年 6 月 6 日，4 版。〈安平築港通過 王代表報告〉，《臺灣日日新報》，1930 年 6 月 19 日，4 版。

苦吟身」的憂愁感慨，儘管這可以思及，可能是當時中日兩國時常交惡的局勢、臺灣人被殖民的苦悶，或者是個人活動於地方上受到某些挫折……等等，以致王氏寫下了那樣的詩句，只是最直接的影射，恐怕還是對於築港運動不盡如意而興發感嘆。

6月5日，全國港灣大會開幕，安平築港不僅列入議案，還在當天就得到大會滿場一致的支持；相關電報一發回臺灣，臺南市內的商工團體、以及日人主導的「臺南愛市會」，立即在公會堂向市民報告喜訊，並籌議慰勞歸臺代表。〔註103〕另有劉青龍者，以「甘棠餘蔭」、「峴山遺澤」稱許代表們的貢獻，並認爲得到港灣大會肯定，等於是築港成功的第一步。〔註104〕同月13日，王開運甫一歸臺，即發表談話，說明港灣大會已經認知到，築港是臺南地方建設的問題，也是國家問題，故港灣大會將代爲向總督府持續建議安平築港。16日，王氏回到臺南，受到三百餘民眾迎接，先是參拜臺南神社，繼而至公會堂向市民報告港灣大會過程，並再次呼籲築港重要性，然後開宴爲之洗塵，會場充滿興奮熱烈氣息。〔註105〕

到了7月，時逢《臺灣新民報》10週年，王開運受邀爲特稿撰寫人之一，即發表了〈就安平港築港問題而言〉（文，1930，頁12～16）〔註106〕，這是一篇將贊成築港的觀點綜合起來的文章，足以代表支持者的立場。此文首先強調安平港的歷史地位，次列出高雄、安平二港自日治時期以來，歷年在入港船總噸數、輸出入貿易額之上的消長數據，可見前述報端稱說臺南商協調查甚詳者，並非虛誇。然後指出：

> （前略）倘此港有失，雖百般施設，極力籌謀，亦不過維持一時之小康，終不能鞏固基礎於永久也。說者或謂著力工業儘可振興臺南，殊不知安平之門户既失，縱使創設工場，而原料製品悉須遠經高雄、基隆兩港，運資既巨，銷售自難，如是而望與他處市場競爭，殊非容易。此理其明，不待識者喝破。

對於築港成本、效益的疑慮，以及未來願景方面，則以大阪爲借鏡：

〔註103〕《臺南新報》夕刊：〈全國港灣大會 安平築港案通過 滿場一致同意〉，1930年6月6日，4版、〈安平築港通過報告會及慰勞會〉，1930年6月7日，4版。

〔註104〕劉青龍〈就安平築港而言〉，《臺南新報》夕刊，1930年6月10日，4版。

〔註105〕《臺南新報》夕刊：〈安平築港 在於市民之覺悟〉，1930年6月14日，4版、〈王開運氏之洗塵宴〉，1930年6月17日，4版。

〔註106〕另可參見〈十週年特刊豫告〉，《臺灣新民報》，1930年7月5日，3版。

> 或又謂臺南人口僅約十萬耳，爲此少數人利益，果有投此巨資之價值否耶？苟有，則欲投數百萬資金，何如以此鉅款直接救濟臺南商人之爲愈乎？噫！是何言歟？直接救濟，一時之利也，開鑿港灣，百年之計也，其中自有輕重分寸焉。況一旦港口修築成功，臺南人口豈永限於十萬耶？徵之今日大阪市之發展，自不容眼光如豆者之妄議也。

接著抨擊政府當局固執於二港主義，以及政策上的矛盾：

> （前略）唯臺灣當局對此似乎固執二港主義，二港主義亦善，然固執則不通焉。夫凡百施設，貴要虛心坦懷，徵之輿論，並要審其利害、度其得失，苟有利於國富民生，自無固執之必要。（……中略……）
>
> 況昔者開鑿臺南運河時，當局尚認爲必要而許可之，乃對此最關緊要之安平港開鑿問題反漠不關心，豈非冠履倒置之甚乎？吾故謂固執二港主義者，實屬無謂之甚，而絕信安平有急切築港之必要也。

最後，該文章以呼籲臺南市內的日本人也要齊心支持築港運動，不要互相排擊做爲結束。至此，築港運動幾乎已是成功在望。對王開運個人來說，能夠擔任市內臺灣人的代表，並帶回好消息，個人成就與在地方的重要性無疑邁入高峰。

經歷全國港灣大會，原則上安平築港之議就從請願運動階段轉爲殖民政府的重要建設之一。1931 年 2 月，報載將於臺南新運河出口處直接開鑿爲新港口；同年 8 月，總督府派遣築港調查隊，進入調查階段；1932 年 11 月，又有第二次調查。〔註 107〕相對的，請願運動則依舊持續進行，這固然是因爲築港運動大有進展，意欲再接再礪的心理，而總督府和州、市當局仍以工程困難、財政預算不足或難以更動爲由，表示築港工程無法提早實現，亦使得請願運動必須繼續催促〔註 108〕；此外，1930 年代初期，在臺官吏的更動異常頻

〔註 107〕〈安平港口新開鑿案〉，《臺灣日日新報》，1931 年 2 月 26 日，4 版。《臺灣日日新報》夕刊：〈臺南市民招待築港調查隊〉，1931 年 8 月 19 日，4 版、〈安平調查隊　再查築港〉，1932 年 11 月 10 日，4 版。

〔註 108〕《臺灣日日新報》夕刊：〈安平築港　三會長陳情〉，1930 年 12 月 13 日，4 版、〈臺南市協議會（第一日）安平築港問題　議會間大起質問〉，1931 年 1 月 29 日，4 版、〈臺南愛市會八氏　關安平築港問題　在安平對總督陳情〉，1931 年 2 月 14 日，4 版、〈安平港問題で　州當局に懇望〉，1931 年 3 月 7 日，2

繁，新官員上任，未必清楚築港動向，請願者也就不得不時加提醒。〔註 109〕1933 年 5 月，築港運動者再次團結起來，又成立了「安平築港期成同盟會」，主倡者爲愛市會、同志會、商工會、實業協和會、臺南商協、總商會及海運業者等團體〔註 110〕。

與此同時，王開運恰在日本進行商務考察，聞知此消息，在日記裡有如下感想：

> 又有安平築港期成同盟會之創設，唯不知高島君所主唱之同盟會，曾否解消乎？安平築港之必要，固無議論餘地，幸諸先輩認眞努力，勿徒爲爭勢力，出風頭之繼緣幸甚（〈東游日記〉，文，1933，頁 363）

所謂「高島君所主唱之同盟會」即是 1929 年的「安平築港期成大會」。筆者認爲，這或許不是如王氏所想的，是爲了各出風頭而另行集結，畢竟臺南商協也加入了新的期成同盟會。前後兩次集結的差異在於，前者的請願主要是訴求能夠獲得全島性，甚至是全國性的認可共識，後者則是既得認可，乃進一步催促總督府將之實現。

新的築港期成同盟會，其組織更爲完整，會長宮本一學、副會長陳鴻鳴與越智寅一，並有幹事、評議員、顧問、相談役、會則，以及擬定「安平港之修築，非單爲一地方問題，實國家最緊急之施設，吾人協心戮力而排萬難，期待其早一日之實現。茲表明不達最後目的不止之決意云」這樣的宣言〔註 111〕；前述王開運雖然對此組織一度產生懷疑，卻也是幹部之一。〔註 112〕1934 年 6 月，聞知總督府本身已有修築大會，築港期成同盟會乃又向總督府、臺

版、〈總督、臺南視察〉，1932 年 8 月 4 日，2 版。〈臺南有志爲安平築港 歷訪長官其他陳情〉，《臺灣日日新報》，1932 年 7 月 22 日，8 版。

〔註 109〕《臺灣日日新報》:〈總督初巡後感想談 各地進步尚在過程〉，1931 年 2 月 16 日，8 版、〈安平築港で又も陳情〉，1931 年 3 月 2 日，7 版、〈市勢振興 懇求市尹〉，1931 年 7 月 7 日，8 版、〈安平築港で小濱局長に陳情〉，1932 年 5 月 18 日，3 版、〈臺南有志爲安平築港 歷訪長官其他陳情〉，1932 年 7 月 22 日，8 版、〈總督臺南視察〉，1932 年 8 月 4 日，2 版。〈長官視察臺南 受民間代表訪問〉，《臺灣日日新報》，1931 年 5 月 28 日，4 版。

〔註 110〕〈安平築港期成同盟 七日晚舉發會式〉，《臺灣日日新報》夕刊，1933 年 5 月 7 日，4 版。

〔註 111〕〈臺南市民安平築港期成同盟會成立〉，《臺灣日日新報》夕刊，1933 年 5 月 10 日，4 版。

〔註 112〕〈臺南週報 安平に曙光 同盟會の活躍〉，《臺灣經世新報》，1934 年 9 月 2 日，4 版。

南州請願，並於公會堂開臨時大會，王開運是講者之一〔註113〕；隨後，安平築港費用原已編入總督府年度預算，卻可能有遭受財務局主計課阻撓的危機，立即引起築港請願者惶恐，急向臺南州謀求轉圜餘地，始漸有起色。〔註114〕1935年4月，官方終於確定要進行安平築港，資金78萬，其中總督府補助62萬4千圓，州、市負擔15萬6千圓，預計同年11月開工，由高雄築港事務所指導監督，分 3 年進行。安平築港運動於此乃完成其請願任務，築港期成同盟會也在該年4月解散。〔註115〕

1935年10月15日，築港工程正式開工，構築方式爲切開三鯤身島，直接接上新運河的出口，新港較舊安平港爲佳，規模可容80噸級以下的船隻出入，地點即是今天的安平漁港。〔註116〕隔年，澎湖馬公港因行軍事管制，臺南商協遂強力爭取由安平新港來代替馬公港的帆船貿易，並有具體調查結果與計畫，也持續關心工程進度〔註117〕；甚至另有主張擴大築港者，提議將安平新港的地位提高爲南部大商港、臺南港，故可間接推知，築港進度頗爲穩定。〔註118〕同時，日本國內政權爲軍人把持已久，對中國的侵略也加緊腳步，臺灣終將面臨被迫加強工業化、南進基地化的命運；爲此，總督府竟「主動」提起了強化安平築港的想法。〔註119〕1937年中旬，出入安平港的漁船激增，

〔註113〕〈臺南安平築築港問題 倡開臨時大會〉，《臺灣日日新報》夕刊，1934 年 6 月 12 日，4 版。

〔註114〕《臺灣日日新報》夕刊：〈安平修築 市各團體代表 協議促進〉，1934 年 7 月 31 日，4 版、〈安平築港 開評議員會 陳情知事〉，1934 年 8 月 2 日，4 版。〈臺南安平築港費 計上豫算有志歡況〉，《臺灣日日新報》，1934 年 8 月 22 日，8 版。

〔註115〕《臺灣日日新報》〈臺南の安平港 近く工事に著手 三ケ年繼續事業で〉，1935 年 4 月 25 日，3 版、〈安平築港 期成同盟解散 電謝各當路〉，1935 年 4 月 30 日，8 版。

〔註116〕〈安平港修築實現 十五日盛舉起工式 式後乘汽艇視察現場〉，《臺灣日日新報》，1936 年 3 月 11 日，8 版。范勝雄〈從大員港到台南港〉，《府城叢談：府城文獻研究 1》，頁 138。

〔註117〕〈赤崁話題〉，《臺灣經世新報》，1936 年 4 月 5 日，6 版。

〔註118〕《臺灣日日新報》夕刊：〈安平築港議擴張臺南 運河船溜〉，1935 年 10 月 17 日，4 版、〈臺南州會第二日 初等教育費滋議 希望半額歸國庫負擔〉，1937 年 1 月 28 日，4 版、〈臺南同志會總會 主張安平大築港 久代氏說明八好條件〉，1937 年 3 月 9 日，4 版。《臺灣日日新報》：〈安平港修築實現 十五日盛舉起工式 式後乘汽艇視察現場〉，1936 年 3 月 11 日，8 版、〈馬公禁止帆船貿易 臺南商工協會蹶起 籌以安平港代之〉，1936 年 4 月 27 日，12 版。

〔註119〕〈安平築港 大規模計畫 擬再一次視察〉，《臺灣日日新報》夕刊，1936 年 12

築港功效漸顯，同年 10 月，重大的築港相關工程也多數完成。〔註 120〕1938 年 3 月，安平築港正式竣工，在官民齊同歡慶之時，臺南市尹古澤勝之藉此發表安平新港即將邁向「臺南大築港」的豪邁宣言，日後也確實有所討論，並在 1942 年修築 400 米長的防波堤，而這可能是最後一次新港口工程。〔註 121〕1940 年代開始，日本疲於戰事，連帶也乏力為安平新港繼續疏濬建設，加上鄰邊的鹽水溪輸沙量依然龐大，未幾新港口即嚴重淤積，臺南人士戮力追求的安平築港，竟又夢幻般地近似廢港。〔註 122〕

第三節　啓發商工智能

前述「創造利潤」、「改善經商環境」，是臺南商協在地方商況上的付出，同時此商會也有必要培值鞏固自身實力，此即所謂「啓發商工智能」。較顯著者，在於商工考察和成立共榮貯金會。

一、商工考察活動

1930 年代起，臺南商協有數次的商工考察，直至解散為止，計有 1930 年的日本金澤市全國港灣大會考察（同時進行「安平築港」請願）、1933 年的日本與滿鮮考察、1936 年日本考察，以及 1940 年滿鮮考察等〔註 123〕，每隔 3～4 年便有一次島外考察，相當平均而有規劃。對於商工會的考察活動，趙祐

月 5 日，4 版。

〔註 120〕《臺灣日日新報》:〈安平入港船は漸增の傾向港口 竣成後を期待さる〉，1937 年 6 月 6 日，5 版、〈安平の改修工事 豫想外に進捗 殘工事も本年末には竣工〉，1937 年 10 月 7 日，5 版。

〔註 121〕《臺灣日日新報》:〈安平港口更生し 臺南州民は歡喜〉，1938 年 3 月 24 日，5 版、〈大築港計畫の實施要請 臺南州通常州會で決議〉，1942 年 2 月 2 日，4 版、〈安平港修築開始く 第一期工事費は卅萬圓〉，1942 年 5 月 26 日，2 版、〈安平港防砂堤構築 基石沈下式舉行〉，1942 年 6 月 7 日，3 版。

〔註 122〕范勝雄〈從大員港到台南港〉，《府城叢談：府城文獻研究 1》，頁 129～138。

〔註 123〕〈金澤市全國港灣大會 臺南商工團體各派代表 目的在提議安平築港的實現〉，《臺灣民報》，1930 年 5 月 17 日，3 版《臺灣日日新報》:〈臺南州主催 滿鮮視察 行程一箇月間〉，1933 年 7 月 31 日，4 版、〈滿鮮視察團 陸續決定〉，1933 年 7 月 31 日，8 版、〈臺南 評議員會〉，1933 年 11 月 16 日，8 版。〈人事〉，《臺灣日日新報》夕刊，1936 年 4 月 25 日，4 版。按，1940 年滿鮮之行，王開運留有詩作，見《王開運全集・詩詞卷》，頁 88～91、97，及本論文附錄七。

志則認爲，雖然少有深入調查，但商工會仍能對外分享心得見聞，實有一定程度的貢獻〔註 124〕，臺南商協也確實如此。

值得注意的是，1933 年王開運在《三六九小報》發表了〈東游日記〉（文，1933，頁 340～395），向讀者說明其與友人在日本的每一天經歷，雖然以日記形式表現，但不折不扣正是一份臺南商協的商工考察報告。先看日記開頭：

> 予不作東游，三載有餘矣。僕僕風塵，勞勞身世，加以貧病累人，遂使雄心頓失，伏櫪窮年。昨臘摯友荊如、賦鵬二君，將有閩江之行。予即擬隨鞭蹬，嗣以病不果往，今猶引以爲憾。幸者回賦鵬君，復有東游之舉。予聞之，不覺游興勃發，因亟謀與同行，併泚筆就每日起居誌之，亦聊存雪泥鴻爪之意耳。

自 1930 年的港灣大會之後，王氏已有 3 年未再前往日本；其間遭逢摯友楊振福逝世，對之打擊極大，「幾使余人生觀爲之一變」（〈幸盦隨筆〉，文，1932，頁 167），自身也生了一場大病，「餘暑迫人，一病多日，自困頓於藥鐺茶灶間，不與讀者諸君相週旋者，倏忽數旬矣」（〈幸盦隨筆〉，文，1932，頁 172），或許再加上旅費不貲，以及對於社會活動的參與、時世的關切等方面，可能或多或少感到疲累，遂無力遠走，亦不易遠走。然而，藉由商工考察以暫別臺灣，未嘗不是解憂良方，故仍舊促成了長達 2 個月的旅行。

王開運在 1933 年 4 月 27 日啓程，先搭火車到臺北，會合同行者張江攀、蘇錦墩、賦鵬（姓不詳）、翁金護、翁金水等人，4 月 29 日始乘船離臺。5 月 1 日至九州門司港，一行人在該地停留半日再上船；5 月 2 日，達本州神戶港，開始了長達近 2 個月的既玩樂又考察的旅行。以下將王開運一行人在日本的商工考察活動整理爲表格：

表 3-3-1【1933 年臺南商工業協會至日本商務考察之內容（即〈東游日記〉)】

日期	地點	同行者	商務內容
04.28	臺北	與張江攀	訪竹原氏、近藤商會主人近藤氏
05.01	門司	與張江攀、蘇錦墩、翁金護、翁金水等	遊覽門司市況

〔註 124〕趙祐志《日據時期臺灣商工會的發展（1895～1937）》，頁 224～225。

日期	地點	同行者	商務內容
05.03	神戶	與泰益商行邱世泰、原臺銀神戶支店長神鑒氏、吉川商店井東氏	訪吉川商店支配人多和氏、泰益商行
		與翁金護、翁金水、張江攀、蘇錦墩、大同燐寸會社重役小川氏及主任土居氏、社長奧村氏	訪大同燐寸會社事務所，及其入江燐寸工場，了解會社創始經過、產量與生產流程，並參觀工場設備
		與翁金護、翁金水、張江攀、蘇錦墩，及辰馬汽船常務木村精二與課長渡邊、松本二氏	訪辰馬汽船會社
05.04	神戶		神鑒氏、井東氏至王開運一行下榻處木原旅社拜訪
05.05	神戶		土居氏來訪，找張江攀談事
	大阪	與翁金護、翁金水、張江攀、蘇錦墩、八木氏	訪山本藤助社長
05.06	大阪	與張江攀、蘇錦墩、西畑氏	訪大正區諸木材商
05.07	神戶	與邱世泰、井東氏	遊覽南京街、訪諸海產物商，以及蔡炳煌、李景嶼、李宜濤、莊玉波、江善慧、張達修
05.08	西宮	與張江攀、蘇錦墩、西畑氏、辰馬會社重役木村精一、片山氏、杉原氏之弟	訪辰馬本家酒造株式會社，認識創業始末、產品品牌、產量，並參觀工場設備、運作方式
	大阪		邱世泰至王氏一行下榻處福田旅社過訪
05.09	御坊	與翁金護、翁金水、張江攀、蘇錦墩、西畑氏	行經湯淺，順道了解農產狀況，至御坊則視察木材狀況
05.10	新宮	與翁金護、翁金水、張江攀、蘇錦墩、西畑氏、高松氏、中村氏、片山代理店玉置氏	訪片山代理店、紀國木材會社，並了解木材爲新宮市的重要產業、配送路線。後與諸木材商聚飲於養老館
05.12	新宮		高松氏等人來王氏一行下榻處宇治長旅社，談商況及時事
05.15	大阪		廣瀨商店主人、野田喜出張員酒井氏來王氏一行下榻處福田客寓訪張江攀

日期	地點	同行者	商務內容
05.17	大阪	與張江攀、蘇錦墩、堀川氏之弟	堀川氏之弟來下榻處訪張江攀，後隨王氏等人視察中央市場，並訪西畑氏、野田氏
05.19	神戶	與西畑氏、張江攀	訪八尾燐寸工場、廣瀨商店、大滿合資會社等處
05.20	大阪		八尾燐寸代表中島氏、西畑氏、森氏夫婦來下榻處過訪
05.21	奈良	與西畑氏父子、御坊材木商上田氏	參觀產業博覽會
05.22	神戶	與張江攀、蘇錦墩，以及朝日燐寸社長千原氏、二位重役森氏、堀氏	訪邱世泰
05.24	大阪		林氏、片山氏來下榻處過訪
05.25	大阪		中島氏來下榻處過訪
05.27	西宮	與翁金護、翁金水、張江攀、蘇錦墩、西畑氏	訪林氏等
05.29	京都	與張江攀、蘇錦墩	遊覽名勝並觀市況
05.30	名古屋	與張江攀、蘇錦墩	觀市況
05.31	名古屋	與張江攀、蘇錦墩、杉山商店店主杉山氏	訪杉山商店及其製材工場、天龍木材會社支配人佐藤氏
06.02	京橋		獨訪伊藤精七
06.03	東京、川崎	與張江攀、蘇錦墩、明治商店常務佐藤氏及外交員西氏	至川崎明治製果工廠，視察チョコレート及其他種種糖餅類之製造。後再訪牛乳工場，惟王氏未隨行
06.05	大久保		獨訪黃宗葵
06.11	大阪		片山商店大阪支店長青木氏、入江氏、西畑氏來王氏一行下榻處福田客寓過訪
06.12	神戶	與張江攀、蘇錦墩	訪片山氏
06.13	大阪	與張江攀	至大阪商船本社訪東洋課長橋本氏及臺灣係長葉杉氏。另有邱世泰、中島氏來下榻處過訪
06.14	神戶	與張江攀、邱世泰	訪朝日火柴社長千原氏、大同燐寸重役小川氏

日期	地點	同行者	商務內容
06.17	大分、別府	與張江攀、蘇錦墩	至佐賀關訪高見氏，並視察尼女採收鮑魚。後至新榮町參訪、購買竹藝品
06.20	博多	與張江攀、蘇錦墩	遊覽市況
06.21	下關	與張江攀、蘇錦墩	訪林兼商店

從上表可知，王開運一行活動的範圍在東京、神戶、大阪一帶，此地區是日本政治、經濟、商工業的重心所在，正是臺南商協的最佳考察地點。商務內容上，王氏等人的參訪重點有燐寸（火柴）、材木、海產、釀酒、製菓（糖果製造）等產業，以及與商友漫談商務；這些商務考察也關聯到當時王開運等人在臺南的事業，或是臺南商協的活動。例如張江攀是「卸商」（批發商），其「永茂商行」經營的項目有海陸物產、火柴、罐詰（罐頭）、雜貨等〔註 125〕，自然需要與大同燐寸、八尾燐寸、朝日火柴、海產物商等接觸。再如蘇錦墩爲「永森記材木商行」的主事〔註 126〕，便與木材商進行交流。

至於王開運，則有 3 處值得觀察。其一，因之前率領臺南商協向大阪商船、日本商船交涉運費，過程中另與辰馬汽船有了合作關係，故此行遂安排參訪辰馬汽船與「辰馬本家酒造」；不過，在商言商，王氏仍與大阪商船保持往來，可推知其仍對運費問題有所警覺，不會過於信任特定的船運公司，故保留往來合作的空間。其二，當時王開運已在投資「南郡運輸」，此會社在臺南地區負責運送各類貨物，對於商貨應該也有多加認識的必要。其三，王駿嶽認爲，王開運乃是由於此次考察而返臺組織「永森記木材株式會社」，但據筆者考述，永森記商行是 1934 年始改組爲株式會社，王氏也才加入其中；雖然兩者敘述在年代上不同，但都能夠說明，此行確實讓王氏拓展至材木事業的投資。另外，此次考察也是王開運的訪親之行，當時其姪子王柏榮（開泰之子）正在東京大學念書，故從 6 月 1 日至 10 日，皆有姪子權當地陪。

總的來說，此次考察除了翁金護的事業是製鹽、販鹽之外〔註 127〕，王開運、張江攀、蘇錦墩等人的事業多在批發、運送，而行程上既有拜訪日本的同業商友，也安排了不少製造業的參訪。再看考察報告〈東游日記〉的整體，

〔註 125〕《三六九小報》第 284 號，1933 年 4 月 29 日，1 版。漢珍「臺灣人物誌」資料庫。

〔註 126〕漢珍「台灣人物誌」資料庫。

〔註 127〕漢珍「台灣人物誌」資料庫。

雖然玩樂、考察參半，對當時臺南商協成員、《三六九小報》讀者而言，仍有其意義。例如描述燐寸工場：

> 一行再受小川氏嚮導到燐寸工場視察，……（中略）……該社元爲瑞典與日人之合辦事業，後被久原元遞相所買收者。現社長奥村氏，蓋即久原氏之一股肱。聞此工場，爲日本全國中最優秀者，每日製造能力，約有八十噸以上。繼再導往入江工場視察，此工場之製造能力，日約四百噸以上。其機械之優劣，逕有天淵之別，當其製作時，除包裝以外，全然不假人力。其製造方法，分作軸木、紙標、藥料等三路，各以原料安置其中，藉機械之運轉，自能完成製品。其巧妙處，實出吾人想像外，堪令見者，大爲咋舌。聞此精巧機械，在東洋中唯有此處而已，故會社絕對秘密，不許他人觀覽，雖學生團體，均被拒絕。日前有某海軍大將，率數人往觀，亦只許大將外數名將校參觀而已，我等因屬遠來之客，故得參觀，藉開眼界，可謂萬幸。唯同行之邱、神、井東各位均被拒絕入場，殊覺過意不去耳。（〈東游日記〉，文，1933，頁346～347）

又如描述釀酒工場：

> 隨同赴工場視察，是日適逢工場休業，木村君特命臨時運轉，以開吾人眼界。據其説明，此酒之釀造，實爲辰馬家十三代以來唯一之家業。距今二百七十餘年前，其先祖于邸内，鑿井引泉，得清洌之良水，以之釀酒，是爲此酒釀造之始原。至其命名意義，即基于《淵鑑類函》所載，謂唐玄宗於芙蓉園，獲一白鹿。王旻見之曰：「是漢帝馴養於宜春苑者。」帝命左右視之，果於角際雪毛中，得一銅牌，刻「宜春苑中之白鹿」七字，蓋一千年物也。帝喜爲祥瑞之兆，目以仙客而愛養之。……（中略）……現白鹿酒商標中，刻有「宜春苑」及「長生自得千年壽」等之字句者，蓋本於此。其工場共分爲四十五藏，工場廣袤，計共四萬五千坪，建物三萬四千坪。其釀造能力，年約五萬石以上。在日本國中，實佔首位。此外又有一最新式之釀造工場，命名曰：白鹿館。内中設備純用機械，不假人力，爲酒造界中之典型。工場二階，各極宏廠，大約千四百坪，其建造資金約五百萬圓，中設鹽水循環式冷凍裝置，以便調節溫度。此外尚有消毒洗壜機、壜詰機、四槽循環式殺菌機、打栓機、商標自貼

> 機等等。兩行排列，自動不息。每時間，可得製造壹升壜壹千五百瓶，四合壜三千瓶。其製造之巧妙，實足令見者驚心奪目，一行瀏覽約亙二時餘鐘。(〈東游日記〉，文，1933，頁 352～353)

日治時期，由於酒類是專賣，日資的火柴幾乎獨佔臺灣市場〔註 128〕，臺灣尚且甚少火柴製造工場，其他企業也往往是日人資本佔優勢，故殖民地臺灣形同是母國的傾銷市場，商工業也就不容易發展。臺南商協的考察與王開運的報告，遂有了替商協成員擴展眼界的功能。而〈東游日記〉其他遊樂賞玩的部份，至少提供《小報》讀者閱聞之樂，亦合乎《小報》消閒輕鬆的風格。

二、成立「共榮貯金會」

「共榮貯金會」創立於 1932 年，是隸屬於臺南商工業協會的組織。其成立背景，乃鑒於臺南商況不佳、金融運轉困難、借貸過於高利，加上官方雖有小商工業者的金融補償方案，卻不甚便利；故臺南商協自組貯金會，以認股方式，計畫募集 2 萬圓，使商人在資金通融、業務發展上能夠同舟共濟。而貯金會訂有會則，限定臺南商協的成員才可加入，一個會員放貸 300 圓，並須經調查，找人作保，始得借貸。〔註 129〕

1932 年 11 月，「共榮貯金會」在臺南公會堂召開創立總會，先有張江攀致開會辭，王開運報告創立經過；接著審議會則，並推舉張江攀爲理事長，王開運爲常務理事，鄧洲南爲會計。貯金會原本計畫提供 400 股，一股 50 圓，可募得 2 萬圓，因爲會員踴躍加入，最後共得 634 股，總資金 31,700 圓。〔註 130〕這是繼 1931 年臺南總商會成立的「融通會」之後〔註 131〕，另一個臺南地區的臺籍商人金融互助組織。

關於共榮貯金會的資料，筆者所見不多，不過據報端來看，貯金會成立以來，便是臺南商協歷次總會的必要議案之一，可見「臺南愛護會」之外，

〔註 128〕李紀幸〈台灣火柴史之研究〉(臺北：淡江大學歷史學系碩士論文，2002)，頁 48～53。

〔註 129〕〈臺南商工業協會 籌設共榮金融 藉資金融補償案之利用〉，《臺灣日日新報》夕刊，1932 年 10 月 6 日，4 版。

〔註 130〕〈臺南商工業協會 共榮貯金創立總會 六日在公會堂選舉役員〉，《臺灣日日新報》夕刊，1932 年 11 月 8 日，4 版。

〔註 131〕〈臺南總商會 金融融通會 創立總會〉，《臺灣日日新報》夕刊，1931 年 11 月 21 日，4 版。

貯金會也是臺南商協的重點事業。再者，共榮貯金會確實發揮了協助會員借貸、還款的功效。例如貯金會未成立之前，臺南市當局欲提供 20 萬圓的融資金額，以助濟市內中小商工業者，並於同年（1932）的 10 月實施，官方卻希望以團體方式借貸，這就有賴臺南商協等商工團體來代辦〔註 132〕；而市內各商工團體爲了使借貸更加順遂便利，又另組金融會以應對，故「共榮貯金會」正是臺南商協對外借貸的管道，且貯金會也自訂還款辦法，要求會員每個月定額存款，以便按時清償借貸。〔註 133〕又如 1935 年初，報端曾稱譽共榮貯金會爲提供小口資金的利器，在臺南商協的總會裡相當有活力〔註 134〕；1936 年初的臺南商協總會裡，共榮貯金會的會長張江攀報告，指出貯金會不但能夠配利一成，且上述的 1932 年向臺南市當局告貸的救濟資金也已清償，又因應會員的要求，進行增資〔註 135〕，可見貯金會運作得當，維護了臺南商協成員的經商實力。

小　結

本章旨在考述日治時期王開運於商界裡頭的各般活動，王氏長期擔任會長，也往往透過臺南商工業協會來參與這些活動，加上臺南商協是當時臺南市內的重要商工團體，故個人與團體可說是一體兩面，也就有必要說明商協的始末。

臺南商協成立於 1927 年，正趕上 1920 年代臺籍商人積極發展商工團體的潮流；而發生此現象，則是由於第一次世界大戰後的思潮轉變、經濟不景氣、臺銀破產危機（1927），以及殖民者的民族差別待遇、商人欲保護各自利益……等，促使臺籍商人更加團結。當時王開運尚是臺銀店員，卻在臺南商

〔註 132〕《臺灣日日新報》：〈臺南市小額金融補償〉，1932 年 8 月 23 日，8 版、〈臺南議金補償〉，1932 年 9 月 7 日，8 版、〈臺南市小額融資　由勸銀經信組借出　實施期按十月中旬〉，1932 年 9 月 16 日，12 版、〈臺南市補償融資　自一日實施〉，1932 年 9 月 28 日，8 版。

〔註 133〕《臺灣日日新報》：〈短期小額金融損失補償制度　南市磋商會〉，1932 年 9 月 5 日，8 版、〈小額融資組貯金會　每月積立清還〉，1932 年 11 月 2 日，8 版。

〔註 134〕〈臺南週報　三商工團體の總會拜見記　何れも一特徵あり〉，《臺灣經世新報》，1935 年 2 月 24 日，4 版。

〔註 135〕〈臺南商工協　定期總會　共貯總會先開〉，《臺灣日日新報》，1936 年 3 月 3 日，8 版。

協成立初始即被推舉爲會長，說明了王氏紮根臺南，人脈經營已收得效果，加上工作表現與能力備受肯定，故有以致之，一位「新科」士紳就此出現。

處於被殖民的時空下，臺灣商工團體大多扮演著官民之間的橋樑，以比較溫和的方式替民間發聲（相對於民族運動、階級運動），是地方上新興的領導力量。臺南商協也是如此，經王開運帶領，確實能夠發揮創造利潤、改善經商環境、爭取地方建設、爲地方溝通請命等功能，使得臺南商協成爲重要團體，與日籍商人組織的「臺南商工組合」、「臺南實業協和會」，在市內鼎足三分。王開運也因領導有方，得以連任會長，直至臺南商協解散。

王開運與臺南商協的具體活動，本章分別從 3 方面來考述。「創造利潤」方面，指的是臺南商協與其他商工團體、臺南市役所合作舉辦的「廉賣會」，對於帶動消費、改善商況有不少貢獻。其中蔚爲盛況者，是 1930 年「臺灣文化三百年記念會」，此紀念會由市役所主辦，動用了大量人力、物資，是當時臺灣島內前所未有，也遠勝於日本內地過去的史料展覽，故本身即有考述價值。而王氏更是自始至終參與紀念會的籌備與執行，並由臺南商協與其他商工團體負責舉辦外圍的廉賣會，幫忙推行《臺南新報》發行達一萬號的紀念節目，王氏自身與張江攀（商協副會長）則分別擔任紀念會活動寫眞係長、臺灣人方面的店頭裝飾競技會係長，協助商家創造利潤，且群策群力地將紀念會塑造成全臺性重大活動。

「改善經商環境」方面，指的是有利於商家經營、挽救地方商況的諸多作爲。例如臺南商協與王開運反對三井物產臺南支店的撤移，調停布店「錦聯興」、當鋪「集源號」與米商「利源商行」的財務糾紛，且維護臺灣織布會社織工的保證金權益。而讓臺南商協一戰成名的，是與大阪商船交涉運費一事，就中可見王氏不負商家期望，致力於運費調降的堅定姿態，使得臺南商協成爲商民優先考慮陳情的管道之一。此外，臺南商協也率先推動店員公休日、勞動 8 小時制，並有店員褒賞，獲得《臺灣民報》的讚譽，認爲臺南的店主相當文明。自 1928 年起，王開運投入「安平築港運動」，欲藉此提振市況、促進地方建設，1930 年更成爲市內臺灣人的代表，與日人代表、地方官員聯袂赴日，爭取全國港灣大會對「安平築港運動」的支持，嗣後地方紳民仍持續陳情，終於促使殖民當局於 1935 年啓動工程，築造新港口，一度擁有榮景。

第三個方面爲「啓發商工智能」，乃是臺南商協對內培值鞏固自身實力之用。例如成立「共榮貯金會」，對於商協成員經商所需的借貸、還款，有很大助益，且經營得當，貯金會尚有配利、增資的紀錄。至於「商工考察」，有助於商協成員拓展視野，每隔3～4年，臺南商協便有一次島外考察，財力頗爲雄厚。王開運的〈東游日記〉，正是商協成員於1933年前往日本京阪神地區的商工考察報告，能藉以窺知考察情況，也由於日治時期臺灣的商工團體的考察報告甚少留存，故〈東游日記〉可視做戰前商工團體的重要史料之一。總之，被推舉爲會長，是王開運成爲臺南士紳的開始，而領導臺南商協成爲官民之間的橋樑，有諸多活動成就，則讓王氏在地方上保持士紳地位，且日趨重要。

不過，從大環境來看，隨著1931年「九一八事變」發生，中、日關係陷入緊張，臺灣陸續被殖民者定位爲經濟須自給自足，開啓日後工業化、皇民化、南進基地化，且社會領導階層進一步地被納入官方控制範圍；但也有利於臺日籍商人長年追求的「商工會議所」請願運動，並得以實現。1936年11月，臺灣總督府頒布〈臺灣商工會議所令〉，至1938年已成立了基隆、臺北、新竹、臺中、彰化、嘉義、臺南、高雄、屏東等9個地方的「商工會議所」；同時，各地商工團體依令漸次解散〔註136〕，臺南商協自然也遭遇被解散的局面。

面對如此情況，臺南商協先於1937年初，計畫改組爲「臺南商工業俱樂部」。〔註137〕1938年1月底，「臺南商工會議所設立發起人銓衡委員會」將王開運列爲委員之一，但在同年2月的臺南商協總會裡，其成員則希望商協能夠繼續存在；4月，「臺南商工會議所」正式成立，臺南商協則因資金龐大，關係事業如愛護會、共榮貯金會也仍在運作之故，不但尚未解散，反倒另外增組「臺南商友俱樂部」，做爲處理商協資產之用〔註138〕。1939年3月，臺南商協依舊召開總會，改選評議員與正、副會長。〔註139〕凡此種種，無疑存在著臺南商協設法延遲解散的用意。

〔註136〕趙祐志《日據時期臺灣商工會的發展（1895～1937）》，頁327～338。

〔註137〕〈臺南 商協總會〉，《臺灣日日新報》夕刊，1937年2月23日，4版。

〔註138〕《臺灣日日新報》：〈臺南商工會議所銓衡委員〉，1938年2月3日，2版、〈臺南商工會總會〉，1938年2月21日，5版、〈臺南商議創立總會 きのふ終了〉，1938年4月12日，2版、〈臺南商友俱樂部の誕生〉，1938年6月17日，2版、〈臺南の商工業協會と實業協和會 事業部解散遲延〉，1938年8月7日，2版。

〔註139〕〈通常總會〉，《臺灣日日新報》，1939年3月14日，5版。

直到 1941 年 5 月，臺南商工業協會始正式決定解散，報端稱譽其 15 年來在貧民救濟、中小商工業者的金融援助，以及振興市勢等方面皆相當有成就，並說明關係事業愛護會、共榮貯金會將繼續留存運作。〔註 140〕至於長年擔任會長的王開運，也加入了官方主導、日籍商人佔優勢的臺南商工會議所，因時值戰爭，況且終究不是處於自在的商界舞臺，其商務活動也就略為消沉。

〔註 140〕〈臺南商工業協會 近く解散に決定〉，《臺灣日日新報》，1941 年 5 月 19 日，4 版。

第四章　邁向地方士紳之途（下）——由商務向外延伸至其他地方活動

本章接續說明王開運在商界之外的其他活動，包含參與王姓宗親會、南門墓地事件、美臺團、臺灣地方自治聯盟，擔任臺南市協議員、臺南市會議員、路竹庄長，以及推動「臺南愛護會」的成立等等。對於這些活動，特別是過去的研究較少觸及者，亦藉此加以考述，俾補文史之不足；也唯有如此，方能理解王開運如何保持地方士紳地位，如何發揮知識份子的經世濟民之志、士紳的社會功能，並呈顯其於地方上的重要性。至於文學活動，雖然可以廣義地納入社會活動，但王氏留下不少作品，既呼應外在活動，也蘊藏個人生命情調與幽微心聲，值得細細爬梳，則另立專章說明。

第一節　加入臺南王姓宗親會與協調南門墓地事件

一、臺南王姓宗親會

父系「血緣關係」在漢人傳統文化裡相當受到重視，故宗族社會出現甚早；而宗親會便是具體組織，團結宗族、管理宗族成員，進而協助維持社會秩序。在臺灣，由於漢人移民裡少有舉族渡臺者，加上來臺時間與定居地點不一，故產生變異，亦即將宗親會區分爲「唐山祖型（合約式）宗族組織」和「開臺祖型（鬮分式）宗族組織」；前者由一地方的同姓氏移民採入股方式組成，不求血緣相同，以在中國的較顯赫的同姓祖先爲祭祀對象，後者則由同一移民者的後代組成，祭祀對象爲開臺祖，族譜關係也就清楚。〔註 1〕到了日治時期，移民者後代雖已開枝散葉，穩定居住，不過兩種型態的宗族組織依然並存，王開運加入的王姓宗親會，性質就屬於「唐山祖型宗族組織」。

日治時期臺南市的「王姓宗親會」，發起於 1928 年，但此構想在 1923 年已出現，當時王汝禎與王德裕、王錦堂、王汝若等人即有所計畫。〔註 2〕其中，王汝禎是白手起家的知名富商，生長於臺南市，年少失怙，需要獨力養母，乃罷學就商，在日俄戰爭與第一次世界大戰的局勢裡善用商機，得以致富，擁有金義興商行，1907 年出版的《南部臺灣紳士錄》已將之載錄；另一方面，其叔伯王藍玉、王藍石皆是前清舉人，王汝禎本身也相當注重傳統文化。是以，性格、家世與成長經歷，可能就是其極欲推動宗親會的背景，而該氏本身的社會地位，也頗有一呼百諾之優勢，惟終究獨木難支，加上之後王德裕等 3 人相繼逝世，不得不罷議。〔註 3〕

直至 1928 年春，見市內其他宗親會相繼成立，王汝禎乃再度積極謀籌，率先捐款，也尋得王開運、王銘新（鵬程）、王年以等同爲發起人，並登報宣傳；然後在王汝禎家裡開發起人會，產生實行委員 16 名，宗親會事務所則置於金義興商行。接著，短時間內即募得會員六百餘名以上，王氏宗親會終於在同年 8 月於公會堂舉行創立總會，與會者一千餘人，選出理事 50 名、評議員 50 名，由王汝禎膺任理事長，可謂規模盛大。〔註 4〕惟資金不足，一時未能築成宗祠，因此「籌建宗祠」便成爲該宗親會初期發展目標，而祭祖等會

〔註 1〕黄秀政、張勝彥、吳文星《臺灣史》（臺北：五南圖書出版社，2002），頁 108～109。

〔註 2〕〈王氏建宗祠〉，《臺南新報》，1924 年 12 月 7 日，9 版。王汝禎〈王姓大宗祠建築之沿革記〉，《台南市市定古蹟「王姓大宗祠」修護調查研究計畫》（張玉璜建築師事務所執行，臺南：臺南市政府，2005），附錄頁 14。

〔註 3〕〈商工人士鑑〉，《三六九小報》322（1934 年 3 月 13 日）。《台南市市定古蹟「王姓大宗祠」修護調查研究計畫》，第一章頁 15～16。王育德《王育德自傳：出世至二二八後脱出台灣》（吳瑞雲譯，臺北：前衛出版社，2002）頁 4～8。

〔註 4〕《臺灣日日新報》夕刊：〈王姓宗親會〉，1928 年 4 月 7 日，4 版、〈赤崁 王姓宗會〉，1928 年 5 月 22 日，4 版、〈瀛南王姓會議〉，1928 年 7 月 9 日，4 日、〈瀛南王姓會 發會式期〉，1928 年 7 月 28 日，4 版、〈赤崁 王姓祭祖〉，1929 年 4 月 23 日，4 版。王汝禎〈王姓大宗祠建築之沿革記〉，《台南市市定古蹟「王姓大宗祠」修護調查研究計畫》，附錄頁 14。

內活動所需要的場地，則暫時借用公會堂。此外，落實「社會事業」也是該宗親會目標，例如礙於日、臺人之間有著隔閡，1929 年王氏宗親會於溫陵媽廟另設「兒童保健相談所」，聘請臺籍醫師謝繡治主持，方便臺灣人諮詢。再如臺南愛護會儘管是由臺南商協所成立，兩者關係緊密（詳後文），不過會長一職卻長期由王汝禎擔任，因此有論者認為，該宗親會在社會事業上的表現，是相當積極的。〔註 5〕此外，現存的「王姓大宗祠議救濟關係文書」裡，亦屢屢可見該宗親會在戰後的救濟紀錄。〔註 6〕

1935 年，王姓大宗祠終於落成，地址位於今天臺南市北區佑民街 41 號，現為市定古蹟（見附錄一）；歷經數年始有一共同歸屬所在，實是緣於當時經濟不佳、宗親會財力不足，和土地糾紛等問題。此宗祠空間深長，可分為前院、門廳、內埕、正堂、後院、兩側廂房以及後院的附屬建築等，以傳統合院為主體，間雜日式、近代的風格。其中正堂神龕供奉著王審潮、王審邽、王審知三兄弟之神像，3 位古人是五代十國時期的閩國君主，頗有治績，受地方推崇，故被追認為臺灣和中國東南沿海的王姓宗族共同先祖。而臺南的王汝禎、王吟子與王文東、高雄王沃、嘉義王順記及王國材父子、斗南王子典等人，是王氏宗親建祠組會時即大力參與者，為了表示感念，遂供奉長生祿位，或是以彩磁壁磚拼成本人照片並記述功德，同樣置於正堂內。宗祠裡臺中王竹修的題詩、關廟王維楨的題記，則皆由林茂生執筆鈔署。〔註 7〕

王開運與宗親會關係密切，除了一開始就是發起人，尚且擔任宗親會理事；戰後 1950 年代，王汝禎逝世，遂由王開運繼任第二任理事長及管理人，直到 1969 年逝世後，才又由王汝禎之子王育森接手。而王開運歷次捐輸金額也不少，例如建祠時 100 円、納獻祭祀金 30 萬元（舊臺幣，1946）、重修納獻 500 元（1956），依金額大小排列先後，其紀錄都名列前茅。〔註 8〕又，在王姓大宗祠前廳門口的左壁上，並置林茂生的墨跡（王竹修的另一題詩）與王開運的親筆題詩，後者詩句如下：

〔註 5〕《臺灣日日新報》夕刊：〈瀛南王姓會 發會式期〉，1928 年 7 月 28 日，4 版、〈育兒相談 臺南王宗親會設〉，1929 年 2 月 3 日，4 版。《台南市市定古蹟「王姓大宗祠」修護調查研究計畫》，第一章頁 11。

〔註 6〕「王姓大宗祠議救濟關係文書」，國家圖書館縮影資料室藏。

〔註 7〕《台南市市定古蹟「王姓大宗祠」修護調查研究計畫》，第一章頁 4～5；第二章頁 1、31；附錄頁 19～21。

〔註 8〕《台南市市定古蹟「王姓大宗祠」修護調查研究計畫》，第一章頁 10～11；附錄頁 15、17～18。

> 木有本兮水有源，太倉一族震乾坤。廟堂輪奐光前代，俎豆馨香薦後昆。鯤海衍蕃流派遠，閩山開拓霸圖尊。而今格祖躬逢盛，◯筆恭題署裔孫。

一般門面處負有建築物予人第一印象的重大作用，二人作品俱現於此，表示聲望、才氣俱受重視，足爲祠堂踵事增華；而正堂壁上的王吟子像暨功德記，同樣是王開運筆跡，內容記載王吟子的籍貫、事業成就與捐輸金額，是可貴的文獻資料。此外，王開運的二位兄長道宗、開泰也有捐獻紀錄，而王開運長子神嶽，在戰後還是宗祠的春季祭典主祭官之一。〔註 9〕

從成立王姓宗親會這一事來看，實有 3 點可注意。其一，該宗親會是唐山祖型宗族組織，沒有血緣基礎，勢必要有更強的號召力始能成事，而王開運在 1927 年起擔任臺南商協會長，是市內臺商的重要領導人，恰可藉其聲望助長宣傳，遂可以解釋王汝禎何以選擇王開運爲合作對象。其二，在地緣上，臺南是南部大都市，較具人口流動的吸引力，因此能夠以臺南市爲中心，召集周圍各地的同姓宗親加入，甚至在募集建祠經費時，還有遠自臺中、臺北等地的同姓宗親寄出捐款。〔註 10〕1930 年，王姓宗親會尚且在岡山成立支會，發會式當天，總會代表王汝禎與王開運皆出席致辭，在表達了王姓淵遠流長，瓜瓞棉延之後，續曰：

> 惟諸方散處，渙而不通，覿面相逢，幾同陌路，奚問其他？吾人興感及此，爰於去年集合同志，出爲奔走，組織本姓宗親會，原擬推行漸廣，無遠布居，乃設本會於臺南市本町，然後各郡分設支會，以冀脈絡聯貫，呼應通鑿，親親益善，散之則獨立一方，聚之則四方一家，……（下略）……〔註 11〕

可知該宗親會在南部自居中央，漸次向外擴張宗親力量的企圖，而王開運自然是處於核心位置。進一步說，臺南商協固然讓王開運成爲地方商界領導者，王姓宗親會則是使王氏得以更加融入地方、廣結人脈、鞏固領導地位的另一個管道；同時象徵著，王開運的宗族關係不再只有路竹王文醫一脈，更在臺南市緊實紮根。

〔註 9〕《台南市市定古蹟「王姓大宗祠」修護調查研究計畫》，附錄頁 15、21。

〔註 10〕《台南市市定古蹟「王姓大宗祠」修護調查研究計畫》，附錄頁 17。

〔註 11〕〈王姓宗親會岡山支會發會式〉，《臺南新報》，1930 年 1 月 7 日，6 版。〈王姓宗親會岡山支會 發會式祝詞〉，《臺南新報》夕刊，1930 年 1 月 8 日，4 版。

其三，王姓宗親會從發起以迄創立總會，其間發生了「南門墓地事件」，或許這正是促成宗親會員迅速集結的一個重要因素，就中也可見到王開運的重要表現。

二、南門墓地事件

歷來定居臺南的人民，久將府城之外的周圍土地做爲先人墓地，其中佔地最廣者，乃今天臺南市古蹟大南門城的南方一帶（屬南區），至今墓塚依然密集，殯葬管理所亦設在此處（國民路上）。日治時期，基於衛生、市容、市區改正與建設、土地開發等目的，殖民當局乃將這些墓地加以整頓利用；然而事關遷葬，費時費金，也容易抵觸到居民的傳統價值或禁忌，招來抗議。例如 1907 年，官方欲開闢南門墓地做爲陸軍射擊場，地方紳民發起抗議運動，遂以三分子庄（今臺南市北區）的土地來交換原定地，遷葬爭議始暫時平息。〔註 12〕

對於墓地整頓，不論有主無主的墳塚，官方常是強制地先定位爲「廢墓地」，限期遷葬，然後逕行移轉他用，故遷葬問題頻起。1917 年左右，地方人士如陳鴻鳴、楊鵬摶、許廷光、謝群我、石謨記、黃藏錦等，爲解決此問題，遂組成「集義公司」，以捐款、股東資金買下若干墓地，提供遷葬空間、整理無主孤墳，並在墓地裡可開拓處招人屯墾，收租補充經費。〔註 13〕關於集義公司，吳淑美（適王開運二子崧嶽）的父親吳應清正是此公司成員，吳氏記憶猶深：

> （前略）「集義」意思是講，有義的人集中做夥。阮老爸將錢集中起來籌措基金，如果台南市有人眞散，無辦法看醫生，這個會社出錢帶伊去看醫生；如果歹運死去，無錢埋，這個集義會社就會幫忙買棺材安葬。阮老爸實在人足好，頭腦擱好，伊講，集義會社資本金不能溶去，所以用集義會社的名義一直買台南市的土地。

〔註 12〕〈臺南墓地問題後報〉，《臺灣日日新報》，1907 年 9 月 1 日，2 版。〈怪物を葬れ！！集義公司か　それとも集利公司か〉，《臺灣新民報》，1931 年 2 月 7 日，14 版。筆者按，此射擊場今已成爲「三分子日軍射擊場遺址」，參見「行政院文化建設委員會文化資產總管理處籌備處」（http://www.hach.gov.tw/）。

〔註 13〕〈樂善好捐〉，《臺灣日日新報》，1917 年 12 月 7 日，6 版。〈臺南集義公司股主總會〉，《臺灣日日新報》夕刊，1927 年 5 月 10 日，4 版。李岳倫〈府城（台南）南門外土地使用的歷史發展〉（臺南：臺南大學台灣文化研究所碩士論文，2008），頁 58～79。

> 後來伊擱想，無錢的人死去無所在通埋，攏到山內隨便掘掘咧就這樣埋落去，結果台南市現在的體育場，古早是山，叫做「鬼斗山」（筆者按：即魁斗山，今五妃廟一帶），伊就向日本政府買起來，這個山地較便宜，就在彼個山做一個像現在的塔，叫「萬姓墓」，攏是無名的，但是不能講這是無人認的墓，實在是有的散赤人無錢買墓地才來這裡，應該要叫「萬姓當歸」，所以墓牌嘛刻作萬姓當歸（筆者按：音誤，乃萬姓同歸），集義會社擱派一個人管理。〔註 14〕

「萬姓同歸」是集義公司所擁有的納骨堂；1924 年，政府欲在南門墓地建造「臺南第二高等女學校」（戰後與第一高等女學校合併爲臺南女中），便將該地墳塚集中於此。之後集義公司在 1931 年改組爲株式會社，戰後仍存，事業改爲商貿，猶有公益事跡。〔註 15〕

1928 年，遷葬問題再度惹起爭議，此即「南門墓地事件」；民眾反應相當激烈，歷時一個多月，終於使得官方不得不從長計議。此事件起因於昭和天皇將在此年舉行「御大典」（登基儀式），爲了向天皇致敬，臺南州打算在南門墓地「桶盤淺」及「鹽埕」二處，開闢佔地 5 萬坪（約 17 甲）的新運動場，供全州運動大會使用；經費約八萬餘圓，預計於 1928 年秋季落成，且立即舉行全州陸上競技大會。與此同時，州內各郡市也有自己的御大典紀念事業，卻還要額外分擔運動場建造經費，於是在新運動場使用率恐怕不高，況且臺南公園本身即可充當運動場的考量下，官方內部已產生了異議。最後，州政府強勢執行，1928 年 5 月初發布告示，限令 6 月 19 日前，將指定用地上頭的近一萬座墳塚須遷移完畢。〔註 16〕

告示一出，當局很快就遭到民眾反對，加上陰雨連綿，至 5 月底，遷葬比例尚不及百分之一〔註 17〕；而反對者除了墳塚關係者之外，還有臺灣民眾

〔註 14〕吳淑美《美世紀》（臺北：杜文苓等訪談編撰，2011），頁 5。

〔註 15〕〈臺南集義公司臨時總會〉，《臺灣日日新報》夕刊，1931 年 1 月 11 日，4 版。〈臺南集義公司改爲會社〉，《臺灣日日新報》，1931 年 1 月 15 日，8 版。〈未收千萬租金還捐款 集義老董助弱勢生〉（2011 年 4 月 17 日），「自由時報電子報」網站（http://www.libertytimes.com.tw/index.htm）；2011 年 12 月 20 日閱。

〔註 16〕《臺灣日日新報》：〈臺南御大典記念事業 建設一大運動場 按今秋舉開場式〉，1928 年 3 月 22 日，4 版、〈臺南州記念運動場 指定廢墓地域〉，1928 年 5 月 4 日，4 版。〈大典紀念事業 郡守們頗有意見〉，《臺灣民報》，1928 年 4 月 29 日，5 版。

〔註 17〕〈臺南市遷墓問題 市民攻訐紳士〉，《臺灣日日新報》，1928 年 5 月 31 日，4

黨臺南支部、新文協臺南支部、市內各宗親會、臺南商協等。反對理由有數點，其一，市內已有臺南公園的運動場，以及テニスコート（硬式網球）場、市營泳池，不必要再建新運動場；工程目的只是爲了替特權階級建一座高爾夫球場而已。其二，指定用地裡的墳塚實際有 2 萬座以上，市民負擔不起龐大遷葬費用，遑論再捐款建運動場。其三，選地方面，墓地地勢不平，遷葬後尚須費錢整地，若將運動場蓋在空曠的安平，可帶動該地區復興，且配合運河，兼有水上競技的功能，如此便省了遷葬費，相對捐款意願也會提高。其四，居民難以忍受遷墳。其五，運動場既然是重大事業，應與民眾討論，而非只聽取少數御用紳士之言。其六，在 1907 年的那場遷葬爭議，紳民已購地交換，故南門墓地地權基本上屬於紳民，如今預定地又選到了同一區域，應與紳民討論。〔註 18〕

與此同時，原本幫助民眾解決遷葬問題的集義公司，反而成爲眾矢之的，這是由於一來該公司在其買下的墓地上過度開墾，以致民眾即便想遷葬，卻有供地不足之虞；二來，遷葬之事儘是官方交給集義包辦，似有圖利該公司的嫌疑。是以，爲了平息眾怒，集義公司緊急捐出 10 甲地做爲公共墓地。〔註 19〕

自 1928 年 5 月底起，臺南市民眾開始一連串陳情反對。5 月 26 日，民眾黨與新文協各自召開了「大南門外墓地發掘反對政談大講演會」，欲促請當局反省、喚起輿論，但除了蔡培火、黃金火在講演會上表達得較爲完整之外，其他講者多受警察阻撓，激起民眾不滿，決定進一步開市民大會。同月 30 日，市內吳、蔡、楊、高、王等十餘姓宗親會，召開「各姓宗親會代表者聯合會議」，31 日向州當局投出陳情書，並和內務部長豬股松之助、市內町委員溝通。〔註 20〕6 月 1 日，臺南商協會員要求該商會也應該加入反對遷葬的行列，遂以王開運、蕭天旺、翁金護、商霖等 4 人爲代表，向官方陳情，且主要是商協會長王開運與暫時代理州知事的豬股松之助進行會談；當時《臺灣民報》特

版。

〔註 18〕《臺灣民報》：〈爲建大禮紀念運動場 臺南州強迫遷移墳墓 墓地緣故者大起反對〉，1928 年 5 月 27 日，4 版、〈臺南市の墓地整理問題紛糾す〉，《臺灣民報》，1928 年 6 月 3 日，11 版。

〔註 19〕〈臺南墳墓遷葬問題 因爲政者不恤民艱 不解尊重慣習要諦 市民怨聲載道〉，《臺灣日日新報》，1928 年 5 月 29 日，4 版。〈獻十甲爲 公共墓地〉，《臺灣日日新報》夕刊，1928 年 6 月 1 日，4 版。

〔註 20〕〈開政談演說會〉、〈臺南墓地遷移問題 不得無視人事反對 須另選擇適當地方〉，《臺灣民報》，1928 年 6 月 3 日，2、4 版。

地將二人談話內容刊登出來，王氏爲了民眾權益而展現犀利言辭，以及官方固執橫罷的態度，在此互相映顯。

二人談話先從臺南商協的陳情書起始，豬股氏表示能體諒陳情內容，對於遷葬困難已有補救辦法，惟指定用地極爲適合開闢爲運動場，州下民間代表亦贊成，且南門墓地遲早要進行市區改正；對此，王開運認爲預定的計畫可彈性改易，然豬股氏以時間急迫或權限不足來搪塞。其次，王氏認爲當局過於依賴民間代表，不顧民眾輿論，而豬股氏則認爲輿論紛雜，才必須仰賴民代。王開運進一步質問：

> 王氏：我聽這問題，尚未成案的數日前，州知事曾喚黃欣、許廷光二君予先商量，這事確實嗎？
>
> 部長：未有此事。
>
> 王氏：此乃黃欣君昨日對我面談的，現有同行二人可以作證。
>
> 部長：（暫作苦笑無言）
>
> 王氏：且聞黃欣君與許廷光君二人，具各有所陳情，極力主張反對，當局既信用代表議員的說話，怎樣他二人的忠言，當局篇要付之馬耳東風，任意斷行？對此豈無責任之感？且○○事，又命黃欣君要秘密，這更是不可解的事了。〔註21〕

民代的反對意見，官方不聽不聞，而爲了遷葬得到支持，又私下與民代商議，王開運這番質問，就在於指出官方屢用民代意見做爲屏障的矛盾；但豬股氏仍一味否認私議之事，並強調遷葬補助才是務實而重要的，實欲模糊話題。

職是之故，王氏改提南門墓地所有權的問題，主張1907年民眾買地換地之後，南門墓地即屬私有，且試圖以政府威信做爲說服的理由：

> 王氏：（前略）不過當時因未請手續，故尚未換名。聞當時的紳士，亦曾一次向川中子氏交涉過名，川中子便大發惱說『臺灣人總不信用官廳，官廳既然知道，是萬無錯誤的，怎樣須要手續呢』云云，這言猶在耳，官廳竟然又要霸佔發掘，這樣官廳的威信，豈不失墜嗎？
>
> 部長：總是在官廳卻無何等的證據書類。

〔註21〕〈臺南市的清塚問題 商工業協會的反對運動 代表與內防部長的問答〉，《臺灣民報》，1928年6月10日，3版。

王氏：官廳雖無證據，這個事實卻是不能否認的，且民眾未曾要求證據，就是證明在來的民眾，對官廳是絕對信用的。若官廳堅持因無證據，便要否認，豈不失了官廳的威信，這點當局全然不顧慮嗎？

部長：若果事實，我也是表遺憾的。〔註 22〕

豬股氏欲出爾反爾的企圖相當明顯，當王開運再問墓地開闢是否只爲日本人，有違國家內臺融和的嫌疑之時，豬股氏一樣否認。最後，王氏只好仍舊以新運動場的實用性不大爲由，建議官方三思，而豬股氏竟然又說要尊重民代看法，令人哭笑不得。〔註 23〕總的來看，面對王開運屢屢切入問題核心，豬股氏總是曖昧其辭，無論兩人再怎麼談論，也註定不會有交集。

接著，在 6 月 2 日，墳塚關係者召開「有緣者大會」，由盧丙丁任議長，林宣鰲爲司儀，選出盧丙丁、廖印束、蔡嘉培等 10 人爲代表，蔡培火、謝春木爲顧問，準備向州、府（總督府）陳情，但會議期間仍受警察阻撓。〔註 24〕同月 3 日，在臺南大舞臺，十餘姓的宗親會代表向民眾報告之前 5 月 31 日的陳情結果，開會前夕卻臨時接到通知，說之前出差而現已回到臺南的知事片山三郎，欲召開懇談，遂派王開運、蔡培楚、吳純仁、陳明沛 4 人前往州廳，待一小時之後返回才正式開會。在接續的宗親會議中，當民眾聽到王氏等 4 人所轉達的州當局意見，仍是堅持遷葬，立刻激起憤怒；惟官方漸已釋出願意延遲期日、盡量補助所需費用、規劃公共墓地等讓步協議。而王開運或許是顧慮到，官方當天準備禁止有關新運動場的任何反對或政談演說，爲了能使宗親會議順利進行，乃刻意強調開會重點在於講述當天會見知事的陳情經過，以及官方意見，結局自有公論，不宜意氣用事。〔註 25〕

4 日晚上，對於遷葬問題，包括各宗親會、臺南商協、工友會、共勵會、民眾黨、新文協、有緣者會、勞工會、總勞工同至會、靴鞋工會、機械工友會、無產者讀書會、赤崁勞働青年會、洋服工友會、臺南店員會……等三十餘個團體，各派出代表，聚集於臺南商協的事務所（今祀典武廟），開「大南

〔註 22〕〈臺南市的清塚問題　商工業協會的反對運動　代表與內防部長的問答〉，《臺灣民報》，1928 年 6 月 10 日，3 版。

〔註 23〕〈臺南市的清塚問題　商工業協會的反對運動　代表與內防部長的問答〉，《臺灣民報》，1928 年 6 月 10 日，3 版。

〔註 24〕〈反對強制遷塚　開有緣者大會〉，《臺灣民報》，1928 年 6 月 10 日，2 版。

〔註 25〕〈臺南各姓宗親會　倡開清塚陳情經過報告會〉，《臺灣日日新報》夕刊，1928 年 6 月 5 日，4 版。

門外墓地發掘反對臺南市內各團體之共同委員會」，由韓石泉起述開會宗旨，蔡儀斌擔任主席，王開運、蔡培火各述向官方陳情經過，接著各述意見。其中蔡培火報告自己一方面向內、臺人士爭取支持，一方面得知遷葬與否的權力在於臺南州，州廳卻推諉是經過總督府批准才有此作爲；盧丙丁報告同在4日早上的墳塚關係者代表的陳情經過，以及堅持不遷葬的立場；木工會長林離則說明，已知會土水工友會，先不配合墓地挖掘，但若不得不遷葬，則盡量收費從廉。要之，儘管部份反對者已願意接受官方的補助、延期之議，但臺南警察署持續催迫遷葬，使得民眾立場仍舊決定抗議到底。9日，墳塚關係者繼同月 2 日之後，再開第 2 次反對大會，開會不久卻被警察命令解散，以致民眾與警察發生衝突，甚至前往包圍臺南警察署，有 4 人遭到檢束。〔註 26〕

6 月 12 日，州知事片山三郎，有鑑於反對聲浪漸次擴大，乃召集州下各官員、評議員，說明意欲中止蓋新運動場，縱然部份日人反對，片山氏還是堅持中止〔註 27〕；至此，南門墓地事件暫時告一段落，民眾在墓地權益上可謂是獲得一次勝利。同月 13 日，新文協臺南特別支部打算「乘勝追擊」，開臨時講演會，抨擊墓地事件中支持遷葬的御用紳士，但被警察強制解散，參與者轉而包圍支持遷葬的市協議員劉揚名住宅，要求其出面說明，劉氏避不見面，並通知警察前來驅散民眾。14 日，劉宅門口被人塗抹糞尿，又與另外兩位市協議員宮本一學、里見四郎同時收到警告黑函，於是警察將調查方向針對新文協，或是具有民族主義傾向者，先後拘補了白添木、洪石柱、莊孟侯、楊宜綠等人，成爲墓地事件的餘波。〔註 28〕

總而言之，「遷葬」已是市民所不情願，又由於墓地所有權的糾紛、土地利用不當、官方態度過於強硬，加上民族運動興盛，以致招來極大反響，不得不中止運動場計畫；對此，《臺灣日日新報》有分析檢討，其視角不甚公允，但也將「南門墓地事件」評價爲臺灣人在政治上、地方上大眾運動的最初勝利〔註 29〕。如此看來，王開運參與其中，實是貢獻了一份心力。

〔註 26〕《臺灣日日新報》夕刊：〈臺南清塚問題 三十三團體議反對〉，1928 年 6 月 7 日，4 版、〈臺南反對清塚 日益猛烈〉，1928 年 6 月 12 日，4 版。〈有緣者代表陳情〉，《臺灣民報》，1928 年 6 月 10 日，3 版。

〔註 27〕〈墓地移轉問題 片山臺南州知事 昨日聲明中止〉，《臺灣日日新報》夕刊，1928 年 6 月 14 日，4 版。

〔註 28〕〈臺南墓地問題之餘波〉，《臺灣民報》，1928 年 6 月 24 日，3 版。〈文協案送院 楊宜綠氏亦在內〉，《臺灣日日新報》夕刊，1928 年 6 月 27 日，4 版。

〔註 29〕〈臺南とこの一年の回顧 轉換期への一表現（上） 南門墓地改葬事件〉，《臺

同年 10 月，新一度的市協議員名單揭曉，王開運首次被選爲協議員，可說是其臺南商工業協會會長之身份，社會上的活躍表現，以及參與「南門墓地事件」的紀錄，吸引了殖民者目光，因此加以籠絡。另外，也正由於運動場計畫中止，在 1930 年的「臺灣文化三百年記念會」裡，諸多運動比賽場地乃分散市區各處。

事實上，民眾的勝利相當短暫，畢竟市區改正、土地開發、都市建設不中斷，遷葬的爭議便難以止息。就在臺南官方宣布中止運動場計畫後不到一個月，1928 年 7 月，報端又出現墓地問題死灰復燃的風聲，這次官方更具雄心，以發展 30 年後的「大臺南市」做爲名義，再次動用南門墓地。部份市民隨之反對，理由有四，其一，市民無力負擔遷葬、建設費用；其二，質疑當局是爲了挽救受挫的顏面，才會在運動場計畫中止後，又立即提出新計畫；其三，發展大臺南市，是爲了讓日、臺人分開居住，有違日臺融合政策；其四，新計畫費用需千萬圓，不如將此費用投資在安平築港（此運動已在 1928 年初發起），更有利於市況發展，也才是眞正邁向大臺南市。〔註 30〕對此，官方顯然一意孤行，同年 7 月底、8 月初，陸續貼出公告，決定將南門「桶盤淺」、「鹽埕」二處共二十餘甲的墓地變更爲廢墓地，以資建設，比之前運動場計畫的圈地範圍更廣，《臺灣民報》稱之爲「第二墓地問題」。〔註 31〕

於是，反對聲浪繼續集結，其中反對最力者爲臺灣民眾黨；不過，這次反對遷葬並不如前一次來得力道強勁，其原因在於，官方態度變得審慎，既予以遷葬補助，又將遷葬期限延至同年年底，並保證圈定廢墓地的範圍有限，除非市內人口達 30 萬，否則不再動用範圍之外的墓地。〔註 32〕只是，遷葬問題並非從此順遂，一直到 1929 年 4 月底才大致解決，遷葬經費不足是最大因素，官方與民間則替無主孤墳另建納骨堂，或計畫開闢永久墓地。〔註 33〕值

灣日日新報》，1928 年 12 月 27 日，5 版。

〔註 30〕〈墓地問題的死灰復燃　大臺南市計畫的小策　市民反對將再糾紛〉，《臺灣民報》，1928 年 7 月 15 日，2 版。

〔註 31〕〈臺南州市當局的輕率　將再起第二墓地問題　反對運動已漸具體化了〉，《臺灣民報》，1928 年 7 月 15 日，2 版。

〔註 32〕臺灣民報：〈臺南墓地限期改葬　民眾黨再警告州市當局　州市當局皆聲明本意〉，1928 年 9 月 23 日，4 版、〈臺南墓地問題　當局的重要聲明〉，1928 年 10 月 14 日，3 版。

〔註 33〕《臺灣日日新報》夕刊：〈臺南南門墓地　大部分爲無緣墓　今後移轉進捗〉，1928 年 12 月 18 日，4 版、〈臺南大南門外墓地整理〉，1929 年 4 月 4 日，4

得注意的是，進入 1930 年代，正好是臺灣民族運動遭到極度打壓，陷入低潮的時候，例如新文協（1927～1931）、臺灣共產黨（1928～1931）、臺灣民眾黨（1927～1931）等，都在 1930 年代初期被迫解散，故對於遷葬問題，即便想要反對，也會少了很多力量。

1931 年 8 月，由於南門一帶的墓地已陸續遷葬，阻力漸小，官方趁著當時的體育運動熱潮，再度倡議設置綜合大運動場〔註 34〕，地點就在五妃廟旁，亦即今天臺南市體育場的前身。各宗親會仍有反對，但欲爭取的是遷葬延期與補助經費，且能協助調查墳地資料，進行同姓者墓塚的改葬，故其姿態實是配合官方。〔註 35〕此外，「集義會社」則捐出社有土地一、兩甲，做爲私有墓地，供遷葬之用。〔註 36〕而直到 1932 年 6 月，運動場用地上的墳塚還有待處理。〔註 37〕1933 年 5 月，大運動場落成，不出數年，由於實用性不大，1936 年就出現廢棄運動場的聲音，應驗了過去反對者的擔憂。〔註 38〕

第二節　接觸民族運動

王開運與殖民地民族運動的關係，可以說是「隱隱約約」，並不頻繁；較顯著者，是參與「美臺團」的成立，以及加入「臺灣地方自治聯盟」。而王氏與民族運動之間的互動，往往有蔡培火伴隨出現，幾乎可說是扮演了橋樑的角色，故在追尋王開運參與民族運動的足跡時，也有一併談及二人交遊情況

版。〈臺南新墓地約七十甲 永久諒不廢止〉，《臺灣日日新報》，1929 年 5 月 20 日，8 版。

〔註 34〕〈綜合大運動場を 臺南市に設置案 二萬二千五百坪の空地を得で 球場、トラツク、ブール等を設置〉，《臺灣日日新報》，1931 年 8 月 7 日，3 版。

〔註 35〕例如《臺灣新民報》:〈臺南市遷塚問題 各姓宗親會奮起〉，1932 年 1 月 1 日，3 版、〈臺南市南門墓地遷塚期迫 宗親會調查無緣者墓 希望補助者要早報名〉，1932 年 2 月 6 日，4 版。〈臺南南門廢墓地 改葬順調進行〉，《臺南新報》，1932 年 3 月 6 日，8 版。〈臺南廢墓地 補給問題續聞〉，《臺灣日日新報》，1932 年 4 月 10 日，8 版。

〔註 36〕〈臺南集義會社總會 將捐出一兩甲土地爲私墓地以副眾望〉，《臺灣日日新報》，1932 年 4 月 21 日，8 版。

〔註 37〕〈臺南改葬 補助金問題 得市當局答復〉，《臺灣日日新報》，1932 年 6 月 20 日，8 版。

〔註 38〕《臺灣日日新報》夕刊：〈臺南 運動場落成磋商〉，1933 年 5 月 5 日，4 版、〈寧南門外運動場 昔誇施設今等廢墟 將集關係者議存廢問題〉，1936 年 10 月 9 日，4 版。

的必要。

蔡培火（1889～1983），字峰山，雲林北港人，乃日治時期民族運動的先驅，戰後則爲國民黨臺籍大老；一生致力於臺語羅馬字運動，並曾任私立淡水工商管理專科學校（今眞理大學）首任董事長。擅長論述與音樂，除散見於報章雜誌的作品外，尙有專著《日本本國民にに與ふ》、《告日本國民書》、《東亞の子かく思う》、《十項管見》、《白話字課本》、《國語閩南語對照初步會話》等，以及樂曲〈咱臺灣〉、〈臺灣自治歌〉、〈臺灣新民報社歌〉、〈美臺團團歌〉等。後人爲之編成《蔡培火全集》。〔註 39〕

王開運與蔡培火是國語學校的同班同學，兩人在校都有優異表現，前者任校友會幹事，並以第一名成績畢業，後者則較爲活潑，學校的音樂、體育活動，都有參與紀錄，還能撰寫研究論文，這似乎是日後彼此將在不同領域各展所長的先徵。1910 年起，二人分別在大社公學校與阿公店公學校、臺南市第二公學校執教〔註 40〕，由於地緣相近，保持往來的機會相當高。1915 年，王開運與蔡培火等數人同遊大崗山超峰寺，王氏以〈又成一律示蔡君培火〉（詩，1915，頁 7）贈之：

共愛靈山好，同來古寺遊。屏風迎面起，嵐氣濕衣留。石洞紅塵淨，田湖綠樹幽。請君徐展望，此去五經秋。

詩句說明兩人共同喜好遊山玩水，故互動該當不止於這一次；同時，此詩更點出了蔡培火當時的境遇——就在同一年，蔡氏因爲投入謀求日臺平等的「臺灣同化會」，被解除教職，乃決定遠渡日本深造〔註 41〕；「請君徐展望，此去五經秋」即指蔡氏的深造時間約需 5 年，透露出與友離別的祝福與不捨。

之後，王開運、蔡培火二人分道揚鑣，一往臺南謀職發展，一留學於東京高等師範學校理科二部。蔡氏於深造期間受洗爲基督徒，積極投入民族運動，爲東京啓發會、新民會的幹事；畢業後仍暫留日本，任《臺灣青年》雜誌的發行人兼編輯人，並參與臺灣議會社置請願運動，爲主幹人物。〔註 42〕在這段時間，王、蔡二氏或許較少往來，不過，王開運曾將〈就普渡而言〉（文，1921，

〔註 39〕蔡培火生平可參見「線上臺灣歷史辭典」網站（http://tkb.nmth.gov.tw/Doth/Default.aspx?2）。《蔡培火全集》（張漢裕編，臺北：吳三連台灣史料基金會，2000）。

〔註 40〕蔡培火〈家系與經歷〉，《蔡培火全集・一・家世生平與交友》，頁 63～64。

〔註 41〕蔡培火〈家系與經歷〉，《蔡培火全集・一・家世生平與交友》，頁 64。

〔註 42〕蔡培火〈家系與經歷〉，《蔡培火全集・一・家世生平與交友》，頁 64。

頁 8～9）一稿投至《臺灣青年》，必定會經過蔡氏之手，故可視爲聯絡往來的一筆紀錄。直到 1922 年，《臺灣青年》改名爲《臺灣》，派蔡培火爲臺灣支局主任，蔡氏始正式回臺。隔年（1923），是臺灣民族運動相當關鍵的一年，白話文運動發起、《臺灣民報》創刊、蔡培火繼蔣渭水之後成爲新任臺灣文化協會專務理事、文協本部由臺北移至臺南，以及治警事件等，都發生在這一年。而隨著蔡氏在文協新本部（臺南）任事，居住南方，王、蔡二人自然有比較頻繁的聯絡。1925 年，文協爲慶賀讀報社成立一週年，除開祝宴，蔡培火還舉行了連續 3 天的演講，第三天即有王開運主講的〈運命說〉一題〔註 43〕。又，1927 年底，王氏進入大東信託，與陳炘有所齟齬，此事在林獻堂、陳炘等會社高層之間討論時，蔡培火也在場（見第二章第三節）。凡此種種，足證王開運與蔡培火交情匪淺。

一、美臺團

到了 1928 年，蔡培火更找來王開運等人，共同成立一處「圖謀臺灣民眾興味生活之發達」的娛樂機關，這便是日治時期藉由活動寫眞（電影）巡迴放映，來達到民眾教化目的的著名民族運動團體「美臺團」。〔註 44〕

一般對於「美臺團」的認知，主要是根據葉榮鐘的《臺灣民族運動史》。葉氏指出，1925 年，値臺灣文化協會的專務理事蔡培火之母 71 歲誕辰，文協同志贈致禮金，蔡氏以此禮金做爲購買放映機與影片的費用，並成立美臺團，透過全臺巡迴公開播放無聲的活動寫眞，以及辯士的講解評論，爲智識吸收能力較爲貧弱的農工民眾進行啓蒙工作，甚受民眾歡迎。之後文協分裂爲左右派，美臺團面臨左派份子的搶奪、阻撓，最終尙且受到日本警察打壓而難有活動，不得不停止。至於相關資料，則因二戰末期受美軍飛機轟炸，化爲烏有。〔註 45〕

〔註 43〕〈臺南文協讀報社一週年紀念〉，《臺灣民報》，1925 年 6 月 21 日，11 版。

〔註 44〕〈創設美臺團〉，《臺灣民報》，1928 年 1 月 29 日，3 版。

〔註 45〕吳三連、蔡培火、葉榮鐘、陳逢源、林柏壽《臺灣民族運動史》（臺北：自立晚報，1971）頁 317～318。葉榮鐘《日據下台灣政治社會運動史》下冊（臺中：晨星出版社，2000），頁 361～362。筆者按，此二書實爲同一部書，皆由葉氏一人所作，前書出版時加冠其他人名，並因早先政府介入言論自由甚多，頗有刪修；後書乃原稿。二書之比較可參見尹章義〈捨我其誰的史家和客觀環境的互動——《手稿本日據下台灣政治社會運動史》和報刊本、單行本《台灣民族運動史》的比較研究〉，收於後書的下冊。

事實上，葉榮鐘將美臺團與「文協活動寫眞部」混爲一談，也就與《臺灣總督府警察沿革誌》、《臺灣民報》，以及蔡培火的說法不盡相同。在《臺灣總督府警察沿革誌》裡，指出蔡培火動用的是母親 70 歲祝壽禮金，於 1926 年購買放映設備，開始電影放映，但未曾提到電影放映團體的名稱爲「美臺團」。〔註 46〕蔡氏則在戰後自述美臺團成立於文協分裂後的「1927 年 2 月」，且此年蔡母才是 71 歲；同時，蔡培火也創作了〈美臺團團歌〉，但據樂譜顯示，此歌曲實作於 1933 年。〔註 47〕至於《臺灣民報》，分別有「文協活動寫眞部」與美臺團的報導，有助於釐清問題，茲引錄如下：

> 蔡培火君的母堂，前日值七十一的壽辰，君之知友同志們，集了千餘金贈呈聊表祝福之微意，君竟將此金寄附文化協會充作活動寫眞團基金之用，眞是文化人的享福意義，大與通俗人不同。（《臺灣民報》，1925 年 12 月 27 日，16 版）

> 文協前年在臺中開總會，議定要進行的工作中之活動寫眞部已自昨年逐漸進行了。今年三月中旬，由蔡培火君從日本攜帶回來的影帶已經總督府檢閱完畢，……（中略）……在各地募集會員，每人一回繳納五錢或拾錢，作爲每部的維持費（下略）（〈文協活動寫眞部出世〉，《臺灣民報》，1926 年 4 月 18 日，7 版）

> 臺南市蔡培火、王開運兩氏外數名有志，感覺著臺灣人娛樂機關的缺少，一般民眾都是無意味的過著生活，對于文化生活的途徑上頗以爲不滿。假使有了這種娛樂機關，大部分是那班資本家們支配階級，方才可以利用，又有不少的傷風敗俗之娛樂機關，佔著很大勢力，實是正當娛樂機關缺少的原因，而即發生這種不好的現象。
>
> 因此，他們於去年末便計劃組織美臺團，決定由今年二月以後募集株券了。該團定款章程已於數日前印成，定爲社團法人的組織，目的即爲創設高尚之娛樂機關，圖謀臺灣民眾興味生活之發達，資本金是三萬圓，每口二十圓，事務所暫時置在臺南市幸町蔡培火處，

〔註 46〕《台灣社會運動史（1913～1936）》（臺灣總督府警務局編，王乃信等譯，臺北：海峽學術出版社，2006），頁 213～214。

〔註 47〕《蔡培火全集》卷一，頁 65、73～75、249；卷七，頁 287。

現在雖是還沒有正式公開向著眾募集株券，而自動的、熱心的認該團的株券者已經有了數百口之多了。

民眾的趣味生活乃是臺灣人大部分熱心希望的，像前日在市內武廟所開的市民懇親大會，由一月十四日至十七日的盛況看起來，就可以曉得臺灣民眾要求生活的熱度。故大家一定期待其能夠早日實現，可不必贅述呢！該會根據著那樣理想的宗旨，便容易看出要辨者就是正當的餘樂機關，信亦不會給一般民眾失望的。(〈創設美臺團〉，《臺灣民報》，1928 年 1 月 29 日，3 版)

筆者認爲，欲釐清美臺團的問題，當以紀錄年代較早的《臺灣民報》和《臺灣總督府警察沿革誌》爲主，而葉榮鐘、蔡培火的記述都是在戰後，易簡化混淆。如此這般，誠然有顯著眉目了，也就是說，1924 年出現電影放映的構想；1925 年，蔡培火藉由母親壽金所成立的，其實是「文協活動寫眞部」，故《臺灣總督府警察沿革誌》才不曾提到「美臺團」，只說有寫眞活動。1926 年，「文協活動寫眞部」已經開始運作，待 1927 年文協分裂後，部份文協成員另外組織臺灣民眾黨，與新文協相互爭奪的對象也是活動寫眞部。〔註 48〕最後，1928 年才是美臺團登場，性質爲社團法人，並制定章程、計畫募集資金達 3 萬圓。要之，美臺團、文協活動寫眞部，是不相同的兩個團體。

美臺團於 1928 年初開始籌備，其進展速度相當快。同年 2 月，已經開始巡迴放映電影，規模也擴增至兩支放映隊〔註 49〕；7 月，由於資金募集良好，美臺團還計畫將陸續設立「演劇」、「音樂」等部門：

又據該當事者們說，該美臺團的事業如左：一、電影；二、演劇；三、音樂。而電影仍繼承前文協電影部，再重刷新而已，若演劇一方，則美臺團成立後，就要以全力籌謀組織，養成高尚藝員，講演全島，使傷風敗俗的歌仔戲不能跋扈，又能使他自滅了，音樂部則待以上兩部，努力至告一段落的時候，才要著手。又對於出資者，每二口贈與優待券一張，並希望有志者於期限中申込，申込處臺南市幸町二丁目四十一番地蔡培火處，暨各地有志者之處云。〔註 50〕

〔註 48〕〈文協與民眾黨 紛爭活動寫眞〉，《臺灣日日新報》夕刊，1927 年 7 月 22 日，4 版。

〔註 49〕〈地方通信 美臺團活寫〉，《臺灣民報》，1928 年 2 月 12 日，6 版。

〔註 50〕〈美臺團之資金募集〉，《臺灣民報》，1928 年 7 月 8 日，5 版。

此團體的事務處即設在蔡培火住處，與王開運的「杜仔行巷」住家，都位於幸町，故可想見，二人的往來頻率有增無減。再者，就筆者見到的資料來說，一直到 1933 年，美臺團仍有活動，以巡迴放映電影爲主，上述欲拓展的演劇、音樂等活動，似乎較不熱絡；而每次電影放映，也都受到各地民眾歡迎。〔註 51〕另外，蔡培火還在 1933 年創作了〈美臺團團歌〉〔註 52〕，此後便有了電影放映前，先由團員帶領觀眾唱團歌的固定儀式。由此可知，即便是在 1933 年之後，美臺團還是相當活躍，其漸趨沒落的時間點，或許是在 1937 年前後；當時中日戰爭爆發（1937～1945），蔡培火移居日本，在東京經營「味仙餐館」，而臺灣地方自治聯盟也於同年解散，美臺團自然失卻不少撐持力量。

由於美臺團與文協活動寫眞部皆由蔡培火發起，因此，兩者之間有幾點値得注意。其一，在放映模式上，兩者同樣有辯士在一旁解說，採取巡迴放映，故《臺灣民報》說美臺團「電影仍繼承前文協電影部，再重刷新而已」。其二，兩者的活動都相當頻繁，並頗受好評，且皆爲臺灣民族運動裡的保守陣營所擁有。其三，筆者認爲，正是因爲民眾黨與新文協相互爭奪活動寫眞部，才會使得蔡培火另組美臺團，以延續電影巡迴放映；而將之定位爲社團法人，具獨立地位，不轄屬其他團體之下，則能避免「重蹈覆轍」。其四，美臺團的事業種類增加了演劇、音樂，其中「演劇」乃是把文協原有的文化劇運動納入，故與文協活動寫眞部相較，美臺團規模更龐大，其經營雄心可見一斑。凡此種種，也說明了美臺團與文協活動寫眞部有傳承關係，有相似處，加上年份相近，這應該就是造成葉榮鐘、蔡培火記述混淆的最大原因。

王開運參與美臺團的紀錄，除了創團之初的報導有提及之外，少有直接相關的資料。不過，美臺團成立目的是「創設高尚之娛樂機關，圖謀臺灣民眾興味生活之發達」，而同年（1928）8 月，王氏、劉明哲又發起「四民俱樂部」，做爲娛樂、應酬場所〔註 53〕，可見王氏頗爲重視生活休閒，加上與蔡培

〔註 51〕例如《臺灣民報》:〈地方通信　美臺團活寫〉，1928 年 2 月 12 日、〈地方通信　竹南　美臺團活寫公開〉，1928 年 2 月 12 日、〈地方通信　美臺團影劇〉，1929 年 1 月 8 日、〈地方通信　美臺團影片好況〉，1929 年 1 月 8 日、〈美臺團活動寫眞　巡迴中部日程〉，1929 年 1 月 20 日、〈新竹支部主催巡迴影戲　豫定在州下開映〉，1929 年 6 月 30 日。

〔註 52〕《蔡培火全集・一・家世生平與交友》，頁 249。

〔註 53〕〈臺南　四民俱樂部　已實行募集股份〉，《臺灣民報》，1928 年 8 月 5 日，7 版。

火的交情匪淺，這才吸引其加入美臺團。再從資金數目來看，美臺團初期就需募集 3 萬圓，確實是一筆可觀的數目，而蔡培火選擇王開運做爲事業合作夥伴，該當也是借重王氏在地方上的人脈關係。當時王氏定著臺南，在大東信託任職（1927～1930），也是臺南市商工業協會會長，政商網絡穩健，無疑提供了美臺團一個後盾，有利於資金籌募。巧合的是，在 1930 年「臺灣文化三百年記念會」裡，王開運便是擔任「活動寫眞係長」，這似乎指出了王氏與美臺團有著若即若離的關係。1933 年，美臺團於《臺灣新民報》上公告了該團的 9 位理事名單，蔡培火與韓石泉爲常務理事，依然不見王開運名列其中〔註 54〕；而早在 1928 年 10 月，也就是成立美臺團、發起四民俱樂部之後，王氏恰好首度擔任官選市協議員，會不會這就是王氏參加美臺團卻又與之較爲疏遠的原因？或者尚有其他因素？則有待進一步考察。無論如何，王開運和蔡培火的交情依舊，同在 1928 年中，兩人還爲了臺南墓地事件，分別代表臺南商協與宗親會、臺灣民眾黨的立場，向殖民當局陳情抗議（見本章第一節），到了 1930 年「臺灣地方自治聯盟」成立的時候，王氏再度加入其中。

二、臺灣地方自治同盟

日治時期臺灣民族運動的陣營，自 1927 年文協分裂之後，大致可區分爲新文協、臺灣共產黨等左派團體，以及相對保守的臺灣民眾黨；然而，個別成員的政治立場或思想光譜不盡相同，故日後又有文協再分裂、臺共內鬨，以及臺灣民眾黨「水火不容」等現象。其中「水火不容」指的是，蔣渭水的中間偏左路線與蔡培火保守的立場相扞格，以致民眾黨內部兩派對立；嗣後，由於蔣渭水得勢，蔡培火、林獻堂、楊肇嘉等人遂另組「臺灣地方自治聯盟」。

臺灣地方自治聯盟（以下簡稱「自聯」）於 1930 年初開始籌備，同年 8 月成立。由於考量到現實局勢、官方態度，並爲了避免與民眾黨、臺灣議會設置請願運動的訴求發生重疊磨擦，因此自聯起初只有單一目標「促進地方自治制度的實現」，亦即追求協議員全面改成民選、將協議會改成議決機關；另外，自聯也超越黨派，容納民族運動之外的中立派、御用紳士，以及能認同自治聯盟的日本人。〔註 55〕王開運再一次與蔡培火共同投入民族運動的場

〔註 54〕《蔡培火全集・一・家世生平與交友》，頁 249。

〔註 55〕葉榮鐘《日據下台灣政治社會運動史》下冊，頁 501～503。

合，正是在自聯，且是從籌備階段即加入其中；與美臺團相較，王氏的參與程度也較爲深入。

王開運之所以加入自聯，與此團體的包容性、蔡培火的交情，以及自身擔任官選市協會議員的經驗，都不無關係。籌備期間，林獻堂日記曾幾度提及王開運：

> 八時與榮鐘談論地方自治聯盟，他近日往南部與同志接協，一概贊成，唯韓石泉、王開運兩人皆有其見解。石泉謂民眾黨決議凡黨員要加入別個之政治結社須脫黨籍，他雖贊成地方自治聯盟，總是他不能脫黨；開運謂他願辭退協議會員而參加聯盟，甚望此後凡協議員要加入者亦要辭職，余甚不贊成此種主張，因有種種之阻礙故也。〔註 56〕

透過葉榮鐘轉述，可見韓石泉的無奈，與王開運的熱情。當時民眾黨反對黨員另行組織政治結社，並禁止黨員跨黨派，甚至決定將參加自聯的黨員除名，故自聯從籌備到成立，皆受到民眾黨多番阻撓。也因此，韓石泉雖然同情自聯，卻礙於民眾黨規定而不便親近，其始終是民眾黨員；待民眾黨解散後，韓氏在日治時期也就甚少過問政治。〔註 57〕

至於王開運，其第一次膺任市協議員是在 1928 年，到了 1930 年，官方將新選一批議員，並在該年 10 月公布〔註 58〕，而自聯籌備與成立之時間點，正是在議員名單公布之前；因此，王氏竟然不留戀市協議員一職，反倒願意以身作則，投入自聯，實在值得肯定。那麼，王開運會有如此主張，與議事經驗不無關係。例如 1929 年第一次市協議會裡，不少議員反對「市營住宅建築費」一議案，議長（市尹擔任）卻想強行通過，王開運繼續反對，最後使得臺、日市協議員有轉變成民族對立的跡象，只好訴諸投票，才讓議案通過（詳後文）；此次議事經驗，正是日治時期代議機關盡由官方主導，議員意見僅供參考的典型案例。再者，自聯成立之後，民眾黨曾主張爲促進地方自治早日完成，各地協議員應自動辭職，並針對自聯，認爲身兼自聯成員的協議

〔註 56〕林獻堂《灌園先生日記》1930 年 5 月 28 日載，參見中央研究院臺灣史研究所「臺灣日記知識庫」。

〔註 57〕蔡培火〈悼念韓老弟石泉逝世三週年〉，《蔡培火全集・一・家世生平與交友》，頁 418、421～422。

〔註 58〕〈けふ改選された　州市協議會員　街庄長と協議會員も　一日附で一齊に新任〉，《臺灣日日新報》，1930 年 10 月 1 日，2 版。

員更要辭職，以示追求自治的決心〔註 59〕；而王開運更早就提出相同主張，不願擺盪於去就之間，相當具有自覺能力。

由此看來，可知王開運一方面身爲市協議會裡的初生之犢，有著較爲強烈的不適應感；一方面對於議會政治、全然的地方自治有著期待，因此才會加入自聯，才會爲了追求自治而寧可捨棄市協議員。不過，林獻堂以「有種種之阻礙故也」做爲勸告，當是設想讓聯盟成員進入各協議會來從事改革；待自聯成立，同年（1930）10 月正值全島州市街庄協議會員改選，自聯即發出相同指令，希冀身爲新任協議員的自聯成員，可以在協議會中積極活動，如反映民聲、整理協議會的財政預算和開會內容等資料，寄望甚高。日後，自聯更將去就問題定位爲是個人自由，還進一步認爲，未達成全然自治的目標之前，協議會與協議員依然可對民眾產生示範作用。〔註 60〕總之，王開運顯然接受了林獻堂的勸阻，後來不再見到關乎棄留議員職位的言論或行動，並連任市協議員、市會議員直至 1944 年（時將赴海南島）。

再回頭談述王開運參與自聯籌備過程的情形。1930 年 6 月下旬，蔡培火到臺中訪林獻堂，商談自聯事宜，林氏日記有如下記載：

> 培火昨夜食雞，臼齒缺一角，今朝往臺中治療，午後歸來，共斟酌自治聯盟趣意書，經伊若潤色，雖非甚美，然亦可謂辭能達意。培火頗不滿意，決定明日持歸臺南，使王開運修削。五時餘與培火、榮鐘、雲龍會幼春，雜談一時餘。〔註 61〕

自治聯盟的「趣意書」（即趣旨書），在《臺灣總督府警察沿革誌》裡頭，以日文呈現，標題下方並註解「和文」二字，而當時報端另有刊載漢文版的〈趣旨書概要〉（文言文形式）〔註 62〕；可見籌備之時，「趣旨書」即有和、漢兩

〔註 59〕《臺灣新民報》：〈民眾黨爲促近自治完成 勸告協議員退職〉、〈赤崁流彈〉，1930 年 9 月 27 日，4 版；〈自治聯盟は官選議員たり得ろか〉，1931 年 7 月 18 日，14 版。

〔註 60〕葉榮鐘《日據下台灣政治社會運動史》下冊，頁 515～516。〈自治聯盟は官選議員たり得ろか〉，《臺灣新民報》，1931 年 7 月 18 日，14 版。

〔註 61〕林獻堂《灌園先生日記》，1930 年 6 月 20 日載，參見中央研究院臺灣史研究所「臺灣日記知識庫」。

〔註 62〕《臺灣總督府警察沿革誌》（復刻版，吳密察解題，臺北：南天書局，1995），頁 524～526。〈臺灣地方自治聯盟 所發趣旨書概要〉，《臺灣日日新報》夕刊，1930 年 6 月 29 日，4 版。筆者按，葉榮鐘撰寫臺灣地方自治聯盟的歷史時，稱「茲將自治聯盟趣旨書譯錄」，表示葉氏也是採用日文版趣旨書，見氏著《日據下台灣政治社會運動史》下冊，頁 506～508。《臺灣民族運動史》，頁 449

種版本，且《臺灣總督府警察沿革誌》收錄的必是和文版本，否則書中特地註解是「和文」，豈不是多此一舉？那麼，莊太岳（伊若）的漢詩文造詣俱佳，其經手的應該就是漢文版的〈趣旨書概要〉；惟蔡培火不甚滿意，遂打算再讓王開運修改。茲引內容如下：

> 竊惟地方之利害關係，恆因其解決之當否，或繁榮或疲弊，而民眾於生活上每直接受深刻影響。是以近代，凡對政治上，稍有自覺之民眾，莫不蹶起，拒絕向來之官僚政治，銳意要求自己處理自己之地方問題。晚近地方團體之行政組織，實應此熱烈之要求而發生者，世人亦即指此民眾，能自己處理自己之地方方團體之行政，爲自方自治。現代地方自治之要點，在乎以民眾選出之代表，組織決定地方團體意志之機關。此根本觀念一失，再無地方自治之可言，換言之，地方團體，若不爲民選之議決機關，當然不克稱爲地方自治也。
>
> 顧我臺灣地方自治之現狀，既非民選，又非議決機關，表面雖有地方自治之名，內容全無地方自治之實，冗費徒增，實益難舉，凡有識者，然猶信賴當局者誠意所存，對於制度之改善，仍不全爲灰心，竊寄一縷希望於將來，是故十數年來，茹苦含辛，猶自依依，盼望賢明之當局者，對此似是而非之制度，加以徹地的改革，完成自治，擴張民權。
>
> 夫帝國北端蕞爾之樺太，尚能確立地方自治，向被視爲無能力之婦女子，在本期帝國議會眾議院，亦已通過女子公民權矣。而況朝鮮當局，亦已決定擴張從來民選之範圍，而改諮問機關爲議決機關，何獨吾臺，竟被置之度外，不加措意。
>
> 論者或謂要確立地方自治，民眾須先有運用制度之智力，與負擔其經費之財力始可。蓋向來官僚，專以其教育程度，評量民眾之智力，以納稅能力，評量民眾之財力，假使此種評量方法，是妥當合理，吾臺民眾之智力財力，當不在樺太朝鮮及內地婦人女子之下，且昭和二年，帝國會議眾議院，曾滿場一致，決議臺灣要立刻施行地方自治，及本期議會松田拓相，亦曾答某議員之質問，聲明當局已有

～451。

意於臺灣社立棉選議決機關，然而臺灣當局，仍未肯提出具體的改革方案，此實吾人所大惑不解，而深以爲憾者也。

吾臺民眾，受時代潮流之激盪，已十分認識地方自治之重要性，當茲臺灣全土，要求社立民選議決機關之呼聲，絕塵而起，識者當能了然於此間之消息也。夫地方自治之確立，實爲新興臺灣之基礎，凡諸改革運動，均以此爲出發點，換言之，臺灣今後地方之發達，以及民眾生活之進步，一繫於此地方自治之成否，然欲達此目的，務須全島同胞，協力同心，始克收有終之美，是乃自前之最大即務也。

吾人外察時世之所趨，內鑑同胞之痛苦，特高確立地方自治之單一目標，以組織臺灣地方自治聯盟，任務在乎喚起一般之自治精神，訓練民眾，以運用近代政治組織之常識，一面糾合同志，振作輿論，要求當局，即時斷行完全之地方自治制度，是乃我輩熱望，而確信全臺各界熱心之士當不乏其人，本聯盟乃敢以直截簡明之地方自治確立，爲唯一之目標，結成團體，凡贊同本聯盟之宗旨者，請虛心坦懷，棄小異就大同，奮勇參加，共向幸福之曙光邁進，不達目的，永不休止，大方同志，盍興乎來。〔註 63〕

蔡培火想讓王開運幫忙修改自聯趣旨書，而林獻堂、蔡氏二人的日記裡卻無記載後續如何，故暫難確知趣旨書是否眞的經過王氏之手。可是此已透露出，王氏相當受到蔡培火的倚重，也再次證明，王氏確實認同自聯理念；且因爲自聯，王氏與民族運動陣營有進一步的交集。

同樣是 6 月下旬，楊肇嘉在臺南募集自聯南部發起人，王開運與劉明哲、何景寮等人即予以協助；而蔡培火則找蔡儀斌商量，請蔡儀斌勸告其女婿謝春木（時爲民眾黨員），別太過堅持黨員禁入其他政治結社之主張。〔註 64〕7 月初，已有 40 名左右的南部發起人，成效頗佳，王開運、蔡儀斌名列其中，二氏同時也是臺南商協、南郡運輸的同仁。〔註 65〕8 月 3 日，楊肇嘉率領自聯

〔註 63〕〈臺灣地方自治聯盟 所發趣旨書概要〉，《臺灣日日新報》夕刊，1930 年 6 月 29 日，4 版。

〔註 64〕《蔡培火全集・一・家世生平與交友》，頁 136。

〔註 65〕〈臺灣地方自治聯盟 楊肇嘉氏大活動 中南部發起人頗多〉，《臺灣新民報》，1930 年 7 月 5 日，3 版。

南部發起人舉行磋商會，地點就在臺南商協事務所內，由吳微擔任議長，商討全島發起人磋商會與自聯發會式的日期、會員募集與出席發會式相關事宜，以及對於運動方針、會則的討論；過程中並推派王開運、徐乃庚等人負責招待發會式來賓。〔註 66〕

其間值得注意的是，幾乎與王開運沒有交集的蔣渭水，卻將王氏視做「御用士紳」，反對自聯接納王氏：

> 九時渭水來爲余抹咽喉，並勸余不可關係地方自治聯盟過深，觀其所招之發起人爲《昭和新報》社長徐乃庚，一個純御用之人物，如王開運將赴新瀉〔潟〕港灣大會，出發之日往拜臺灣神社，似此輩何能指導民眾。是時式穀亦至，頗反對其說，……（中略）……晚餐後呈祿、周、發、太平、金圳等復來，談論民眾黨在中南部宣傳《民報》不記載民眾黨之事，將爲自治聯盟之機關報，聞者皆大不平。《民報》前號爲記載民眾黨代表渭水等勸告長官不可作始政紀念日而被禁止，他等反言不記載，眞是無理取鬧。〔註 67〕

由於蔣渭水日漸左傾，自然對於王開運參拜神社之舉不甚諒解；然而，在抨擊參拜神社的背後，蔣氏似乎看不到王氏長年爭取地方建設（如安平築港運動）、振興臺南市況的付出。換句話說，王開運與日人親近的舉止，就中不無委曲求全，以成大局的用意，故王、蔣二人在思想立場、行事風格上明顯地截然不同。另一方面，此亦證明王開運確實爲地方上重要人士，與日、臺人皆有往來，才會容易招致攻訐。對此，則不但有蔡式穀反對蔣渭水的強勢態度，林獻堂也是不置可否，又指出蔣氏領導的民眾黨無理取鬧，可說是迂迴地指責蔣氏不明事理，替王氏反唇辯駁。

自聯於 8 月 17 日正式成立，在創立大會中，林獻堂與土屋達太郎爲顧問，楊肇嘉等 5 人爲常務理事，王開運等 10 人爲理事，陳逢源等 85 人爲評議員〔註 68〕；這是王氏最接近自聯高層的時候，但似乎只做過一任理事。同月 19 日，自聯設置臺南支部，王開運被推舉爲該支部議長，主持審議支部約規，並推薦役員，指名幹事，王氏自身是支部常務幹事之一；而當晚在臺

〔註 66〕〈臺灣地方自治聯盟 中南部發起人磋商會〉，《臺灣新民報》，1930 年 8 月 9 日，4 版。

〔註 67〕林獻堂《灌園先生日記》，1930 年 7 月 1 日載，參見中央研究院臺灣史研究所「臺灣日記知識庫」。

〔註 68〕葉榮鐘《日據下台灣政治社會運動史》下冊，頁 508～509。

南公會堂，臺南支部開「記念政談講演會」，王氏是講者之一。〔註69〕1931年1月，楊肇嘉前往日本，向眾議院、貴族院，以及同樣在日本的臺灣總督，提出改革地方自治的建議，其中請願書裡即有王開運的連署；同年7月，自聯開臺南支部大會，由鄭筠松擔任議長，王氏、郭啓分別擔任正、副選舉長，選出8月的自聯全島大會的出席代表。〔註70〕

基本上，王開運主要是定著於自聯臺南支部，且至少在1935年8月的第3次全島聯盟大會之前，都還參與其中〔註71〕，恰好同王氏的生活圈、事業版圖相結合。具體作爲方面，礙於資料限制，目前只能見到王開運處理支部內務的記載，例如擔任議長、選舉長，協助遴選幹部或代表，甚少參與對外的演講、陳情等活動。再就時間分布來看，王開運較爲積極參與自聯的時候，乃集中在籌備期間至1931年爲止；究其原因，筆者認爲，正好在1931年初，王氏又被殖民當局派任爲路竹庄長，一任4年，加上原有的營生、商工業協會、官選市協議會、《三六九小報》、官選市會議員、臺南愛護會等事業，或許因而難以有更多的時間投入自聯，也就相對疏離，等到庄長職責卸任的前後，才又在相關資料裡見到王氏身影。

因1937年發生中日戰爭，局勢緊張，自聯不得不於同年8月解散，結束了7年的存續時間。〔註72〕而王開運初始便參與自聯，留駐其中至少長達5年，即便相關活動不詳，但沒有馬上脫退離去，加上王氏長年擔任議員，對於議會少有議決權，若干議員時被評爲御用士紳、尸位素餐等情況，勢必有所體認；這就使得吾人有理由相信，王開運不但認同自聯理念，也必定想爭取地方自治的自主性。戰後1949年，王開運受召加入「臺灣省地方自治研究會」，奠定地方自治基礎，這也與王氏日治時期擔任議員、參與自聯的經驗都有著關聯。

綜上所述，王開運與蔡培火的交集，很大程度是在民族運動方面，主要有1928年美臺團、臺南墓地事件，以及1930年成立臺灣地方自治聯盟。除

〔註69〕〈自治聯盟的工作〉，《臺灣新民報》，1930年9月27日，9版。

〔註70〕《台灣社會運動史（1913～1936）》，頁304～307。〈臺南 自治聯盟開支部大會〉，《臺灣新民報》，1931年7月25日，9版。

〔註71〕〈自治聯盟的工作〉，《臺灣新民報》，1930年9月27日，9版。〈自聯臺南支部大會 王開運氏爲選舉長〉，《臺灣日日新報》夕刊，1935年7月11日，4版。《台灣社會運動史（1913～1936）》，頁335、352。

〔註72〕〈昔日の榮華もさめ 自治聯盟全く解消 きのふ全島大會で決定〉，《臺灣日日新報》，1937年8月16日，5版。

此之外，1932 年初《臺灣新民報》獲准發行日刊〔註 73〕，蔡培火還有意讓王開運、楊振福二人參與該報的運作：

> 自幾日前到中南部去督促繳納股金，順便探楊振福君、王開運君有否入社的意思，也探查在台南大家的意見。林呈祿也已經自東京回來。我對羅萬俥提議給王開運君做台南支局長，他反對，又說是對林呈祿君的關係不太好。我問呈祿的意見，他講若是定要開運才使得，他是不反對。所以我促他在羅的面前表白意見，羅對嘴就應講如果的確主張開運做支局長，他絕對反對，看是他辭職專務或是我辭職營業局長！我告訴他這樣是你的意思，怎樣不自頭講明白，我是為著大局，致意地方得到人和，所以在苦心，若是要這樣橫柴抬入竈，用感情處事，這樣對將來我不有自信，所以我辭職！！〔註 74〕

此則日記再次說明了蔡培火對於王氏極為賞識，甚至情願因此而辭職。蔡氏認為，支局長的要件在於「地方得到人和」，遂選擇王開運，而王氏在地方上的人脈經營確實穩健，本論文前面章節已屢屢提及，也與文友創辦《三六九小報》，具辦理刊物的經驗，委實是適當人選。只是羅萬俥對於王開運似乎有很深的成見，究竟是什麼原因所致，亦有待日後進一步探索。

個人私事方面，也可見證王、蔡二人交誼。例如 1930 年，蔡培火與黃欣因故產生齟齬，黃欣認為蔡氏有收受官廳拂下土地之嫌，此事除了蔡培火自行登報澄清之外〔註 75〕，王開運亦透過《三六九小報》為友人發出不平之鳴：

> 摯友蔡培火君，高蹈之士也。嫉之者，交謗以受當局，給官田數十甲。顏回古高士也，而《高士傳》亦謂有郭外之田六十畝，以供饘粥，有郭內之圃六十畝，以供絲麻。若是，則何至窮居陋巷，簞食瓢飲耶？可見士易見詬於世，古今一轍。(〈幸盦隨筆〉，文，1931，頁 119)

鳴冤之餘，也稱譽蔡氏人格。再如 1931 年，蔡培火之母埋怨其不能扶助弟弟培士，蔡氏的想法乃是想讓弟弟多些生活歷練，而非過度寵溺，為此母子兩人相持不下，最後彼此協議條件，並請高再得先生娘、王開運來當公證人。1932 年，蔡培火母親逝世，葬儀式會場即由王開運、楊振福二人代為辦理，

〔註 73〕線上臺灣歷史辭典的「臺灣新民報」詞條。
〔註 74〕《蔡培火全集・一・家世生平與交友》，頁 200。
〔註 75〕〈蔡氏對黃氏的質問書〉，《臺灣新民報》，1930 年 11 月 15 日，8 版。

地點在太平境禮拜堂。〔註 76〕

就在自聯解散的同一年，蔡培火也鑒於中日戰爭爆發，其妻又逝世，灰心之餘，遂舉家遷居日本，在東京經營味仙餐館，王、蔡二人再次分道揚鑣。〔註 77〕1940 年，王開運有滿洲國、朝鮮之行，後直接東渡日本，順道探訪蔡培火，並且賦詩如下：

> 訪友高樓上，深宵挈子過。客中鄉味好，世外醉仙多。書劍慚君國，屠沽笑信阿。流光同逝水，回顧幾蹉跎。(〈味仙訪蔡君培火〉，詩，1940，頁 95）

摯友相聚，透過杯酒感嘆時局變幻莫測、世事滄桑，就中不免存在著對於過去共同參與民族運動的緬懷。當兩人再一次相聚，已是在戰後。

第三節　擔任市協議會議員、路竹庄長與市會議員

一、市協議會議員、市會議員

臺灣成為日本殖民地之後，臺灣總督府雖然是島內最高行政機關，擁有軍事指揮權，以及獨立的行政、立法、司法 3 權，但日本內政對於臺灣仍有影響。隨著治臺局勢穩定，日本政府乃漸次落實同化政策，1919 年起改派文官總督，標榜「內地延長主義」，1920 年將臺灣行政區域調整成五州二廳，州下置市、郡、街、庄，與內地行政制度類同；而臺北、臺中、臺南是大都市，因此初始即設為「市」級。此外，州、市、街、庄各級也設置「協議會」（郡級除外），例由地方首長充任議長，且協議員乃官選名譽職，由名望學識之人來擔當，任期 2 年，僅是依從議長的召集定期開會，有提供地方首長諮詢的責任，卻無議決權可制衡行政機關，故是假自治制度。〔註 78〕即便如此，臺灣還是因而開始累積了地方自治的經驗。

王開運自 1927 年起擔任臺南商協會長，開始嶄露頭角，商務、宗親事務、民族運動……等方面的經歷使其成為地方上重要的士紳，在殖民當局眼中，自然是具「名望學識」者，必須籠絡。〔註 79〕1928 年 10 月，臺南市邁入第四

〔註 76〕《蔡培火全集・一・家世生平與交友》，頁 176～177、207。

〔註 77〕《蔡培火全集・一・家世生平與交友》，頁 66、78。

〔註 78〕吳文星《日治時期臺灣的社會領導階層》，頁 185～186。線上臺灣歷史辭典的「臺灣總督府」、「街庄協議會、州市議會」詞條。

〔註 79〕〈切迫する 協議會員改選〉，《臺灣日日新報》，1928 年 8 月 21 日，5 版。

次的市議員官選，王氏晉身爲新任市協議員，開啓議員生涯，連任至 1944 年離臺赴海南島爲止，甚至比其掌理臺南商協的時間還要長久，共 16 年，是相當重要的活動面向。〔註 80〕可惜的是，日治時期地方議會的議事錄少有存留，無從知曉王開運在市協議會的具體表現，唯有依賴報端相關報導，藉以窺知其大致動向。

1929 年 1 月，臺南市協議會開始了該年第一次會議，議案有市營住宅資金起債、消費市場資金起債、1928 年度歲入出追加預算、1929 年度歲入出預算、教育設備資金起債、水道使用條例改正、特別會計教育基金歲入出預算、1929 年度市稅賦課率等。入議事之時，川上八百藏率先提臨時動議，內容是鑑於臺南市屢受人輕視，欲向市民推廣愛市觀念，並有高島氏、和田氏、王開運、宮本氏、里見氏等人輪流表態，或許是同仇敵慨，又或者是語意高昂之故，使得當時氣氛「大形緊張」。〔註 81〕到了當天下午，正式進入議案討論，以下是王開運的發言情形：

> 午後二時四十五分即入第一號議案，市營住宅建築費充當之件，該件爲欲貸與市關係職員，擬定起債十萬圓來充用，以爲緩和一般住宅。許清江君表示反對，不如給建築組合經營，松尾參與詳細答復；和田氏責問市當局，爲何遲於實行南門市場的決議？劉青雲君舉出第一號議案中之四箇理由，逐條反對，説明四種理由不通，尤其是責問社會事業費，爲何只用於市關係職員的住宅，這豈是社會事業嗎？而要求原案的撤回，極力表示反對。議長要大家省略讀會、結果通過。王開運君繼續反對第一號議案，同時説明借入金的目的與理由不充分，議長頗形緊張，議場亦稍形靜肅，他又證明建築組合目的，是爲緩和臺南市的住宅，臺南市當局之計畫，那不是自相矛

〔註 80〕王開運連任市協議員市會議員的紀錄如下，《臺灣日日新報》：〈けふ改選された 州市協議會員 街庄長並に街庄協議會員も 一日附で一齊に新任〉，1928 年 10 月 1 日，2 版、〈けふ改選された 州市協議會員 街庄長と協議會員も 一日附で一齊に新任〉，1930 年 10 月 1 日，2 版、〈各地の官選市議 きのふ内示さる いづこも目立つ新顔〉，1939 年 11 月 13 日，3 版。《臺灣日日新報》夕刊：〈臺南市協 新任三名〉，1932 年 10 月 2 日，4 版、〈民選には新進の人物を出す方針 臺南市で十六氏決定〉，1935 年 11 月 8 日，2 版。

〔註 81〕〈臺南市協議會 議事に先だち劈頭 愛市觀念高調の申合せをなし〉，《臺灣日日新報》，1929 年 1 月 27 日，5 版。

> 盾？而詳細報告其前後的關係。遠藤議長頗吃力答復，最後以多數的贊成，通過第一、二號議案。〔註82〕

日治時期社會事業的範圍相當廣泛，除了救濟之外，尚有軍事救護、職業介紹、公設質鋪（即當鋪）、公設產婆、夜學……等等，公共住宅亦是其中之一，但只能優惠於市關係職員，自然備受爭議；兼任議長的市尹遠藤所六自知理虧，遂表示要省略讀會，強行通過。然而，王開運在此表現了初生之犢的強悍，竟又起來反對，發表意見長達半小時，除了攻擊議案立意之外，還指出爲了市役所整頓市區，已於 1927 年主導成立了「臺南建築購買利用組合」，且該組合實可負責住宅問題，毋須再起債應付。於是，臺、日市協議員分成兩派，委實已碰觸到臺、日民族問題，氣氛更加肅穆，議長不得已，爲和緩氣氛，只好訴諸投票，才以贊成者佔多數來說服反對者。

接下來在第二、三天，王開運另有意見發表，例如認爲市區改正未普遍，有偏重部份地區之嫌，又指出青物市場仲介組合從中搾取利益，使得消費者多納三萬餘圓的間接稅，故要求撤廢青物市場，以及公會堂費用支出與預約不便之問題，便所消毒竟區分內臺，有差別對待之嫌……等等。總之，這是王氏擔任市協議員的第一次表現，頗引人矚目，特別是在第一天，《臺灣日日新報》形容會議氣氛是「從來未見之緊張」，《臺灣民報》則指出「臺灣人議員奮鬪無効」，而這也是筆者僅見，有關王氏的較詳細且議事力道頗爲強勁的紀錄。

下面再將王開運於市協議會時期（1928～1935）的言論動向整理成表格：

表 4-3-1【王開運於市協議會的動向概況】

日期	相關報導
1929.01	1. 川上八百藏強調愛市觀念認爲有必要普遍「臺南市發展上關於市民自覺」之聲明，對此，高島、和田、王、宮本、里見等氏各述意見。

〔註82〕〈臺南市協議會概況 臺灣人議員奮鬪無効〉，《臺灣民報》，1929 年 2 月 3 日，4 版。

〔註83〕《臺灣日日新報》：〈臺南市協議會 議事に先だち劈頭 愛市觀念高調の申合せをなし〉，1929 年 1 月 27 日，5 版、〈臺南市協議會 劈頭提議愛市觀念〉，1929 年 1 月 28 日，8 版、〈臺南市協議會（第二日）〉，1929 年 1 月 29 日，5 版。〈臺南市協議會（第三日） 歲出入豫算全部可決〉，《臺灣日日新報》夕刊，1929 年 1 月 30 日，2 版。〈臺南市協議會概況 臺灣人議員奮鬪無効〉，《臺灣民報》，1929 年 2 月 3 日，4 版。

	2. 反對市營住宅建築費。 3. 主張以海水取代撒水用水。 4. 對市區改正計畫表達意見。 5. 廢止青物市場。 6. 公會堂使用問題。 7. 便所消毒問題。〔註 83〕
1930.01	1. 中島、王、榎本等 3 氏爲議事錄署名者。 2. 川上八百藏提緊急動議，欲以市尹名義，代表臺南市感謝滿洲出征兵士，市尹指名川上氏、王氏、中村氏等 3 人擬稿。 3. 長島氏主張廢止小公學校聯合運動會，王氏回應長島氏的主張，另證明恆春運來的木炭不買眞相。〔註 84〕
1931.01	1. 強調振興安平港的重要。 2. 質疑貧民救濟爲何減額，主張增資。〔註 85〕
1932.09	川上氏與王氏希望匡救事業裡的市區改正費用，能施及於永樂町。〔註 86〕
1933.03	市役所組織「市勢調查會」，市協議員爲該會成員，王氏負責產業部份。〔註 87〕
1933.11	高島玲三郎、王開運、山本壽太郎等 3 人爲會議錄署名人。〔註 88〕
1934.01	1. 對於第一號議案「昭和九年度臺南市歲入歲出豫算」，王氏不主張增稅，更就市現在之商況詳細說明，舉諸嘉義－臺南、嘉義－高雄間之鐵道運資等數字。（議長古澤勝就增稅問題，表示市負債達百萬圓，起債有困難，故必要增稅，以重建財政，並進行要事）

〔註 84〕〈以乾燥洗濁所爲質問之中心　向出征將士擊感謝電　臺南市協議會第一日〉，《臺南新報》夕刊，1930 年 1 月 19 日，4 版。〈臺南市協議會　第一日二十七日午後開かる〉，《臺灣日日新報》，1930 年 1 月 28 日，5 版。〈臺南市協議會雜觀〉，《臺灣民報》，1930 年 2 月 8 日，7 版。

〔註 85〕〈台南市協議會週錄　安平港口問題に花が咲き　市役所叩毀し等々々〉，《新高新報》，1931 年 2 月 5 日，3 版。

〔註 86〕〈匡救事業實施に關する　臺南市臨時協議會〉，《臺灣日日新報》，1932 年 9 月 27 日，3 版。

〔註 87〕〈委囑臺南市勢調查會委員〉，《臺南新報》，1933 年 3 月 19 日，8 版。

〔註 88〕〈臺南市開協議會　議市區改正費十一萬餘圓　向藏省預金部借入〉，《臺灣日日新報》夕刊，1933 年 11 月 9 日，4 版。

〔註 89〕〈不增稅不能重建財政對必要事亦不能進行　臺南市通常協議會〉，《臺南新報》，1934 年 1 月 17 日，8 版。〈雖曰波瀾之少　卻有緊張熱烈質問　古澤市尹立於陣頭答辯　臺南市協議會第一日〉，《臺南新報》夕刊，1934 年 1 月 17 日，4 版。〈臺南市協議會（第一日）　提議廢運河使用料　反對市營撞球場等〉，《臺灣日日新報》夕刊，1934 年 1 月 18 日，4 版。〈赤崁話題〉，《臺灣經世新報》，1934 年 1 月 21 日，4 版。

	2. 希望運河使用料全廢。 3. 不要乾燥洗濯所。 4. 希望窮民救助費增額。 5. 對於公園利用的問題表達看法。〔註 89〕
1935.01	1. 對於安平築港議案的通過，以櫻井齊、庄司常治、井戸諫、千葉才治、沈榮、王開運等 6 人爲市協議會代表，向州知事、市尹表達謝意。 2. 櫻井、庄司、井戸、佐藤、王等 5 氏當選市協議會常置員。〔註 90〕

在官方施行不健全的地方自治制度期間，部份民眾、民族主義者（如臺灣民眾黨、臺灣地方自治聯盟等），甚至是官方裡頭的開明者，已先後認爲地方自治需要改進，報端時有相關討論，請願運動也不少；是以，到了 1935 年 4 月，臺灣總督府終於公布「改正地方自治制度」。其中相關職權僅局部改動，例如明定州、市、街庄爲法人，並擴大自治立法權，州、市協議會改稱州、市會，具部份議決權（街庄與廳例外），又議員半數民選，半數官選；惟監督機關亦隨之強化，各級地方首長仍是官派，兼議會議長，且能夠透過「參事會」議決事務，而此組織乃由部份官員、議員組成，代行議會職權。〔註 91〕如此改動，雖然與臺灣地方自治聯盟所追求的全然地方自治有落差，卻已是前所未有，仍引起民眾關注，1935 年和 1939 年的選舉，皆被審慎看待。

面對這樣的變動，王開運依然連任官選市會議員，茲再將其於市會時期（1935～1944）的活動紀錄整理如下：

表 4-3-2【王開運於市會的動向概況】

日期	相關報導
1935.12	議事之後，選舉參事會員，由王開運、井戸諫爲立會人；開票後王氏與佐藤由松、川上八百藏同得 3 票，乃以年紀決定佐藤、川上二氏當選。〔註 92〕

〔註 90〕〈臺南市協議會 開會後二十分にして 全議案を議了閉會〉，《臺灣日日新報》，1935 年 1 月 17 日，3 版。

〔註 91〕吳文星《日治時期臺灣的社會領導階層》，頁 189～191。葉榮鐘《日據下台灣政治社會運動史》下冊，頁 501～503。

〔註 92〕〈臺南市の初市會 公會堂に開かる 午前中、市會に關する 諸條例を審議可決〉，《臺灣日日新報》，1935 年 12 月 13 日，9 版。

1936.02	1.希望社會事業費增額。 2.公學校增設高等科。 3.學校職員增員 4.寺廟的監督問題。 5.希望失業救濟能徹底。 6.對市內屎尿處理問題發表意見。〔註 93〕
1936.10	由王開運、佐藤由松、櫻井齊、川中忠五郎、西川善三郎、松崎翠、翁金護、黃金火等 8 人，代表市會赴全臺各地視察。〔註 94〕
1937.02	1. 與佐藤由松、安里積千代、沈榮同為臺南市會代表，出席全島「市會議員懇話會」 2. 川上氏認為第四號議案「歷史館使用條例制定」、第六號議案「基本財產造成條例制定」相當重要，主張變更日程，並附諸委員會，議長乃指名川上氏、安里氏、山本氏、櫻井氏、佐藤氏、堀內氏、王氏、沈氏、歐氏等組委員會，另行討論，次日報告審查結果。〔註 95〕
1937.12	王氏、黃氏、櫻井氏、西川氏、須藤昌、久代求等 6 人當選參事會員。〔註 96〕
1938.11	王氏、翁氏、黃氏、堀內氏等 18 人，代表市會出席第三回全島市會議員協議會（在高雄）。〔註 97〕
1939.02	1. 主張增加商業專修學校、充實職業介紹所、實現市營バス、獎勵家內工業。 2. 質詢國語不解者的解決方式，以及獎勵普及國語。 （宮島參與回答，提出市內國語不解者有 5 萬 4 千人，每年公學校卒業生 1,400 名，市私立國語修了生 1,500 名，其他青年團的國語教學有 200 名學

〔註 93〕《臺南新報》夕刊：〈臺南市會 動議建今川知事壽像 議事於緊張裡進行〉，1936 年 2 月 21 日，4 版、〈臺南市會 有如社會事業大會之慨 滑稽百出者聞不禁捧腹〉，1936 年 2 月 22 日，4 版。

〔註 94〕〈臺南 市議視察〉，《臺灣日日新報》，1936 年 10 月 4 日，8 版。

〔註 95〕〈赤崁話題〉，《臺灣經世新報》，1937 年 1 月 31 日，11 版。《臺灣日日新報》夕刊：〈議論續出したが 澤山の議案を審議 全島市議懇話會閉會〉，1937 年 2 月 4 日，2 版、〈臺南市會開幕 各議員熱心討論 重要案件附委員會審議〉，1937 年 2 月 20 日，4 版、〈臺南市會第二日 全部可決平穩閉幕 將向督府請設工業學校〉，1937 年 2 月 21 日，4 版。

〔註 96〕〈皇軍の各長官へ 感謝文を發電 臺南の臨時市會〉，《臺灣日日新報》，1937 年 12 月 8 日，5 版。

〔註 97〕〈市會議員協議會 各市代表多數參加し 十九、廿日、高雄市で開催〉，《臺灣日日新報》，1938 年 11 月 17 日，5 版。

〔註 98〕《臺灣日日新報》：〈熱帶醫專の誘致を滿場一致で可決 臺南市會二日間で閉幕〉，1939 年 2 月 22 日，5 版。〈臺南市會雜觀 國語問題で議場賑ふ〉，1939 年 2 月 23 日，5 版。

	生，故大約10年內可一掃市內國語不解者。）〔註98〕
1939.12	王、櫻井、川中、佐藤、安里、劉等6氏當選參事會員。〔註99〕
1940.02	1. 櫻井氏提議向出征將兵頒發感謝狀，並表達慰問，議長委任王開運、王清風、櫻井、津川、荒木等人負責。 2. 希望寺廟整理儘快實現，事關信仰，應更加慎重。 3. 主張國語普及的豫算，要有依年限爲基礎的編造概念。 4. 質詢圖書管移管問題、遊興界振興問題。 5. 關於屎尿賣卻代金的問題市民頗有疑惑，主張停止指定包商，改以公辦。 （富島參與回答，寺廟整理問題，待市役所移管完畢後，將組織財團法人接手；國語普及問題，除了有私立國語講習所之外，義務教育也將發揮功效；圖書館移管則會儘早實現。）〔註100〕
1941.02	1. 荒木氏提議致文慰問出征將兵，議長指派王氏、津川氏等人爲起草委員。 2. 對於徵兵令的本島適用問題，臺南人青少年反應熱烈，希望努力爲之。 3. 質詢防空壕築造狀態、國語普及問題。 （津田參與表示總督府尚在研議徵兵令，也會重視市民反應，防空壕則正在實施中。）〔註101〕
1941.12	藤川寅三、佐藤由松、荒木虎雄、久代求、王開運、顏春芳等6人當選參事會員。〔註102〕
1942.02	提出臨時動議，欲向在南部隊進行慰問。〔註103〕
1943.12	王氏等5人當選參事會員。〔註104〕

正因爲日治時期地方議會的議事錄甚少留存，而報端雖然頻繁地刊登開會訊息，但大多是簡略記述，故筆者僅能盡量羅列王開運在議會裡的活動紀錄，暫時無法深入考述、探究議事實況。不過，若配合其他資料，尚可發現若干端倪。其一，王開運參議之事，不少都與其他領域的活動重疊，例如安平築港，是議會議案，而王氏也憑著臺南商協會長的身份，成爲市內臺灣人的代表，赴日推動築港運動；再如貧民救濟、失業救濟、社會事業費等問題，

〔註99〕〈臺南臨時市會〉，《臺灣日日新報》，1939年12月7日，5版。

〔註100〕《臺灣日日新報》：〈熱帶醫專新設を熱望　臺南市會　盛り澤山の質問戰〉，1940年2月23日，5版、〈市民は活氣に乏しい　臺南市會第二日目　石橋議員が喝破〉，1940年2月24日，5版。

〔註101〕《臺灣日日新報》：〈臺南市會開く　十六年度豫算を議題に〉，1941年2月26日，4版、〈臺南市會の審議〉，1941年2月27日，4版。

〔註102〕〈臺南市參事　會員當選者〉，《臺灣日日新報》，1941年12月29日，4版。

〔註103〕〈皇軍への感謝と慰問を決議　臺南市會南方問題論議〉，《臺灣日日新報》，1942年2月24日，4版。

〔註104〕〈臺南臨時市會で參事選任〉，《臺灣日日新報》，1943年12月31日，4版。

當時王開運也兼任臺南愛護會副會長，專事乞丐收容，自然不無關聯。至於增稅、市區改正、青物市場、運河使用費等，涉及到金錢成本、市況振興等問題，更是關乎臺南商協的創造商人利潤、改善經商環境之使命，其具體作爲已如前述，而王開運也曾將〈減税問題と消費經濟の改善——營業税は不合理！寄附は自由意志！〉（文，1930，頁 28～32）一文投稿至《臺灣新民報》，主張以收益稅取代營業稅，反對警察強制募款、怠稅罰鍰。凡此種種，可見王開運時常爲著市內公共事務奔波。

其二，王開運曾經幾度獲選爲地方議會內的參事會成員，而參事會乃是在議會休會或議會成立前代行職權之組織；且王氏也擔任過議會代表，出席全臺的市會議員協議會，故可知王氏與議會的關係日漸緊密。

其三，王開運連任官選市協議員、市會議員，固然緣於官方籠絡，但事實上，仍獲得社會上一定程度的肯定，擺脫了尸位素餐的標籤。例如 1930 年，鑒於地方自治並不健全，連帶產生官選人物素質低落、難以代表民意等，以及街庄長與各級協議員的職位淪爲政治酬庸等問題，向來關切地方自治的《臺灣新民報》，遂於同年 11 月自行舉辦州、市議員的紙上「模擬選舉」，至 1931 年 1 月公布當選結果。〔註 105〕此活動中，王開運得到不少選票，待當選結果公布，臺南市需選出市協議員 36 名，王開運得 214 票，名列第九（第一名爲葉禾田）〔註 106〕；而既然是《臺灣新民報》自辦選舉，官方干涉減少，讀者有選擇自由，則王氏雀屏中選，說明了其評價頗佳。

再如臺灣新民報社認爲，當時人物志書的內容大多欠缺公正，故於 1934 年自行推出《臺灣人士鑑》，其特色乃臺灣人自行編纂，「摒除個人主觀及情面關係」，較能符合臺灣人的期待，是「一部全新的人事錄」。〔註 107〕後逢報社 5 週年、10 週年紀念（從 1932 年發行日刊起算），又有 1937 年、1943 年兩版《臺灣人士鑑》，王開運出現在後兩版的書籍裡頭，表示受到甚高的評價，也更加確認其爲重要士紳。

〔註 105〕〈請看普選戰！臺灣州市議員的摸擬選舉投票！！！〉，《臺灣新民報》，1930 年 11 月 8 日，4 版。黃秀政《「台灣民報」與近代台灣民族運動（一九二〇～一九三二）》（彰化：現代潮出版社，1987），頁 172～177。

〔註 106〕《臺灣新民報》：〈模擬選舉戰　各地週間戰況！！〉，1930 年 11 月 29 日，5 版、〈模擬選舉市議員當選者〉，1931 年 1 月 17 日，18 版。

〔註 107〕黃慧貞《日治時期臺灣「上流階層」興趣之探討——以《臺灣人士鑑》爲分析樣本》（臺北：稻鄉出版社，2007），頁 12、15。

其四，1935 年，立場親日的《臺灣經世新報》將王開運、井戶諫、室谷信次郎等人，譽爲「神都を護ろ人々」（神都守護者），其中指出王氏在市協議會裡談吐不俗、學問淵博、態度公允，且無民族偏見，是背負著臺南未來命運的有力者，甚至稱說已完全攝取了日本精神〔註 108〕；雖然有誇大之嫌，卻間接可知王氏得到日人青睞。

二、兼任路竹庄長

如第二章所述，王開運先祖甚早就在「一甲」（今高雄市路竹區甲南、甲北二里）開墾，成爲地方望族；進入日治初期，父親王棟受當局任命，掌理一甲 16 年。1914 年，王棟逝世，暫由三子開泰代理區長之職，不久改派王振（非王文醫一脈）接任〔註 109〕；1917 年～1920 年，王道宗又受命爲區長。王家前後協理地方政務近 20 年，可謂在地方上紮根甚深。1920 年代，臺灣地方行政進入五州二廳時期，一甲與鄰近的半路竹、大社、三爺埤、後鄉、營後、下坑、新園、下社等處，整合爲「路竹庄」，隸屬高雄州岡山郡，庄長則先後由王抱、洪宗沛擔任。〔註 110〕

1931 年 3 月，高雄州廳發布辭令，命王開運爲新任路竹庄長〔註 111〕，這對於原本已是臺南市協議員，在市內跨足政治、經濟、文化、社會事業等領域的王氏來說，可說是進入了人生事業另一個高峰，也代表著即將「子承父業」，繼續協理地方政務，且管理範圍還遠大於過去的一甲區。但此事卻成爲王開運受人非議的口實，以下先引《臺灣民報》的看法：

> 然而王君在臺南市，爲市協議員、愛護會的理事、商工業協會長、南郡公司的專務等之職，今去此職，而跑到高雄州爲庄長，豈不是在臺南的前功盡去？
>
> 因爲既然爲高雄州一庄長，豈有再爲臺南市協議員之理？尤其是要專任的商工業協會長之職，也偏要他州的王庄長來兼任才可嗎？該

〔註 108〕〈神都を護ろ人々〉，《臺灣經世新報》，1935 年 5 月 18 日。

〔註 109〕〈區長易人〉，《臺灣日日新報》，1914 年 7 月 24 日，6 版。

〔註 110〕〈五州二廳管內の街庄長及協議員（七）高雄州管內〉，《臺灣日日新報》，1920 年 10 月 13 日，4 版。《臺灣日日新報》夕刊：〈美滿姻緣〉，1926 年 7 月 20 日，4 版、〈人事欄〉，1929 年 3 月 30 日，4 版。

〔註 111〕《高雄州報》1931 年 3 月份目錄。筆者按，據目錄顯示，此一人事辭令載於該報 1931 年第 552 號，惜此號內容尚未得見。

會豈沒有適任的人物？

據王君一邊的人們說，王君雖就任他州庄長，對於市向來協議員等之職，若沒有非辭職不可的，便要再繼續努力。王君！果是這樣的見解？

臺南市的協議員是他州的庄長，市內的人物，大告拂底可見，一團體的頭兄，不得不求於他地方，團體內的事情可知，而該團體將來的發達無望。

但是臺南市民，在王君被任爲高雄州庄長的時候，必見立起擁護市民的面目，又商工業協會員，也必立起要求選任會長無疑了。

擁護派說，這回王君庄長的就任，在前有得當局的諒解，只是當做尸位就可以，故此雖不辭前職也不至於做不得了。若這話果眞，王君豈沒有自欺欺人嗎？〔註112〕

王氏跨地區身兼市協議員與庄長，在當時幾乎沒有前例，故輿論既不滿王氏跨州兼職，暗示官方的人材選用有問題，卻又帶惋惜之意，認爲王氏在臺南的事業將前功盡棄。就臺南地方而言，這是一件大事，自然受到時人評論與報端關注。

受殖民的環境下，王開運縱使能夠因爲庄長須兼任庄協議會議長的規定，而掌攬路竹庄協議會的大權，但畢竟還是要聽命於殖民當局，受郡與州的控制；也就是說，街庄不過是基層的行政機關而已。再者，當初王氏辭去教職，離開故鄉，爲的就是前往臺南市尋求更好的發展，而庄長一職未必能給予王開運更大的活動空間，遑論能有矚目的治績；如同上文「擁護派」之言，王氏的事業重心仍會留在臺南市，前述的種種活動，以及後文將談及的臺南愛護會，即是明證。那麼，何以還要兼任庄長呢？據支持者說法，是爲了平息路竹地方的派系問題。

王開運任職路竹庄長不久，即捲入派系問題之中。《臺灣新民報》指出，路竹地方派系分成前庄長洪宗沛一派，以及現任庄長王開運一派，因爲部份庄民不滿洪派，欲逼退之，乃擁護同是故里子弟的王氏接任；又受到王派壓力之故，洪派遂頻頻向殖民當局陳情。1931年9月，《三六九小報》與《臺南新報》開啓筆戰，《臺南新報》以兼任庄長和市協議員的問題，來攻擊《三六

〔註112〕〈赤崁流彈〉，《臺灣新民報》，1931年3月7日，5版。

九小報》成員王開運，並傳言王氏因而不得不在同年 10 月提出庄長辭呈。最後，《臺灣新民報》認爲，王、洪二派的鬥爭定使雙方都無法佔有庄長一職，反倒會造成漁翁得利；黃欣則認爲王開運跨州兼職不適當，意示王氏要有自覺。〔註 113〕

對此，王開運的支持者去函《臺灣新民報》，以爲辯駁。除了表示王氏並無提出辭呈之外，並解釋兼任庄長的眞正原因，乃是緣於庄中黨派色彩已深，任誰擔任庄長都無法得到全體信服，而王氏並無黨派觀念，故乃擁護之，並舉陳事實：

> 王君就任伊始，即著力研究調和方面，而前庄長之長男爲庄助役，其後因本人有不正之行爲依願退職，實與王君無關；又前庄長之寵婿，原爲書記，現已高昇爲會計役，貴報謂王君一到任將其婿免職，事實大相背謬，觀此數事，亦足見王君力謀調和之苦心矣。
>
> 如前所記，王君之承諾就任庄長者，實出一片愚誠，稍爲庄中效力，原無何等野心，故當王君就任之時，即宣言不能久任，而著力急於調和者，亦職是故也。
>
> 王君之不即辭職市議員者，亦因在短期間中，市當局認爲不必要辭職之故。〔註 114〕

如此這般，王開運擔任庄長的表現雖不比在臺南的諸多活動顯眼，但重點就在於王氏有能力來平穩人事紛爭；也再次說明了，其成爲地方士紳之後，具有一定聲望與影響力。之後王開運確實不再戀棧，1934 年任職期滿，路竹庄長即由原來的彌陀庄長齋藤善次郎接任，報端再度提及王氏平息派系問題的功勞，且肯定其效果。〔註 115〕

第四節　推動民間社會事業「臺南愛護會」

一、成立背景與籌備過程

在王開運領導臺南商工業協會期間，該商工會於 1929 年成立了「臺南愛

〔註 113〕《臺灣新民報》：〈黨派分爭激烈 路竹庄長遂辭職〉，1931 年 11 月 7 日，4 版、〈赤崁流彈〉，1931 年 11 月 7 日，5 版。

〔註 114〕〈來函辯明〉，《臺灣新民報》，1931 年 11 月 28 日，5 版。

〔註 115〕〈路竹庄長得人〉，《臺南新報》，1934 年 11 月 8 日，8 版。

護會」，這是繼 1923 年施乾的臺北愛愛寮出現之後，另一個頗具規模、且營運持續不輟的專責乞丐收容的民間社會事業；直到 1946 年併入「臺南市救濟院」〔註 116〕爲止，愛護會共有 17 年的時間致力於乞丐收容工作。鑑於目前相關研究闕如，以及在臺灣社會事業史上，愛護會委實有重要意義；加上王開運身爲商協會長，雖不必然純由個人意志促成此社會事業，但推動設置的過程中，確實有不少貢獻，營運期間則處於核心位置，故有必要對愛護會的始末詳加考述。

臺南愛護會成立的背景，歸因於地方上乞丐增多，且乞討行爲造成不少社會治安的問題所致。據當時媒體報導，乞丐並非全然軟弱無助，博人同情，有時反倒會出現橫霸行爲，例如「沿户行乞，或靳而不與，抑給之過小，則佇立不去，且其到處，群兒追墜，鄉人圍觀，於商場生意，殊多阻擾」〔註 117〕，又如「凡遇婦人，或要於途，或隨其後，名雖求乞，實等於強索，時尾至經街過市，猶尚纏擾，如靳而不與，則肆口亂罵，亦有舁病丐，至大家商鋪求助者，動輒數角，始肯去，似此非特有關衛生，且妨礙商業，汙及市上美觀」〔註 118〕；是以地方有力人士不得不奔走呼告，希望能找到改善方法。而且這不是一時一地的特例，行乞影響到治安，由來已久，在清代已是屢見不鮮的現象，一旦普通的施惠救濟不能遏止乞丐的越舉行爲，官府還會勒石告示，例如〈奉禁惡丐逆擾碑示〉（乾隆 39 年）、〈嚴禁惡丐強乞吵擾碑記〉（道光 21 年）、〈嚴禁乞勒縱橫示告碑〉（光緒 5 年）……等等。〔註 119〕

救助乞丐，往往一方面基於惻隱之心，一方面是爲了免除乞丐騷擾；當初施乾設置臺北愛愛寮，同樣緣於這兩項動機。〔註 120〕但較爲殊異的地方是，翻閱

〔註 116〕臺南市救濟院即今天的「財團法人台灣省私立台南仁愛之家」。此機構誕生於清代，當時分別有養濟院、義塚、普濟堂、育嬰堂、卹務局等慈善單位，日治時期統整爲「台南慈惠院」，戰後名稱多次改變，依序爲台灣中正醫院、台南慈惠院（1945）、台南市救濟院（1946）、私立台南救濟院（1948）、台灣省私立台南救濟院（1955）、台灣省私立台南仁愛之家（1976），1977 年始確定爲今名。參見《財團法人台灣省私立台南仁愛之家家史》（臺南：財團法人台灣省私立台南仁愛之家，2007），頁 16。

〔註 117〕〈臺南市上乞丐驟增〉，《臺灣日日新報》，1927 年 2 月 11 日，4 版。

〔註 118〕〈赤崁　乞丐何多〉，《臺灣日日新報》夕刊，1928 年 4 月 4 日，4 版。

〔註 119〕王昭文〈殖民體制下的社會改革理想實踐——以日治時代的愛愛寮爲例〉，《輔仁歷史學報》（臺北：輔仁大學歷史系，2003 年 6 月），頁 211。

〔註 120〕雖然施乾有著強烈的人道主義，而人們也是多從此角度對之稱頌，但施氏還是相當強調乞丐與治安的關聯，認爲社會事業即自衛事業。參見施乾〈乞丐

臺灣總督府的《臺灣社會事業要覽》，會發現日治時期並不缺乏官方或民間的慈善機構，卻多是一時的貧困救助，或者藉由救濟來滿足乞丐，也就是說，一般人都將乞丐問題視同貧困一起處理。相反的，施乾對於乞丐則有深入探究，認爲乞丐是特別的一群人，內部自成組織，由丐頭約束眾丐，並代眾丐向民眾求捨物金；具自暴自棄的心理，即便身體健康，卻淪爲寄生動物，在資本主義社會下過著別人幫忙承擔的社會主義生活；以及窮苦外表讓人又畏又厭，甚至民眾因而產生「乞丐病」——深信著透過施捨，或與乞丐有些關係，便會得到福祐。因此，施乾把乞丐與其他貧苦狀況區分開來，後者還願意工作，應該救濟，讓窮人的生活可以好過一些，乞丐則不宜一視同仁，救濟之後反而給不勝給，不如將金錢花在撲滅根治的工作上，還比較合算。〔註 121〕

換句話說，施乾認爲最適合乞丐的幫助，就是使其脫離乞丐生活。當貧民無法生存即將淪爲乞丐之時，官方或民間救濟單位，以及方面委員應該及時發揮功能，而非任其淪落街頭；況且，就施氏所考察的乞丐成因而言，諸如生活困難、天災人禍、沾染嗎啡、生病殘疾等，這些其實也是屬於一般救濟的範疇。至於已淪爲乞丐者，則帶入收容處，提供食宿、醫療、職訓、找工作，避免乞討行爲故態復萌。〔註 122〕由此可知，施乾不但富有人道主義，其觀點更迥異於一般成見，對於幫助乞丐的積極態度，是當時其他慈善機構所不及的。

儘管施乾的理念與其實踐廣博贊同，但耗費心神、體力與金錢乃是相當現實的問題，而且若干成本難以用金錢估算。就長期維持愛愛寮的經費來說，隨著收容人增多，食指繁浩，很快就困擾著施乾；故施乾經由著述《乞食撲滅論》與《乞食社會の生活》二書（皆 1925 年出版），以及投書登報等，來宣揚理念，希冀能提高資金募集的成效，甚至引起他人共鳴跟進。繼而在 1926 年，施乾還組織了「乞丐撲滅協會」，以會員制度謀求愛愛寮的經費能夠穩定，但情況似乎不佳。〔註 123〕

同樣的挫折，也發生在跟進投入乞丐收容事業的其他人身上，例如 1926

撲滅論〉，《孤苦人群錄》（王昶雄編、李天贈譯，臺北：臺北縣立文化中心，1994），頁 9。另外在《臺灣日日新報》，該氏〈社會事業與社會公安〉（1927 年 4 月 12 日，4 版）、〈共同生活與寄生生活〉（1927 年 4 月 27 日，4 版），也有類似想法。

〔註 121〕施乾《孤苦人群錄》，頁 17～18、44～47、51～53、69～74。

〔註 122〕施乾《孤苦人群錄》，頁 119～120、122～125。

〔註 123〕王昭文〈殖民體制下的社會改革理想實踐——以日治時代的愛愛寮爲例〉，頁 204～205。

年，臺中佛教會館住持林德林與該會館的會長林澄波，於旱溪町（今臺中市東區內）成立會員制的「愛生院」，以爲乞丐收容場所，開院式當天施乾也在場；雖有一時之效，然而不久便在經費、人事與管理上產生問題，1929 年一度關閉，即便後來謀籌復活，該院的活動力似乎也不甚旺盛。〔註 124〕又如在臺南愛護會成立之前，臺南市的方面委員亦倡議集資設置乞丐收容所，這是基於方委使命，也可能與 1925 年施乾帶著《乞食社會の生活》到臺南推廣理念有關，於是由方委林英心代爲推行。而商議過程中，設定若收容所遇到維持經費不足之時，即由所內丐首出門代乞，這等於是走回頭路，與施乾欲完全遏阻乞討行爲的想法背道而馳；最後，林氏的奔走甚至未成氣候便胎死腹中。〔註 125〕凡此種種，皆說明了施乾立意雖好，若無較爲完善的規劃或過人的熱忱，即便撲滅乞丐的花費比長期的一般救助、施捨還要合算，帶來的好處更多，可是從中需投入的心力仍舊令人望之卻步，遑論實踐。這也正好解釋了，爲什麼從 1923 年愛愛寮成立之後，要到 1929 年，才又出現愛護會此一成功的例子。

既然有前車之鑑，臺南商協對於設置乞丐收容所的策劃勢必更加謹慎。1928 年 8 月，在該協會的評議員例會上，倡設收容所的聲音第一次出現，並打算以此爲附屬事業，於是初擬集資 3,000 圓左右，收容名額估 50 人次，則每月維持費至少 300 圓。〔註 126〕接著，臺南商協尋求臺南市尹遠藤所六、臺南警察署的援助，並向臺南州商借臺南慈惠院的「行旅病人收容所」（原址今已拆建爲東區泉南里的東門花都大樓），以充當初期丐寮。此收容所位於東門町，即清代東門城樓附近，日治時期該處還是臺南市郊區，聚集乞丐於此，不易干擾市民，也不須額外覓用地，又有現成建築，可以節省經費。〔註 127〕

〔註 124〕以《臺灣日日新報》爲例，關於臺中愛生院的報導僅在 1926 年～1933 年之間，可見其興衰。參見日刊的〈クチナシ〉（1927 年 6 月 9 日，2 版）、〈臺中存廢問題〉（1929 年 11 月 8 日，4 版）、〈臺中市方面委員が一齊に乞食狩り 旱溪の愛生院に收容〉（1930 年 6 月 13 日，5 版）、〈乞丐堂堂乘自動車入臺中旱溪愛生院 中有少女嫁六十歲老翁不勝羞澁者〉（1930 年 6 月 16 日，8 版）、〈全島乞丐救濟事業（下）〉（1930 年 10 月 6 日，4 版）、〈タオルを寄贈〉（1933 年 6 月 3 日，3 版）。

〔註 125〕《臺灣日日新報》夕刊：〈赤崁特訊 將設乞丐收容所〉，1926 年 1 月 24 日，4 版、〈臺南乞丐收容所 創設無期〉，1926 年 11 月 17 日，4 版。〈赤崁特訊 施氏來南〉，《臺灣日日新報》，1925 年 2 月 7 日，4 版。

〔註 126〕〈臺南商工業協 籌收乞丐〉，《臺灣日日新報》，1928 年 8 月 27 日，4 版。

〔註 127〕〈臺南商工業協會 擬設乞丐收容〉，《臺灣民報》，1928 年 9 月 16 日，3 版。〈臺南乞丐收容尚須時日〉，《臺灣日日新報》，1928 年 10 月 10 日，4 版。《台

然而，遠藤氏曾任臺中市尹，正好遇到臺中愛生院旋起旋衰的窘境，故個人不甚看好；相反地，臺南州教育課長青木健一則樂觀其成，恰呈顯了當時官方所具有的「社會連帶精神」之思維，亦即監督民間社會事業機構，使其成爲輔佐、貫徹國家社會福利政策的單位，並把民間社會事業的業績當成官方業績之一。同年 12 月，時值施乾在臺南考察乞丐狀況，王開運得以與施氏交流乞丐問題，研討收容所的設立事宜，打算請施乾或其他愛愛寮人員擔任顧問，並估算隔年二、三月即可開辦。〔註 128〕

不過，籌備期間還有些問題。一方面，臺南商協會員似乎有所猶豫，以致於 1929 年初該會評議員會上，仍要再次確認收容乞丐之事。二方面，地方官員未有積極相助之意，除了遠藤市尹不看好之外，還認爲借用行旅病人收容所，仍離市區太近，建議另選小北門（今北區小北夜市附近）。三方面，召集乞丐入收容所，若得警察協助，便能減少孤軍奮鬥的窘境，或避免如臺中愛生院那樣，成立後院中乞丐仍大肆行乞擾民；對此，臺南警察署卻無太大的協力意願。四方面，有部份人士質疑，乞丐問題應該由方面委員負責，何以竟讓商人團體插手管事？種種波折，王開運與贊同者都必須四處奔走說服，畢竟這份事業需要大眾的捐款與協力，認同者愈多，經營困境愈少。

職是之故，乞丐收容所的開設日期遂不斷延後，直到 1929 年 4 月，臺南警察署才答應予以協助，確認收容對象以市內乞丐爲主，設置地址仍定爲行旅病人收容所，加上有施乾的指導，臺南商協派員到愛愛寮觀摩，以及幾經臺南商協內部開會，並且對外與官方協調之後，創設的條件才漸次成熟。其共識是，乞丐收容所定名爲「臺南愛護會」，由臺南商協主導成立，但性質是個別獨立的團體，不隸屬於商協。〔註 129〕要之，從提議開設乞食收容所，到條件成熟，這

南市志・政事志社會篇》（臺南：臺南市政府，1992），頁 83。

〔註 128〕《臺灣日日新報》:〈臺南乞丐收容尚須時日〉，1928 年 10 月 10 日，4 版、〈臺南に乞食收容所を建てる〉，1928 年 12 月 13 日，5 版。《臺灣日日新報》夕刊：〈臺南商工業會將商乞丐收容〉，1928 年 12 月 5 日，4 版、〈臺南決設置乞食收容所 在來年二三月〉，1928 年 12 月 14 日，4 版。劉晏齊〈從救恤到「社會事業」——台灣近代社會福利制度之建立——〉（臺北：臺灣大學法律學研究所碩士論文，2005），頁 105、121。

〔註 129〕《臺灣日日新報》:〈南市乞丐問題 亟宜收容〉，1929 年 2 月 18 日，4 版、〈臺南乞丐收容近聞 商協會長商諸警署 雖得贊同範圍未詳〉，1929 年 4 月 8 日，8 版、〈臺南乞丐收容 六月中將能實現 會員募集分作三種〉，1929 年 4 月 26 日，4 版。《臺灣日日新報》夕刊：〈赤崁 開評議會〉，1929 年 1 月 18 日，4 版、〈臺南市籌設乞食寮 六月諒能實現〉，1929 年 3 月 23 日，4 版、〈臺南乞

一籌備時間長達 9 個月。

二、營運狀況

1929 年 7 月，臺南愛護會正式開辦。〔註 130〕由王汝禎任愛護會會長，王開運、城阿全爲副會長，而王汝禎、王開運 2 人直到戰後愛護會併入臺南市救濟院爲止，職位都未改易。1930 年代愛護會的幹部名單上，則有臺南州社會事業主事三上長治擔任顧問，蘇錦墩爲會計，施乾爲寮務主任，實行委員有鄧堯山、張江攀、陳瑞山、翁螺、孫清波、蔡培楚、城阿全等，囑託（掌理實務者）爲陳心意。〔註 131〕可見愛護會、臺南商協兩者的成員多是重疊的，且愛護會相關事務，也常是臺南商協的議事內容之一，故名義上愛護會是獨立團體，實際上兩者關係密切。而愛護會幹部、委員並非僅領有職銜，尚須出錢，例如乞丐原本有中元普渡外出行乞的慣例，爲杜絕此行爲，愛護會乃折衷在會內舉行普渡，費用由幹部委員出資。〔註 132〕

愛護會營運期間，王開運與王汝禎是不可或缺的人物。王開運既任臺南商協會長，又兼愛護會副會長、王姓宗親會理事，而王汝禎則是王姓宗親會理事長，兼愛護會會長，故二王委實處於核心地位。就外界認知來說，當 1930 年《三六九小報》與《臺南新報》之間發生筆戰，《臺南新報》曾要求王開運公開愛護會的會計帳目；雖不清楚會計方面出了什麼問題，不過臺南商協有不少成員同時是《三六九小報》同人與愛護會成員，《臺南新報》卻只拿會計問題攻詰王開運一人，由此「反例」，可見王開運之於愛護會是相當具有代表性的。另外，同年尚有一匿名者捐贈 5 圓，並附信感謝王開運對愛護會的努力，表現民間的熱情，則「正面」印證了王氏是愛護會的代表人物：

> 王開運先生鑒：
>
> 足下奔走社會，爲愛護寮事業，以匡救民難者，切合時宜矣，無任佩服。彼人爲經濟束縛，未能濟事，今念物輕意重，薄具銀五元，聊充

丐收容續報　定設乞丐愛護會　積極籌備進行〉，1929 年 4 月 10 日，4 版。

〔註 130〕〈赤崁　準備開寮〉，《臺灣日日新報》夕刊，1929 年 6 月 25 日，4 版；另外，各版的《臺灣社會事業要覽》（臺北：臺灣總督府）也記載是 1929 年 7 月。

〔註 131〕〈臺南愛護會已收乞丐廿餘名〉，《臺灣民報》，1929 年 7 月 21 日，3 版。〈嗷嗷乞食群　臺南受迷惑　愛護寮設立以來市內商店得欣然〉，《臺南新報》，1933 年 9 月 21 日，8 版。〈愛護會啓事〉，《中華日報》，1946 年 5 月 5 日，1 版。

〔註 132〕〈臺南愛護寮　舊十六日普施〉，《臺灣日日新報》夕刊，1929 年 8 月 23 日，4 版。

愛護寮經費幾萬分之一分，乞轉陳於執事，肅此佈意。〔註 133〕

愛護會採取會員制，扣除基本資金（資產），維持費初期拆分爲 1,500 到 2,000 口的配額（後視實際需要而增減），一口月付 30 錢（3 角），會員的責任即是認領配額，可認領多口。在開寮前夕，愛護會已能募得 4,000 圓基本資金，但是維持費的認領仍不足；爲此，王開運仍請商工業協會會眾繼續勸募。此外，會員又分爲 3 種，普通會員僅負責維持費，特別會員與後援會員除了繳付維持費，還必須不時地因應愛護會的需求，捐獻建設費、設備費，並補足維持費，較具財力者始得成爲後兩者。〔註 134〕

至於愛護會的宣言以及實際救助乞丐的方法如下：

吾人群居同一社會，以營共同生活，其必互相扶助，以圖共存共榮，乃當今文明社會，猶見有乞丐存焉，是豈非吾人人類之一大恥辱？抑亦現代社會之一怪現象也。

顧我崁城素稱文物聚會之區，而仍見渠等怪物流逑跋扈，誠數遺憾之至。夫彼等固社會落伍者也，當其貧病交加，流連顚沛，其慘憺光景，當非仁人所忍直視，況際朔晦之日，或冠婚葬祭之時，渠等即蝟集如蠅，纏擾不休，其有礙於衛生，及背謬乎人道，姑勿論，單就市民之寧安而言，亦非可等閒視也。

（中略）

以是同人不揣固陋，特爲倡首組織臺南愛護會，以收容彼輩，指導授產，冀圖一掃社會陋習，整飾市面觀瞻，願四方君子，有志仁人，不吝一臂之力，傾囊援助，贊助斯舉，即臺南市民幸甚，人類社會幸甚。（以上爲宣言）

一、爲救護乞丐，設寮舍，收容既存乞食，而對疾病者，加以治療，對壯健者授以相當生產。

二、爲防止乞丐之發生，對於爲極貧或是疾病及其他原因，而將墮落于乞食之境遇者，給予相當善導，且行救濟。

〔註 133〕〈臺南愛護寮寄附金彙報〉，《臺南新報》夕刊，1930 年 1 月 24 日，4 版。

〔註 134〕《臺灣日日新報》夕刊：〈臺南愛護會 寄附成績〉，1929 年 5 月 26 日，4 版、〈赤崁 募集口數〉，1929 年 6 月 18 日，4 版。〈臺南乞丐收容 六月中將能實現 會員募集分作三種〉，《臺灣日日新報》，1929 年 4 月 26 日，4 版。

三、爲達該會目的，鑑于時宜，應其必要，即講究適當之設施。(以上爲救助方法)〔註 135〕

從這份宣言、救助方法，以及上述愛護會籌備期間，王開運等人即與施乾有所交流來說，不難看出施氏對愛護會的影響〔註 136〕；神田正雄也指出愛護會與愛愛寮是「同性質」的，而杵淵義房的《臺灣社會事業史》裡，更將愛愛寮與愛護會並列，認爲兩者在塡補「乞丐收容」這個社會缺陷上，具有重要地位。〔註 137〕對此，筆者認爲，就中仍有屬於臺南商工業協會的側重考量，因爲最容易受乞丐騷擾的對象之一，正是商家，故由商業團體出面辦理乞丐收容之事，相當合理；而憑恃一個團體的財力、內部凝聚力與對外影響力，也確實比個人經營來得事半功倍。

臺南愛護會成立伊始，即迅速收容了二十餘名乞丐。由於籌備期間決定暫且只照顧臺南市內乞丐，來自外地者則請警察驅離，而經官方與施乾的調查，市內乞丐數量約百名，確實需要收容者佔一半，如今需要收容者又太半（二十多名）聚集於愛護會，則成效立竿見影。《臺灣民報》即言收容後的乞丐「除小數以外，皆是表著非常滿足。這回因爲有愛護會出爲爲收容乞丐，市上便很少看見乞丐徘徊，所謂四虎（乞丐頭之稱）亦皆閉門不出，願意放棄乞丐生活的樣子，一方面果然可以救助這輩人間地獄的落伍者，另一方面，爲臺南市雅觀上淨了許多，市民們頗感覺滿足云」；《臺灣日日新報》、《臺南新報》也有相似贊譽，甚至稱愛護會爲「臺南名物」。〔註 138〕

嗣後，愛護會不但漸次兌現其救助方法，在資產、事業版圖上也穩定擴展，收容人數日益增多。1929 年 9 月起，該會授產場竣工，供授產部工作，兼做爲精神講話堂；10 月，增設農業部，在會址附近的空地耕種自足；12 月再增設牧

〔註 135〕〈臺南愛護會 目的爲救護乞丐 市民贊成參加〉，《臺灣民報》，1929 年 5 月 5 日，4 版。

〔註 136〕〈臺南通信 富有慈善心者 不論貧富〉，《新高新報》，1929 年 7 月 5 日，15 版。

〔註 137〕神田正雄《動きゆく臺灣》(東京：海外社，1930)，頁 32～33。杵淵義房《臺灣社會事業史》(臺北：德友會，1940)，頁 1152。

〔註 138〕《臺灣日日新報》:〈臺南市のダークーサイド 乞食の巻〉，1929 年 2 月 2 日，5 版、〈臺南名物 愛護寮の活動 乞食の他精神病者をも收容する見込〉，1929 年 9 月 13 日，5 版)。《臺灣日日新報》夕刊：〈臺南市約百名乞丐 籌設收容所〉，1928 年 12 月 18 日，4 版、〈赤崁 鳴鑼曉眾〉，1929 年 7 月 20 日，4 版。〈臺南愛護會 已收乞丐廿餘名〉，《臺灣民報》，1929 年 7 月 21 日，3 版。

畜部〔註139〕。

1930年5月，已見愛護會在販賣自製產品，此後並時常舉行販賣會，因物美價廉，成績多佳。同時，爲因應經濟不景氣，愛護會爲貧民另外增設「貧民授產部」，與方面委員合作，招徠貧民參加藤細工講習，以得一技之長，避免淪爲乞丐，講習期間更提供午餐與月薪，使貧民職訓成爲附屬事業；受理申請處則在祀典武廟，與臺南商協事務所同一處。7月，依施乾建議，由愛護出資1,500圓，拆成30口，在臺北開設「フオルモサ藤製販賣所」，委託施乾掌理，販賣愛愛寮產品、臺灣特產等，利潤由愛愛寮與愛護會均分。8月，愛護會爲慶祝成立一週年，於臺南公會堂舉行收容員作品販賣會，銷售成績良好；繼開講演會，請社會事業主事三上長治、臺南警察署長宮原佐尙，以及施乾、林茂生等人擔任講者，王汝禎與王開運則負責開會、閉會之辭。9月，亦新築隔離病房。〔註140〕僅僅是1930年，愛護會的收容人數至少就有三、四十名是嗎啡中毒與阿片癮者。〔註141〕

1931年底，愛護會增築病舍。1934年11月，藉著官方提倡國民精神作興之機，愛護會開始「慈惠袋」的活動，推行資源利用，亦即配給市民袋子，以利集中捐款、物資，再由會內事務員領回；同時，也發送會內刊物《慈光》。〔註142〕1935年底，鑑於全臺精神病友甚多，愛護會另建造精神病院，收容病友，業務再度跨至精神疾病範圍，出現另一附屬事業，病院於隔年竣工。〔註143〕1941年，臺南商工業協會正式解散，但臺南愛護會繼續存留，直至

〔註139〕〈赤崁 設授產場〉，《臺灣日日新報》，1929年8月22日，4版。〈赤崁 產場告竣〉，《臺灣日日新報》夕刊，1929年9月18日，4版。〈臺南市愛護寮狀況 施設周至 成績頗佳〉，《臺南新報》夕刊，1933年4月6日，4版。

〔註140〕《臺灣日日新報》：〈臺南愛護寮爲救助窮民 習籐細工〉，1930年5月22日，4版、〈臺南愛護會の即賣會と講演會 資金集めと宣傳のため〉，1930年8月12日，5版、〈全島乞丐救濟事業（下）〉，1930年10月6日，4版。《臺灣日日新報》夕刊：〈兒童日 臺南行事〉，1930年5月2日，4版。《臺南新報》：〈臺南愛護會創辦貧民授產場〉，1930年5月21日，6版、〈臺南愛護會籌設失業者授產場〉，1930年5月31日，6版、〈愛々寮主奔走社會事業 市民有志者多贊成〉，1930年6月4日，6版。〈臺南 愛護寮增設授產部〉，《臺灣民報》，1930年5月31日，7版。

〔註141〕〈赤崁流彈〉，《臺灣新民報》，1930年8月16日，4版。

〔註142〕〈臺南愛護寮 病舍增築〉，《臺灣日日新報》，1931年12月2日，3版。〈請惠與不用品〉，《臺南新報》，1934年11月8日，4版。

〔註143〕《臺灣日日新報》：〈臺南愛護寮精神病院 工事進行中〉，1935年12月25日，8版、〈臺南愛護寮 增築病舍〉，1936年1月8日，8版。〈臺灣精神病者全

戰後。〔註 144〕

日治時期，官民也屢屢寄附金錢或物資給愛護會，可見愛護會的表現甚得信賴。其中官方、內地團體幾次的單筆高度金額發放，更讓愛護會能挹注在建築工事，使事業經營較爲順遂，例如 1930 年得臺南州獎勵金 100 圓；1931 年得社會事業協會 1,000 圓；1932 年御下賜金 500 圓；1933 年得御下賜金 3,000 圓；1935 年得恩助財團慶福會 1,000 圓等，並由王汝禎或王開運前往領受致謝。至於 1935 年臺南共勵會捐贈演藝收益 200 圓，以及 1936 年招仙閣捐贈演藝收益五百餘圓，則是筆者所見較爲龐大的民間單筆捐款。〔註 145〕

那麼，現已片瓦不存的愛護會，原本是什麼模樣呢？本論文除了附錄一有幾張 1930 年代的愛護會外觀照片之外，另有 1933 年《臺南新報》一份分爲 5 天刊載的詳實報導〔註 146〕，以及臺南耆老葉棟盤的口述〔註 147〕，可供吾人具體了解該會地理位置、內部環境、收容人生活狀況、職員工作情形。其中葉棟盤的父親葉天賜，自愛護會成立以來即投入其中，葉盤棟從小就跟隨父親出入愛護會，故目睹過愛護會實況。先看愛護會地理位置與內部環境：

> 愛護寮在臺南市郊外，距東門城樓西南方約一町，正面有二尺餘之煉瓦塀，並行塀有如列車，葺紅毛土之弓型，塗烏油膠變風之煉瓦造寮舍二棟。行至東西，在綠蔭之下，正門入口，樹説明寮之內容之案內

島合計三千餘名 近將實施精神病院法〉，《臺灣日日新報》夕刊，1935 年 8 月 9 日，4 版。

〔註 144〕〈臺南商工業協會 近く解散に決定〉，《臺灣日日新報》，1941 年 5 月 19 日，4 版。

〔註 145〕《臺灣日日新報》：〈臺灣愛護會へ一千圓を補助〉，1931 年 10 月 11 日，3 版、〈天皇陛下より本島へ御下賜金〉，1933 年 12 月 23 日，2 版、〈臺南愛護會 御帑下賜舉傳達式〉，1933 年 12 月 30 日，8 版、〈九重例於紀元節佳辰 賜優良社會事業四十四團體各金一封 總督謝恩電〉，1935 年 2 月 11 日，8 版。《臺南新報》：〈臺南共勵會慰勞會 演藝收益金贈愛護寮兩百圓〉，1935 年 5 月 10 日，6 版、〈臺南三旗亭主催演劇 慈善事業寄附〉，1936 年 4 月 24 日，12 版。《臺南新報》夕刊：〈臺南州獎勵金〉，1930 年 2 月 11 日，4 版、〈臺南州之表彰 對九社事業團傳達御下賜金〉，1932 年 2 月 11 日，4 版、〈天恩浩蕩 御下賜二十萬圓〉，1933 年 2 月 11 日，4 版、〈臺南愛護寮受御下賜金〉，1933 年 12 月 28 日，4 版。

〔註 146〕〈嗷嗷乞食群 臺南受迷惑 愛護寮設立以來市內商店得欣然〉，《臺南新報》，1933 年 9 月 21～23、25～26 日，皆爲 8 版。

〔註 147〕葉棟盤〈父親爲「愛護寮」院民鞠躬盡瘁，爲人子與有榮焉〉，《財團法人台灣省私立台南仁愛之家家史》，頁 279～284。

> 札，及待自由喜捨之大慈善箱；寮務室在右方。出自東方，順次一巡內部，東寮舍十室，各室共約四坪，俱敷設三疊，可收容三人，寮舍之東方二室，爲精神病室，造堅牢之檻，折入南西，經浴室，炊事場兼食堂，及精神講話室、藤細工授產室，自授產室左側，見一片甘蔗畑，間有畜豚○，及現在工事中之新築授產場，向工事場之北，西眺隔離寮舍，過西方之寮舍，則寮之事務室在焉。
>
> 隔離寮舍，新築之木造平家，分四室，各室備有美麗寢臺，內部殊清淨，西方寮舍與東方不異，亦有十室，寮務室前二室，充爲診察室，及治療室、授產室。……（中略）……寮之內部，重衛生，各室注意通風，每日掃除及消毒，庭園亦整頓得宜，眞美麗也。（《臺南新報》）

若配合照片按圖索驥，可知《臺南新報》記者的描寫順序乃是由遠及近。愛護會以煉瓦塀（即磚造長圍牆）圈出場址範圍，但高度不高，故正面兩棟寮舍搶先入目；接著記者從正門進入，其動線由右（東）至左（西）繞了一圈。正面兩棟寮舍即東、西寮舍，精神病室在最右（東）邊，爲獨立房舍，記者繞過精神病室，並依序說明其他場地，這些地方在附錄一照片裡多被兩棟寮舍擋住了，不過文中的甘蔗畑和畜養處應該會在最偏遠處，適與人的生活空間區分開來；隔離寮舍則靠近西寮舍後方。最後，記者從西寮舍的最左（西）邊繞出來，此寮舍內有事務室（寮務室），可知愛護會已不像創立初期那般，與臺南商協共在祀典武廟辦公。

而愛護會自 1937 年起乃至戰後的情景，葉棟盤的印象仍是環境相當整潔，差異處在於房舍似乎又增加了，變成「採『火車廂型』式建築規畫，每一籠約有 20 間房舍，總共有 5 籠，合計 100 間房舍左右」。

收容人的生活情形，據《臺南新報》記者描述，「全身覆蚊帳晝寢者，在床中呻吟者，於庭園彈唱之神經耗弱者，冷然微笑之白痴女，獨語之狂人等，千狀萬態，建造一種之別有天地」，而愛護會聘有醫師來診。至於能勞動者，則分別派至藤細工、農作、牧畜、雜役等部門工作，並得支領薪水，待可以離開之時，欲繼續留住者也會有工作安排。在這裡，收容人行動上當然不比外面生活自由，「如學校寄宿舍規則然，若有事務員之許可，方得自由外出」，但大致相處氛圍尚能「互相和睦，令人感心」，營造出安寧秩序。另外，面對收容人因爲行動受限而衍生出來的性需求或情緒問題，愛護會的處理方式爲「如夫婦之外，制限在來之自由，然對合意不紊風氣者，有程度而默認之，或有以實際相愛希望爲夫婦者，使事務員知之，亦樂爲○○之勞，以成就其結婚」；還有定期精神講話，並商請牧師、牧師娘來講道說理、分送日用品，以求收容人能心情平靜，也防止懈怠自棄。葉棟盤則指出，愛護會設有「禁閉室」，違紀者將被關進去數日，有收斂效果。

職員方面，平均月薪約 12 圓，相對於繁重的工作，薪水實是微薄；其主要工作是對內照顧收容人，對外召集乞丐入愛護會，審核他人介紹的收容人之資格、收取捐款或物資。葉棟盤對其父親葉天賜的工作描寫如下，在召集收容人方面：

> 先父任職「台南愛護寮」很多工作都由他一肩承擔，每天忙得團團轉，很難得停歇下來喘口氣。最常看他深夜時分騎著單車，偕同孔武有力的女院民「阿梅」拉著人力車，繞遍大街小巷，遇有席地而睡的乞丐或遊民，就軟硬兼施把他們請上人力車，載回「台南愛護寮」收容。
>
> 有人不識好歹還存心抗拒，但「阿梅」力大無窮不讓鬚眉，加上另兩名隨行院民陳海生、李春木「左右護法」協助，連僅剩單隻手臂的院民「金生仔」也加入行列，總能合力完成任務……（下略）……

至於在照顧工作上，一旦收容人半夜身體不適，葉天賜便需緊急處理，並想辦法以有限經費、資源取得足夠的糧食，例如飼養肉鴿、向軍方索取剩餘飯菜等，是以經常無法回家，要在愛護會過夜；葉棟盤就是在此情況下，頻繁出入愛護會以陪伴父親。此外，筆者也從報端發現，1936 年 12 月 15 日深夜，愛護會工場起了一場無名火，幸賴葉天賜及時報警滅火，始免去祝融災禍〔註 148〕；這似乎表示，職員工作範圍也包含了值夜。可注意的是，葉棟盤見到的愛護會情況，尚且是在中日戰爭期間以至戰後初期，彼時臺灣社會物資缺乏，百廢待舉，愛護會卻能夠勉力經營，足見對於創設理念的堅持仍在；進一步推說，在中日戰爭發生以前，較爲「承平」的時候，愛護會在社會事業上的表現又會是多麼地活躍，也就不難想像。

在清代，臺灣各地已有育嬰堂、養濟院、普濟堂、棲流所、留養局、恤嫠局等慈善機構，進入日治時期，殖民者以地區爲單位，將之化零爲整，整頓爲臺南、新竹、臺中、嘉義、高雄等 5 地的慈惠院，以及臺北仁濟院、澎湖普濟院，皆由

〔註 148〕〈愛護寮工場後 稻藁失火〉，《臺灣日日新報》，1936 年 12 月 17 日，12 版。

日人地方長官爲院長，具有官辦機構的色彩；而此一慈惠院體系，資源甚豐，社會事業範圍廣泛，自然也包含乞丐收容。如此這般，則代表官方的臺南慈惠院，與民間經營的愛護會，兩者在收容工作上的表現又是如何呢？論者王昭文比較過臺北仁濟院與施乾愛愛寮的經費決算、收容人數等數據，指出收容工作表現上，愛愛寮乃是以最少的經費，卻擔負了最吃力收容工作。〔註 149〕事實上，臺南愛護會也是如此，而爲了說明這樣的落差情況，筆者同樣進行愛護會、臺南慈惠院兩者的資產、經費（收入、支出）與內部收容人數之比較。

表 4-4-1【臺南愛護會與臺南慈惠院的各年帳目與收容人數】〔註 150〕

名稱	臺南愛護會				財團法人臺南慈惠院			
年度	資產	收入	支出	內部收容	資產	收入	支出	內部收容
1929	4,206	10,318	10,318	150	248,335	55,924	55,924	4
1930		11,562（預算）		79		52,284（預算）		12
1931	7,834	11,457	11,457	300	222,908	54,024	54,024	6
1932	9,379	12,440	12,440	132	227,052	60,410	60,410	4
1933				100			7,807（救養額）	5
1934	15,300	10,681	10,681	186	15,300【疑誤】	68,961	60,102	6
1935	19,800		14,818	107	256,198	10,276（救養	65,237	8

〔註 149〕王昭文〈殖民體制下的社會改革理想實踐——以日治時代的愛愛寮爲例〉，頁 222～223。

〔註 150〕本表資料來源：臺灣總督府《臺灣社會事業要覽》：1931 年版，頁 55～57、92～93；1933 年版，頁 73～74、81、86～87；1934 年版，頁 73～75、82、87～88；1935 年版，頁 75～76、83、87～88；1938 年版，頁 71～73、80、84～85；1939 年版，頁 77～78、86、90～91；1942 年版，頁 44、49。臺南州《臺南州社會事業要覽》：1937 年版，頁 27～29；1939 年版，頁 31～33；1940 年版，頁 32～35。臺南州《臺南州厚生事業要覽》（1944），頁 21～23。臺南州《臺南州管內概況及事務概要》：1930 年版，頁 54；1933 年版，頁 56；1934 年版，頁 56～57。〈臺南市愛護寮狀況 施設周至 成績頗佳〉，《臺南新報》夕刊，1933 年 4 月 6 日，4 版。〈嗷嗷乞食群 臺南受迷惑 愛護寮設立以來市內商店得欣然〉，《臺南新報》，1933 年 9 月 23 日，8 版。

						額預算）		
1936		13,300（預算）				60,921（總預算）		6
1937	24,000	20,640	20,640	139	259,865	63,266	59,312	5
1938	28,000	23,102	23,102	135	255,750	65,878	65,878	4
1939	30,000	22,600（預算）	19,114	78	259,866	64,520（預算）	26,058	4
1940		17,500（預算）				10,031（救養額預算）	35,105	39
1942	30,500			153	278,300		84,902	5
1943		12,000（總預算）				89,241（總預算）		

註：由於數據頗多出入，筆者乃以資料的完整性來決定採用的先後次序，即《臺灣社會事業要覽》爲主，《臺南州社會事業要覽》、《臺南州厚生事業要覽》爲次，《臺南州管內概況及事務概要》再次，最後才是報刊。另外要說明的是，經費（收入、支出）以決算數據爲主，且是所有花費項目的總和；「預算」則是估計但未必落實的數據；小數點後不計入。

從上表可知，愛護會的資產遠遠比不上臺南慈惠院，可支用的經費僅是慈惠院的五分之一到三分之一左右。至於內部收容數量，何以兩者如此懸殊？這自然可歸因於，慈惠院的業務確實較廣泛，計有院內收容，以及屬於院外的窮民救濟、盲啞生救養、施療（又分施療券、實費、巡回 3 種）、行旅病人收容等，龐大經費並不只用於內部收容，且在施療方面花費較多；相對的，愛護會的事業比較單純，以內部的乞丐收容、窮民救濟爲主，對外的一時救助爲次。〔註 151〕也就是說，兩者只有內部窮民救濟是最有交集的，如此一來，彼此就成了「分工合作」關係，一者專職乞丐與窮民、殘疾老弱的收容，提供長期照顧的空間，另一者則負責情況較輕的社會問題。

這樣的「分工合作」並不公平，由於收容貧民、乞丐，不是只有給錢或提供遮風避雨的居所即可，還要積極管理，守護健康狀況、維持衛生，並導正、禁制乞食積習，在在都需要經費，以及難以評估的無形成本，例如職員的耐心、時間、體力、心態……等等。因此，原則上是有賴於能力（或資源）愈大，責

〔註 151〕〈嗷嗷乞食群　臺南受迷惑　愛護寮設立以來市內商店得欣然〉，《臺南新報》，1933 年 9 月 23 日，皆爲 8 版。

任也愈大的官方來主持收容工作；但事實並不如此，殖民當局利用「社會連帶精神」的思維，逕視民間團體爲慈惠院的第一線輔翼，得以卸去責任。

此外，從《臺灣社會事業要覽》等資料裡頭的分類方式來看，官方一貫將乞丐與窮民等同視爲「窮民救助」，既然如此，就只需一時之力而已；這恰好解釋了，何以慈惠院的外部救助成果總是比內部收容來得好，更與施乾、愛愛寮與愛護會欲根絕乞丐問題的理念相扞格。是以，一南一北的愛護會、愛愛寮，境遇大致相同，亦即在社會上扮演著優先考慮到的收容管道，正是在殖民當局所設置的權能不公平的社會事業體系裡頭，兩者的重要性就此浮現。

再者，相較於一般印象裡，施乾爲了愛愛寮的經費，時常東奔西走，最後過於勞碌而英年早逝，則愛護會的經費募集情形又是怎樣的呢？另外，施乾曾經在 1932 年的《臺北愛愛寮統制經營案》裡提到，臺南愛護會的維持費一口要 30 錢，募集上不但有意外好成績，尚且有相當的剩餘基金，而愛愛寮一口 25 錢，募集表現卻不像話〔註 152〕；這似乎意指，愛護會的會費與寄付金足以維持收容工作，但事實果眞如此嗎？無論如何，做爲南北並立的民間乞丐專責收容機構，兩者的經費狀況值得比較。

表 4-4-2【臺南愛護會與臺北愛愛寮的各年資產、經費收入（含細項）與院內收容狀況】〔註 153〕

	臺南愛護會										
年度	資產	經費	賜金	獎勵助成補助	會費寄附	基金收入	雜收其他	前年繰越	授產收入	基本繰越	院內收容
,29	4,206	10,318		100	10,125	15			77		150
,31	7,834	11,457	有	1,450	4,484	79	8	3,554	1,880		300
,32	9,379	12,440	有	550	2,837	353	331	3,905	3,462		133

〔註 152〕《臺北愛愛寮統制經營案》（臺北：臺北愛愛寮，1932），頁 7。

〔註 153〕愛護會方面的資料來源，與「臺南愛護會、臺南慈惠院的各年帳目與收容人數」相同。愛愛寮資料來源：《臺灣社會事業要覽》1931、1933、1934、1935、1938、1939、1942 年各版；財團法人臺北愛愛寮《事業概要》1936、1937 年各版；《臺北州社會事業概要》1936 年版；以及孫彰良〈私設救護施設愛愛寮からみる植民地下の窮民救助〉，《植民地社会事業関係資料集・台湾編・別冊【解説】》（東京：近現代資料刊行會，2006），頁 250、260。

,34	15,300	10,681	有	510	3,535	317	636	4,021	1,660	／	186
,35	19,800		有								107
,36		13,300	有								
,37	24,000	20,640	500	817	2,252	870	5,835	3,363		6,000	139
,38	28,000	23,102	500	1,319	3,026	628	7,539	3,586	／	6,500	135
,39	30,000	22,600	有								78
,42	30,500		有								153
,43			有								
	臺北愛愛寮										
年度	資產	經費	賜金	獎勵助成補助	會費寄付	基金收入	雜收其他	前年繰越	委託	特別會計資金繰越	院內收容
,29	22,930	28,441	有	6,750	20,819	／	872	／	／	／	341
,31	26,864	18,450	500	700	11,100	／	3,597	2,552	／	／	363
,32	29,223	17,654	500	500	11,093	1,778	1,114	2,667	／	／	344
,34	27,427		有								303
,35	27,980	13,101	有	1,750	8,199		404	632	2,114		340
,36	30,383	17,909	有	1,400	7,411	／	5,919	1,061	2,116	／	293
,37	33,446	15,300	有	2,100	6,700	／	2,000	500	4,000	／	322
,38	32,748		有								389
,39			有								280
,42		19,240	有	1,700	10,000	／	1,700	900	3,940	1,000	352
,43		20,445	有	1,950	10,000	／	1,495	500	5,500	1,000	273

註：1. 本表數據採用以史料爲主，先行研究爲輔。小數點後不計入。
2. 據史料記載，日本皇室每年都有賜金，惟數目不甚完整，乃一律標誌爲「有」；而愛護會自 1931 年起才領受賜金，故 1929 年處劃去。其餘空格表示不詳。

由於資料散佚，兩者只能比較出大致狀況。在資產上，臺北愛愛寮於 1923 年即開辦，至 1929 年始達兩萬餘圓；臺南愛護會幾乎是急起直追，1935 年，兩者差距進入一萬圓以內，1938 年差距更在 5,000 圓以內。總經費上，1929

年愛愛寮比愛護會多了近 2 倍，但之後愛愛寮一直保持在兩萬圓左右；而愛護會則是有明顯增加的趨勢，與愛愛寮不相上下，有時甚至超出。

各經費細項方面，獎勵、助成、補助來自官方或民間團體（如社會事業協會）；基金收入乃是收取利息，或投資所得的利潤；「繰越」即轉入金，來自於前年度的剩餘經費。是以，愛愛寮的會費、寄付（即捐款）佔其總經費的大宗，其次是獎勵、助成、補助，以及雜收、其他等項，而這些連同「賜金」一項，都不是固定經費；換句話說，金額多寡並不能由自己決定，故落差甚大，明細不詳。另外，愛愛寮於 1935 年起增加了「委託」一項，亦即有部份的精神病友和普通病患付費入住，但縱使「使用者付費」，應該不會讓經費增加太多負擔，卻也未必對愛愛寮原本就存在的乞丐、貧民收容工作能有多少助益；況且，這再次顯示了，慈惠院體係又進一步避開社會責任的事實。〔註 154〕

至於愛護會這邊，從「賜金」到「其他」等項目，金額同樣不固定，若與愛愛寮相比，也明顯少了許多；特別是歷年的會費、寄付，除了 1929 年創辦愛護會時，幾乎等同於該年總經費之外，其餘則頗爲平均，也不是總經費的大宗，甚至有僅達九分之一的狀況。因此，即便愛護會自製品廉賣的收入不無小補，但關鍵主要還是在「繰越」一項，才是總經費的最大助益者，這即是施乾所指的「剩餘基金」。由此可以看出，剩餘經費繼續轉入使用，不但使得愛護會比較有餘裕，經費的使用上也較具自由。

愛護會歷年收容人數，大多在 200 人以下，有時還不到 100 人，愛愛寮則最少尚有 280 人，此乃愛護會能有餘裕的原因。至於兩者收容人數的落差，則與當時臺南、臺北兩地的人口數量，愛護會創設時曾限定以市內乞丐爲收容對象，以及施乾強烈的人道主義精神，或多或少都有關聯。凡此種種，遂形成施乾所說的愛愛寮募集表現不像話，而愛護會的經費足以維持收容工作的極端差異。

然則，筆者並非意指，施乾沒有注意到造成愛愛寮與愛護會的經費餘裕懸殊的原因；事實上，施乾反而是另有期待的。由於警覺到愛愛寮勢必無法長期只靠個人撐持，遂在 1932 年完成了《臺北愛愛寮統制經營案》一書，計畫改以團體模式經營，亦即將愛愛寮「財團法人化」，由臺北州政府主持，強制收容乞丐窮民，並向市民徵收維持費。職是之故，《臺北愛愛寮統制經營案》

〔註 154〕孫彰良〈私設救護施設愛愛寮からみる植民地下の窮民救助〉，《植民地社会事業関係資料集・台湾編・別冊【解説】》，頁 261～262。

提及臺南愛護會，便意在強調收容工作的背後，最好擁有像臺南商協這樣的強力支援，才能如同愛護會那樣地穩健營運，這才是重點。當然，愛護會的資產項目累積快速，確實也表現出運作得宜。是以，施乾主張將愛愛寮「財團法人化」，也就不無參照效仿愛護會的意味。

最後，筆者將愛護會與愛愛寮的異同比較，整理如下表：

表 4-4-3【臺北愛愛寮與臺南愛護會綜合比較】

名稱	臺北愛愛寮	臺南愛護會
成立時間	1923 年	1929 年
成立人	施乾	臺南商工業協會
主導者	施乾	王汝禎、王開運
組織性質	初爲私人，1926 年成立會員制的「乞丐撲滅協會」；1933 年轉爲財團法人	私人，會員制
後援者	1926 年有「乞丐撲滅協會」，後自成財團法人	臺南商工業協會
理念	防止貧民淪爲乞丐，使乞丐回復正常生活，對被扶助者自身、對社會皆有助益	
扶助對象	乞丐、貧民、精神病患，不限定收容人來源	對象同左，但創立時曾限以臺南市爲範圍
扶助方式	醫療照顧，讓收容人長期居住，加以管理；健康者另加以職訓，養成勞動習慣	
經費來源	賜金、獎勵金、助成金、補助金、會費、寄附金、基金收入、雜收、繰越金、委託金等	賜金、獎勵金、助成金、補助金、會費、寄附金、基金收入、雜收、繰越金、授產收入等
經營情況與發展	經營過程時見經費不足，陷入危急存亡局面；1936 年施乾因挪用公款被判刑。〔註 155〕戰後存續至今	經費問題似乎較不嚴重，故經營相對穩健；曾因施乾一案備受官方注意。〔註 156〕1946 年併入臺南市救濟院

〔註 155〕〈施乾及葉金塗判決 懲役年半緩刑三年〉，《臺灣日日新報》，1936 年 12 月 23 日，8 版。

〔註 156〕〈臺南愛護寮辨法 州當局贊歎其得宜 教育課長等檢查結果〉，《臺灣日日新報》夕刊，1936 年 9 月 23 日，4 版。

綜上所述，臺南愛護會與臺北愛愛寮是日治時期唯二的民間乞丐專責收容機構，施乾創辦愛愛寮在先，其精神令人動容，但能夠起而效尤者寥寥無幾，且運作不善，直至 1929 年才又出現臺南愛護會。也由於有前車之鑑，做爲愛護會強力後援的臺南商協，除了與官方多方協商，打好關係，並請施乾出爲指導，屢屢爲收容工作紮下穩實基礎；自此而後，愛護會承擔了臺南大部份的乞丐收容工作，其表現勝於資源豐富的慈惠院，也博得民眾稱譽。至於愛護會資產快速增加，有追平愛愛寮之勢，則可見營運得法，其以團體經營的模式，亦是施乾極欲追求的。凡此種種，說明了臺南愛護會在臺灣社會事業史上實有重要的貢獻與地位。

就王開運個人來說，首先，身爲臺南商協會長，當商協在籌備設置愛護會之時，自然由王氏奔走，功勞甚大。其次，愛護會創立之後，王氏長期擔任副會長，而愛護會事務也是臺南商協開會必定討論的內容之一，則個人與愛護會之間勢必保持緊密關係。其三，1937 年開始出現王開運擔任臺南市「方面委員」的紀錄，這是殖民當局設置的社會事業制度之一，爲名譽職（未支薪），職責乃是在各自負責的地域範圍內，對居民進行社會與生活狀態調查，以及習俗改善、調查社會事業設施狀況等等，並研究改善方法〔註 157〕；王氏負責的案例裡，若遇有乞丐、窮民，則可合理推想，其改善方法之一正是引入愛護會。換句話說，王開運領導臺南商協，臺南商協支撐著愛護會，故王氏之於愛護會，有相當程度的影響力與代表性。而王氏兼任方面委員，將需要救濟的乞丐、窮民引入愛護會，無疑分擔了愛護會對外召集收容乞丐的工作負擔，在在表示王氏與愛護會、社會事業有著進一步的結合。

到了戰後的 1946 年，由於新政府進行救濟事業的統合，愛護會乃與臺南慈惠院合併，成立具半官方性質的「臺南市救濟院」，時王開運仍羈留海南島〔註 158〕。而愛護會原本的事業則轉變爲救濟院「教養」部門，延續並擴大收容對象，待王氏返臺，隨即加入救濟院董事會。1948 年，救濟院改組爲「私立臺南救濟院」，王開運仍爲創辦董事之一，直至 1955 年再次改組成「臺灣省私立臺南救濟院」爲止〔註 159〕；其間臺灣省社會救濟事業協會曾頒發獎狀

〔註 157〕《臺南州方面委員要覽》（臺南：臺南州，1937），頁 4～6、23。
〔註 158〕〈愛護會啓事〉，《中華日報》，1946 年 5 月 5 日，1 版。
〔註 159〕《財團法人台灣省私立台南仁愛之家家史》，頁 71、73、76、83～84、91～95、125、134～135、176～182。

給王氏，肯定其自 1929 年以來即投入社會事業的貢獻（見附錄一）。儘管王開運在戰後仍有 10 年的時間參與社會事業，惟此重責大任已改由林叔桓接手，掌理臺南救濟院長達 27 年；加上資料限制，且愛護會與原「臺南慈惠院」的關係，則從日治時期的分工合作，轉變爲戰後的合併，已邁入地方社會事業的另一個階段，可待日後繼續探究，本章暫置不論。

小　結

本章旨在考述王開運於商務之外的其他社會活動。宗親事務方面，王開運與王汝禎等人於 1928 年成立了「王姓宗親會」，是日治時期南臺灣一大團體，扶持同姓宗族，也落實社會事業。王開運是宗親會的核心人物，歷任發起人、理事、理事長、管理人，並有高額捐輸，且在王姓大宗祠正堂、門口留下手跡，這是個人才氣與聲望足以代表宗親會的象徵；而王氏擔任臺南商工業協會會長，具備號召能力，亦有助於宗親會的成立。進一步說，臺南商協讓王開運成爲地方商界的領導者，宗親會則使得王氏更加融入地方、鞏固領導地位。同時，宗族關係不再只有路竹王文醫一脈，更在臺南市緊實紮根。

在王姓宗親會籌備期間，發生了「南門墓地事件」，王開運以宗親會成員及臺南商協代表的身份，爲市民權益奔走；再加上其他宗親會、臺灣民眾黨、新文協、共勵會等諸多團體也競相陳情抗議，終使官方暫停建造大運動場的計畫。對此，報端稱之爲政治上、地方上臺灣人大眾運動的最初勝利；王氏也就在同一年被籠絡爲官選市協議員。嗣後，雖然殖民當局依舊執行南門墓地的遷葬、開發工程，惟態度與方法已較爲緩和，這不得不說是墓地事件的教訓使然。由此觀之，王開運自有一份貢獻存在。

民族運動方面，王開運的紀錄是斷斷續續的，然而從王氏與蔡培火的交遊來看，反倒能夠發現更多其與民族運動接觸的足跡。二氏是國語學校的同班同學，在蔡培火留日期間，王開運曾寄稿至蔡氏主持的《臺灣青年》；1923 年，臺灣文化協會本部遷到臺南，蔡培火則邀請王開運出任讀報社的演講者；待王氏入職大東信託，與陳炘發生不快，而大東信託高層談論此事之時，蔡培火也在場。1928 年，蔡培火又邀請王開運共同組織「美臺團」，雖然不清楚王氏日後是否仍與美臺團保持互動，但蔡氏尋求王氏成爲合作夥伴，顯然是緣於兩人交情，並借重王氏的人脈關係，以利資金募集；同年南門墓地事件裡，二人更是戰友。此外，鑒於葉榮鐘陳述美臺團之事有所混淆，後續研究者又一再沿用，筆者乃藉此釐清美臺團的成立始末。

至於臺灣地方自治聯盟，王開運自籌備期間便參與其中，認同自聯所追求的全然地方自治之理念，也對議會政治有著期待，故首度擔任市協議員之時，一度爲了自聯理念，寧可不留戀議員職位。蔡培火也頗爲倚重王開運的文彩，有意將自聯趣旨書交給王氏再修飾。待自聯成立，王開運曾任理事、支部幹事，主要定著在臺南支部；從自聯籌備期間以迄 1931 年，是王氏較爲積極參與的時段，之後參與程度較不頻繁，箇中原因可能是事務繁忙，且 1931 年起又受命爲路竹庄長所致。但這段經歷，加上議員經驗，與戰後王開運被召集加入「臺灣省地方自治研究會」一事，不無關聯。另外，蔡培火還打算延攬王開運進入《臺灣新民報》；個人私事上，蔡培火日記與王開運的詩文亦能見證彼此交誼。

政治方面，王開運連任 16 年的市協議員與市會議員，期間尚兼任路竹庄長。可惜直接相關的資料甚少，僅能依據報端與其他資料來羅列其言論動向，並發現若干端倪，例如同一範疇的公眾事務，議會之內王開運參與議論，議會之外則以臺南商協會長、臺南愛護會副會長等身份去奔走。再如王氏曾經獲選爲議會的參事會成員，也擔任過議會代表，出席全臺的議員協議會，可知其與議會的關係日漸緊密。又如外界評價上，《臺灣新民報》自辦「模擬選舉」，證明王開運是民選議員的適當人選；《臺灣人士鑑》則兩度將之收錄其中；立場親日的《臺灣經世新報》更譽之爲「神都守護者」，顯示王氏頗得社會佳評。路竹庄長任上，主在調和庄內的派系糾紛，而王開運的父兄之前就是路竹地區的一甲區長，如此「子承父業」，足見王家聲勢在路竹歷久未衰。

社會事業方面，有臺南商協設立的「臺南愛護會」，就中王開運擔負著推動設置的重任，在愛護會運作期間又處於核心位置，外界也視之爲愛護會代表人物；加上愛護會在日治時期臺灣社會事業史上有重大意義，卻缺乏研究，故有必要對個人與團體並行考述。

愛護會是繼愛愛寮之後，第二個持續經營的民間乞丐收容處。籌備期間，王開運與臺南商協四方奔走，協調資源，與施乾交流，故愛護會與愛愛寮甚有淵源。而臺南商協與愛護會兩者的成員多有重疊，王汝禎、王開運更長年擔任正、副會長，且商協開會時必將愛護會列入議題，故雖說是獨立的兩個團體，但愛護會一直由臺南商協撐持；待 1946 年，愛護會併入「臺南市救濟院」，始結束長達 17 年的社會事業。至於營運狀況，愛護會的經費頗爲穩定，有效解決市內乞丐問題，又逐年擴增規模，並開設貧民授產、發賣自製品，甚至與愛護會合作，在臺北設置「フオルモサ藤製販賣所」，共同賺取經費，遂得到社會佳譽。而與臺南慈慧院相較，愛護會的資源少，卻擔負著沉重的乞丐收容工作，被視爲優先考慮的收容管道，在臺灣社會事業史裡實有重要性。再者，愛護會由臺南商協支持，愛愛寮卻主要由施乾一人承擔，使得施乾計畫將愛愛寮「財團法人化」，以團體模式經營愛愛寮，不無效仿愛護會的意味。

除了上述的社會活動之外，王開運尚有其他活動紀錄。例如 1928 年，王氏與黃欣、劉明哲等組織「臺南佛心會」，欲透過宗教淨化社會，圖國民思想之發達；同年 11 月，召集在臺南的國語學校畢業生，組成一同窗會，以爲聯誼。〔註 160〕1929 年，洪鐵濤、林觀濤、廖用其、鄭啓東等 4 人入選新竹益精會的書畫展，王開運與趙雲石、黃欣等遂於臺南公會堂開書畫頒佈會，延請洪氏等 4 人到場揮毫潤格。〔註 161〕1930 年 2 月，王氏參與臺南愛市會主辦的「設置南部米穀取引所」磋商會，並爲實行委員；5 月，擔任末廣公學校保護者會會長；同年，也與其他士紳共同向官方爭取在臺南設置工業學校。〔註 162〕

1932 年，王開運擔任臺南愛市會幹事；〔註 163〕同年 2 月，臺南市公會堂開議「時局講演會」，王氏爲講者之一，3 月參與「臺南警察後援會」的發起活動，開發起人會當天，亦爲講者。〔註 164〕1934 年，由於市內公立幼稚園即將廢止，地方人士發起開辦私立幼稚園，其中王開運等 5 人爲末廣幼稚園的創立

〔註 160〕《臺灣日日新報》:〈臺南佛心會講演〉，1928 年 5 月 29 日，4 版、〈赤崁 組同窓會〉，1928 年 11 月 5 日，4 版。

〔註 161〕〈書畫入選頒佈會 將在臺南公會堂〉，《臺灣日日新報》，1929 年 9 月 15 日，4 版。

〔註 162〕《臺灣日日新報》:〈南部米穀取引所 運動設置〉，1930 年 2 月 23 日，4 版、〈工業學校問題 場所に觸れずに 臺南側で設置運動〉，1930 年 6 月 26 日，5 版。〈末廣公學校保護者總會 改選正會長〉，《臺南新報》，1930 年 5 月 5 日，6 版。

〔註 163〕〈臺南愛市會 一新陣容〉，《臺南新報》，1932 年 1 月 21 日，8 版。

〔註 164〕《臺灣經世新報》:〈臺南週報 臺南市民熱狂す〉，1933 年 2 月 26 日，4 版、〈臺南週報 警援會出來る〉，1933 年 4 月 16 日，5 版。《臺南新報》:〈十萬市民之支援與臺南警察後援會〉，1933 年 3 月 11 日，8 版、〈臺南警察後援會創立發會式誌盛〉，1933 年 4 月 10 日，8 版。〈臺南警察後援會 開發起人會〉，《臺灣日日新報》夕刊，1933 年 3 月 12 日，4 版。

委員；另外，較爲特別的，是王開運與黃宗葵、櫻井齊等人於此年發起「臺南醫療利用組合」，此組合乃是會員制，由該組合聘請醫生，爲會員及其家屬看診，發揮了互相扶助、互通有無之精神，報端譽爲臺灣嚆矢。〔註 165〕

1935 年，王開運與佐佐木紀綱、越智寅一、蔡培庭、黃欣、陳鴻鳴等，共同爭取在臺南設置煙草工場；同年 7 月，臺南的棒球隊將代表臺灣遠征日本，市內組織後援會，王氏即爲幹事之一，負責向臺灣人方面募款；此年王氏也開始擔任「有限責任臺南共榮建築信用購買利用組合」的理事。〔註 166〕1936 年，與陳鴻鳴、蔡培庭、村上玉吉、川上八百藏等人，向臺南州廳請願設置水產講習所；同年 7 月，公會堂開議「國防問題南部住民大會」，王開運爲講者之一；8 月，黃欣等人結成「臺南飛行場期成同盟會」，並推舉 10 名北上的陳情委員，王氏名列其中。〔註 167〕1938 年，加入了「保證責任臺南倉庫信用利用組合」。〔註 168〕這些額外的資料，儘管未及細膩梳理，但並不妨礙吾人對於王開運與社會互動情況的認識，反倒有補足功用；整體來看，在社會活動與個人相互影響之下，王氏因社會活動而成爲地方上一位活躍且重要的人物，也因爲參與公眾事務，爲地方發展挹注不少力量。

本章與第三章所述內容，主要分布在 1940 年代之前；自 1937 年中日戰爭爆發，臺灣繼而被捲入戰時體制，於是王開運的社會活動，若不是自主性

〔註 165〕《臺灣日日新報》：〈南市廢幼園 市民有志 計畫承辨〉，1934 年 2 月 24 日，8 版、〈臺南に初て出來る「醫療利用組合」許可になるか否か不明〉，1934 年 10 月 3 日，3 版。〈臺南醫療利用組合之設 醫師一邊態度〉，《臺灣日日新報》夕刊，1934 年 10 月 6 日，4 版。

〔註 166〕〈臺南週報 煙草工場運動〉，《臺灣經世新報》，1935 年 6 月 9 日，6 版。〈臺南團後援 開始寄附募集〉，《臺南新報》，1935 年 7 月 11 日，8 版。〈赤崁雜報〉，《新高新報》，1935 年 7 月 20 日。千草默仙編《會社銀行商工業者名鑑》，1935 年版，頁 640；1936 年版，頁 598；1938 年版，頁 616；1940 年版，頁 598；1941 年版，頁 446；1942 年版，頁 404；1943 年版，頁 392。

〔註 167〕〈水產講習所 臺南設置運動 各團代表訪問知事〉，《臺南新報》夕刊，1936 年 1 月 11 日，4 版。《臺灣日日新報》：〈請設水產學校 今川知事 大局著想論〉，1936 年 1 月 12 日，8 版、〈關水產講習所問題 臺南高雄澎湖一致 爲期設於南部將開大會〉，1936 年 1 月 18 日，12 版。〈赤崁話題〉，《臺灣經世新報》，1936 年 7 月 5 日，6 版。〈臺南民間飛行場 期成同盟會成立 舉十委員陳情督府當道〉，《臺灣日日新報》夕刊，1936 年 8 月 15 日，4 版。〈臺南鈍鏡錄〉，《新高新報》，1936 年 8 月 22 日，5 版。

〔註 168〕千草默仙編《會社銀行商工業者名鑑》，1938 年版，頁 616；1939 年版，頁 535；1940 年版，頁 597；1941 年版，頁 446；1942 年版，頁 404。

漸次消沉，否則便是必須配合戰爭，儼然淪為日軍「協力者」。例如 1937 年，黃欣、辛西淮、陳鴻鳴、劉清井、王開運、沈榮等人即推動皇軍獻金活動，預計至少募集 5 萬圓，並有意組織慰問隊；1938 年，臺灣材木商聯合會在彰化市開通常總會，王氏代表聯合會獻出 300 円。1939 年 6 月至 8 月，《臺灣日日新報》於各地舉行時局座談會，臺南地區計官民有力者 19 人出席，王開運也參與其中，並表態支持皇民化、勤勞奉仕、國民精神推動等；同年 8 月，臺南公會堂舉行排英保甲民大會，王氏等人在會中發言支持排英行為；10 月，王氏成為臺南市南支皇軍慰問團的代表之一，前往前一年（1938）被日軍攻下的中國廣東。1941 年，「皇民奉公會」成立，以全臺人民為會員，各地精英為幹部，王開運則是臺南州支部與臺南市支會的參與；1942 年，臺北公會堂舉行時局講演會，王氏代表臺南，與陳逢源（臺北）、鄭鴻源（新竹）、巫永昌（臺中）等人先後上台演說，支持大東亞共榮圈、大東亞戰爭。1944 年，臺南市奉公壯年團推行穿著戰時服裝、國語常用運動，而該副團長即是王氏；同時，也兼任臺南市徵兵制協力會會長、啓發班班長。〔註 169〕在在說明即便戰火方熾，王開運依然是地方重要人物，與殖民者的關係卻也愈益糾纏難解。

這些作為誠然有可議之處，只是戰爭期間，臺灣人幾乎沒有公開反對戰爭的機會，因應局勢的姿態，大抵是噤聲、迎合或是被動驅使。就在同一時期，王開運則有諸多詩作，既吐露局勢變異與人生滄桑的愁緒，又有著對於自身年歲、時節的敏感與警覺，而懼戰、反戰的心情夾藏其中，隱含不易察

〔註 169〕《臺灣日日新報》：〈臺南州下本島人に飛檄し 慰問金、獻金募集 最少限度五萬圓位を目標に 現地慰問隊も計畫〉，1937 年 9 月 5 日，5 版、〈臺灣材木商聯合會總會 九日彰化に開催〉，1938 年 7 月 10 日，2 版、〈彰化 慰問金獻金〉，1938 年 7 月 17 日，8 版、〈事變下に“地方に聽く” 本社主催で各地で座談會〉，1939 年 6 月 6 日，7 版、〈座談會 地方に聽く 8 臺南（ハ）奉仕制度化の可否 男子よりも婦子必要〉，1939 年 6 月 29 日，5 版、〈座談會 地方に聽く 9 臺南（ニ）共婚は皇民化のゴール 先づ內臺家庭の交際から〉，1939 年 7 月 1 日，5 版、〈排英保甲民大會 ゆうべ臺南市公會堂で〉，1939 年 8 月 13 日，5 版、〈臺南慰問團出帆〉，1939 年 10 月 13 日，5 版、〈各代表烈烈の熱辯 きのふ臺北の時局講演會 本島人よ立上れ〉，1942 年 1 月 16 日，4 版、〈あなたの服裝は 戰時に相應しいでせうか 時局認識徹底運動街頭進出〉，1944 年 2 月 8 日，4 版。《臺灣人士鑑》（1943 年版），參見漢珍「台灣人物誌」資料庫。謝國興《府城紳士辛文炳和他的志業》（臺北：南天書局，2000），頁 100。

覺的弦外之音（見第七章第一節）；故一定程度上，王氏的作爲可說是被動驅使，委實無奈。也就在這樣的局勢下，王開運終究被殖民者推向戰場，於 1944 年赴海南島膺任瓊崖銀行總經理，使其日後遭遇一趟艱難的返鄉路途，並且接續而來的，還有受戰後新政權的質疑與逮捕。